PREMIERS LUNDIS

III

CALMANN LÉVY, ÉDITEUR

OUVRAGES

DE

C.-A. SAINTE-BEUVE

DE L'ACADÉMIE FRANÇAISE

Format grand in-18

PREMIERS LUNDIS.	3 vol.
NOUVEAUX LUNDIS, deuxième édition.	13 —
PORTRAITS CONTEMPORAINS, nouvelle édition, revue et très-augmentée.	5 —
LETTRES A LA PRINCESSE, troisième édition.	1 —
CHRONIQUES PARISIENNES.	1 —
P.-J. PROUDHON, SA VIE ET SA CORRESPONDANCE, cinquième édition.	1 —
CHATEAUBRIAND ET SON GROUPE LITTÉRAIRE SOUS L'EMPIRE, nouvelle édition, augmentée de notes de l'auteur.	2 —
ÉTUDE SUR VIRGILE, suivie d'une étude sur Quintus de Smyrne, nouvelle édition.	1 —
SOUVENIRS ET INDISCRÉTIONS. — Le dîner du vendredi saint, deuxième édition.	1 —
LE GÉNÉRAL JOMINI, deuxième édition.	1 —
MONSIEUR DE TALLEYRAND, deuxième édition.	1 —
MADAME DESBORDES-VALMORE.	1 —
A PROPOS DES BIBLIOTHÈQUES POPULAIRES.	Broch.
DE LA LIBERTÉ DE L'ENSEIGNEMENT SUPÉRIEUR.	—
DE LA LOI SUR LA PRESSE.	—

POÉSIES COMPLÈTES

NOUVELLE ÉDITION REVUE ET TRÈS-AUGMENTÉE

Deux beaux volumes in-8º

F. Aureau. — Imprimerie de Lagny

PREMIERS LUNDIS

PAR

C.-A. SAINTE-BEUVE
DE L'ACADÉMIE FRANÇAISE

—

TOME TROISIÈME

TROISIEME ÉDITION

PARIS
CALMANN LÉVY, ÉDITEUR
ANCIENNE MAISON MICHEL LÉVY FRÈRES
3, RUE AUBER, 3
—
1883
Droits de reproduction et de traduction réservés

PREMIERS LUNDIS

1er juillet 1843.

VIOLLET-LE-DUC

Sous le titre modeste de *Catalogue des livres composant la bibliothèque poétique de M. Viollet-Le-Duc*[1], le possesseur spirituel et érudit de cette bibliothèque vient de publier un curieux volume d'histoire et de biographie littéraire encore plus que de bibliographie. M. Viollet-Le-Duc, qui dans sa jeunesse s'est essayé contre l'école alors régnante de Delille par un petit *Art poétique* qui parut une satire hardie, a depuis pris place parmi les érudits en vieille littérature par une très-bonne édition de Mathurin Regnier (1822); il y mit en tête, comme Introduction, une histoire de la Satire en France. M. Viollet-Le-Duc y signalait dès lors à l'attention bon nombre de poëtes distingués et

1. C'était le père du célèbre architecte.

originaux du XVIe siècle, tels que d'Aubigné ; il excita plus tard et favorisa, l'un des premiers, les travaux qui ont été poussés de ce côté par plusieurs d'entre nous. La collection riche et complète qu'il avait su rassembler des poëtes de cette époque et de la suivante, dans un temps où la plupart étaient à peine connus de nom par les littérateurs même instruits, fournissait une base essentielle à une histoire de la poésie, et était déjà une partie de cette étude. Dans l'ouvrage qu'il publie aujourd'hui, l'auteur, en décrivant à la manière des bibliographes sa collection précieuse, trouve surtout dans ce travail un prétexte à des renseignements biographiques, à des appréciations littéraires, à des citations. Bien citer, quand il s'agit de ces vieux poëtes, c'est les faire apprécier de la meilleure manière, c'est déjà les juger soi-même avec sagacité et discernement. Le goût de M. Viollet-Le-Duc n'est point en défaut à cet égard. S'agit-il de Louise Labé ? il extrait d'un fonds gracieux, mais assez monotone, les six sonnets qu'il juge les plus délicats. S'agit-il de Jacques Tahureau ? il nous sert toute vive sa plus jolie pièce, ce baiser tout enflammé : *Qui a leu comme Vénus*, etc., qu'on ne pourrait citer ici, dans une *Revue*[1], mais qu'on aime fort à trouver dans un livre sous le couvert de l'érudition. A l'article d'O-

---

[1] La *Revue des Deux Mondes*. — A propos de cette pièce, je me permettrai pourtant de proposer au texte une petite correction ; c'est à la seconde strophe, là où il est question de l'amoureux

livier de Magny, il n'a garde d'oublier le singulier *Sonnet-Dialogue* entre le nocher Caron et l'amant, sonnet qui dans le temps eut une telle vogue, et fut mis en musique à l'envi par Orlande, Lejeune et d'autres célèbres compositeurs [1]. A l'article Du Bartas, il le loue d'avoir quelquefois ennobli ses descriptions en y rattachant des sentiments humains ; ainsi, après avoir peint dans le cinquième chant de sa *Semaine* la migration des poissons voyageurs, le poëte ajoute cette gracieuse comparaison que M. Viollet-Le-Duc ne manque pas :

Semblables au François qui, durant son jeune aage,
Et du Tibre et du Pô fraye le beau rivage :
Car, bien que nuict et jour ses esprits soyent flattez
Du pipeur escadron des douces voluptez,
Il ne peut oublier le lieu de sa naissance ;
Ains, chasque heure du jour, il tourne vers la France
Et son cœur et son œil, se faschant qu'il ne voit
La fumée à flots gris voltiger sur son toict.

Je recommande encore l'article d'Isaac Habert, poëte descriptif et didactique, dont on lit avec plaisir un fragment noble et pur, et, au XVIIe siècle, celui de Coutel, qui a disputé à madame Des Houlières ses *Moutons*. M. Viollet-Le-Duc poursuit, en effet, son catalogue

---

Ovide *sucrant un baiser humide* pour en tirer les douces fleurs. Quoique les deux éditions de Tahureau portent *sucrant*, il me paraît bien plus naturel de lire *suçant*.

1. Je saisis, en passant, l'occasion de rectifier ici une erreur d'impression qui m'est échappée sur ce nom de Lejeune (page 96, *Tableau de la Poésie française au seizième siècle*, édition Charpentier, 1843.)

poétique durant tout le XVII⁰ siècle ; sa période de Louis XIII est particulièrement très-riche ; il a excepté et réservé le théâtre pour un prochain volume. Si nous avions à joindre quelque remarque critique générale aux éloges de détail que mérite presque constamment le modeste et ingénieux travail, ce serait surtout en ce que l'auteur, qui sait si bien les époques poétiques antérieures, semble méconnaître et vouloir ignorer trop absolument celle-ci. Il parle plus d'une fois de cette génération *anti-poétique*, et il désespère en un endroit de faire apprécier d'elle le sonnet, comme si le sonnet n'était pas un des fleurons les mieux greffés aujourd'hui. Il s'étonne ailleurs de la prédilection que certains écrivains de l'école dite moderne ont marquée pour ces devanciers du XVI⁰ siècle : il les accuse presque d'inconséquence ; mais lui-même il est obligé de convenir pourtant que les critiques purement classiques sont restés bien courts sur ces matières, et il n'a d'autre parti à prendre, le plus souvent, que de les contredire et de les réfuter. Le lien qui unit la forme lyrique de notre temps à celle du XVI⁰ siècle, et moyennant lequel le style poétique de plus d'un de nos contemporains s'apparente réellement à celui de Regnier et des vieux maîtres, a été suffisamment indiqué et démontré en mainte occasion. Mais, en venant ajouter à cet ensemble d'études et de vues ses indications nombreuses, à la fois agréables et précises, le livre de M. Violet-Le-Duc achève d'éclairer et comme de meubler tout ce fond, longtemps vague et obscur, de notre Renaissance. L'auteur, par quelques lignes pleines de grâce et de fine malice, a raison de se rendre à lui-même, en finissant, ce témoignage que dans sa tâche, plus méritoire pourtant qu'il ne veut bien le dire, il a réussi comme il l'entendait ; en se livrant, non sans complaisance, aux douceurs presque paternelles de la propriété, il aura servi d'une manière durable la littérature.

1er décembre 1845.

EUGÈNE SCRIBE

LA TUTRICE.

M. Scribe continue à produire, sans que cette facilité surprenante, qui est la plus grande partie de son talent, en éprouve la moindre lassitude. Hier il versifiait un opéra, aujourd'hui il dialogue une comédie, le tout sans efforts, et avec les mêmes chances de réussite. C'est que M. Scribe a pour système de suivre le public plutôt que de lui commander, et de chercher à lui plaire en obéissant à ses goûts plutôt que de le dompter en lui imposant les siens. Habile autant que personne à nouer et à dénouer une intrigue, spirituel et délié dans le dialogue, vrai le plus souvent, sinon profond, dans la peinture des mœurs, il sait toujours se mettre au niveau de son auditoire, et calcule avec une rare précision tous ses effets. On pourrait dire qu'il a la vocation du succès. Sa nouvelle comédie, *La Tutrice*, doit prendre place parmi ces agréables croquis toujours bien reçus du public, pour lequel ils semblent écrits expressément, et qui occupent dans le répertoire si varié de l'auteur une place bien distincte à côté de ses productions plus sérieuses, *Bertrand et Raton*, *l'Ambitieux* et *la Camaraderie*.

Les deux premiers actes se passent dans une auberge d'Allemagne, à quelques lieues de Vienne. Un industriel, un de ces spéculateurs de notre temps qui mettraient le soleil en actions s'ils croyaient trouver des actionnaires, est descendu dans cet hôtel avec sa jeune fille, qui a nom Florette. M. Conrad annonce à mademoiselle Florette que M. Julien, son employé, le quitte pour aller chercher fortune ailleurs. La jeune fille aimait Julien, et son chagrin se comprend du reste. C'est le premier chagrin d'amour : je ne sais pas si celui-là est le plus vif et le plus profond ; assurément, c'est le plus sincère. — Survient M. le comte Léopold de Vurzbourg, étourdi, prodigue, mauvais sujet, qui a appris la mort de son oncle le feld-maréchal, et qui arrive bon train, à grandes guides, pour venir recueillir une succession immense, dont il doit déjà une bonne part à de gracieux usuriers qui lui ont prêté, au denier vingt, par avancement d'horie.

Presque en même temps, une dame modestement vêtue, aux manières élégantes et simples, descend dans l'auberge, qui ressemble décidément, à ne pas s'y tromper, au terrain vague, rendez-vous si commode de tous les personnages du vieux théâtre. Léopold, pour jouer son rôle d'héritier opulent et faire impression sur la belle et jeune voyageuse, ne parle que de dépenses folles, de plaisirs ruineux, et s'attire de la part de la dame, qui d'abord n'avait pas l'air d'écouter, la plus juste et la plus piquante leçon de morale sur l'emploi des richesses. Cette inconnue est bien la plus aimable prêcheuse qu'on puisse entendre. Mais l'entretien ne tarde pas à être troublé par un courrier, porteur de dépêches pour M. le comte. On a certes bien fait de ne pas perdre un moment, et d'expédier un postillon à franc étrier; la nouvelle est importante : le testament a été ouvert, et le comte Léopold de Vurzbourg est complétement déshérité. La légataire universelle du feld-maréchal est une jeune chanoinesse du nom d'Amélie Moldaw, qui n'était pas même sa parente éloignée. Le coup est terrible. Conrad, qui a une idée fixe, et qui veut, avant tout, placer ses actions industrielles, ne s'aperçoit pas du contre-temps, et prie la dame inconnue, comme il a prié Léopold, d'une façon fort comique, de lui souscrire quelques actions. La jeune voyageuse, sans se faire attendre, donne sa signature. — La chanoinesse Amélie de Moldaw! dit M. Conrad. — Amélie de Moldaw! s'écria Léopold. — Et, lui lançant un regard furieux, il s'élance et disparaît. — Quel est donc ce jeune homme? demande Amélie surprise. — C'est le comte Léopold de Vurzbourg, répond naïvement Conrad. — C'est Léopold de Vurzbourg! Allez, courez! empêchez à tout prix qu'il parte! s'écrie la chanoinesse en poussant M. Conrad.

Ce premier acte est habilement conduit; il a de jolis mots, de jolies scènes, des coups de pinceau assez fins. — Lorsque le second acte commence, l'attention est parfaitement éveillée. Le jeune comte n'est pas parti, et il se trouve en présence de mademoiselle de Moldaw, qui, noble et généreuse, a été héritière malgré elle, et ne veut être que la tutrice du neveu de son bienfaiteur. Et d'abord elle veut payer ses dettes; Léopold s'y oppose avec énergie, et il ne cède même pas lorsque les huissiers cernent la maison, et vont s'emparer de lui. Le cas était embarrassant pourtant, et la situation devenait orageuse; une lettre de la célèbre danseuse Fridoline arrive à temps, Léopold retrouve son audace, et, par bravade, prend la résolution la plus extravagante, celle d'épouser la danseuse, qui, étant très-riche, vient de lui offrir sa main, pour devenir comtesse, et pouvoir faire graver une couronne sur le panneau de ses voitures. Mais Amélie, qui a eu jusqu'ici du bon sens et de la bonté, va avoir de l'esprit. Au lieu de payer les dettes de Léopold, c'est elle maintenant qui le fait jeter en prison.

Deux ans se sont écoulés, et nous nous trouvons, au troisième acte, dans un château dépendant de la succession du feld-maréchal. M. Conrad, qui a placé enfin toutes ses actions, et qui est aujourd'hui très-riche, parce que ses actionnaires ne le sont plus, plaide contre la chanoinesse de Moldaw, et il a choisi pour avocat le jeune fou des deux premiers actes, qui, ramené par le régime de la prison à des idées plus saines, s'est créé par son travail une position honorable. Léopold, apprenant de Conrad, avant d'avoir vu Amélie, que la jeune chanoinesse est loin de mener une vie exemplaire, s'emporte et laisse, pour la première fois, voir assez clairement le fond de son cœur. Depuis quand le jeune comte de Vurzbourg est-il amoureux d'Amélie de Moldaw, qu'à la fin du second acte il maudissait et détestait avec une sorte de rage? Nul ne le sait, et il ne le sait peut-être pas lui-même. Mais voyez comme nous allons vite! Florette, qui a revu Julien, lequel ne lui a pas fait grand accueil, est irritée, piquée au vif, et, pour se venger, veut se marier aussitôt; Léopold est exactement dans la même disposition, et il se conclut, entre le jeune homme et la jeune fille, un projet de mariage par vengeance, qui fournit une scène assez originale et assez gaie.

Ce singulier mariage va s'accomplir, lorsque Léopold apprend la vérité, toute la vérité, sur le compte de mademoiselle de Moldaw. Elle est restée pure, sa vie est sans reproche; Amélie explique les absences et les déguisements qu'on lui imputait à crime, en faisant connaître à Léopold que c'est elle qui, sous l'habit de religieuse, allait le veiller dans sa prison quand il était malade et qu'il avait le délire; et, pour preuve, elle veut lui rendre un anneau qu'elle portait précieusement à son doigt depuis le jour où, dans un accès d'exaltation furieuse, il l'avait donné à la religieuse qui veillait à son chevet. Cet anneau, on le devine, sera bientôt l'anneau nuptial, et la tutrice, en devenant la femme de son pupille, lui rend de si beaux comptes de tutelle, qu'on voit bien que nous sommes dans un vieux château d'Allemagne.

Cette pièce a de l'entrain ; le caractère de la tutrice est d'une donnée assez neuve, et l'esprit, sans y être de haut vol, n'est pas trop vulgaire. Les acteurs ont fait preuve de talent. M. Provost, dans le rôle de Conrad, s'est montré comique et naturel. M. Brindeau a été un comte de Vurzbourg à peu près irréprochable ; s'il n'a pas eu plus d'éclat, c'est moins sa faute que celle de son rôle. Mademoiselle Brohan est une gaie et naïve Florette. Enfin, mademoiselle Plessy, qui remplissait le rôle de la chanoinesse Amélie de Moldaw, a été pleine de réserve et de bon goût, et dans deux ou trois de ces longues tirades où excellait mademoiselle Mars avec ses inflexions si savantes, elle s'est souvenue très-heureusement du parfait modèle.

Nous attendons M. Scribe à une œuvre plus importante, à une grande toile. Il n'est pas vrai, comme on se plaît à le répéter, que la comédie ne soit plus possible, que Molière et le xviiie siècle aient épuisé le champ des faiblesses, des sottises et des vices de l'homme, et que, les maîtres s'étant emparés des principaux sujets, il ne reste plus qu'à glaner. Si vieille que soit une littérature, si vieux même que soit le monde, les sujets ne manqueront jamais au génie, qui est précisément la faculté de voir et de faire voir les choses sous des points de vue nouveaux. C'est l'absence du poëte comique que nous prenons pour l'absence de la comédie. La comédie n'a jamais été plus possible que de nos jours. Que M. Scribe y songe : la haute muse comique, qui à la vue des excès du vaudeville est blessée au cœur et nous boude avec raison, a tendu la main à l'auteur de *la Camaraderie*, et le protégerait de préférence à beaucoup d'autres, si, au lieu d'éparpiller ses forces, il s'appliquait à les réunir ; s'il livrait plus souvent de véritables combats, au lieu d'escarmouches sans fin ; s'il donnait à son observation plus d'étendue et de profondeur, et s'il ne dédaignait pas aussi ouvertement cette puissance ombrageuse qui ne se laisse captiver que par de continuels sacrifices, mais qui seule aussi peut faire vivre l'écrivain : c'est du style que je veux parler.

Quant au public, le drame moderne ne l'a pas changé : le peuple d'Athènes aimera toujours la comédie.

1er décembre 1845.

ÉMILE AUGIER

UN HOMME DE BIEN.

Les générations jeunes, celles qui ont vingt-cinq ans plus ou moins et qui n'en ont pas encore trente, commencent à sentir très-vivement le désir d'avoir des représentants à eux, des chefs de leur âge et, en quelque sorte, de leur choix; elles les cherchent dans tous les genres, elles les appellent et les convient; elles les proclament même parfois à tout hasard; elles les inventeraient au besoin, plutôt que de s'en passer. C'est là un noble désir assurément, une ambition bien permise. Les générations toutes fraîches tiennent à ne pas se confondre dans ce qui les a précédées, à ne point paraître venir à la suite; elles veulent à leur tour commencer quelque chose, marcher en tête de leurs propres nouveautés, avec musique et fanfares, et guidées par les princes de leur jeunesse. Rien de mieux encore une fois; le champ est ouvert, il ne le fut jamais davantage. Les prédécesseurs, en effet, ont largement fait brèche et déblayé le terrain ; ils ont renversé tous les obstacles, toutes les barrières, et sont loin d'ailleurs d'avoir satisfait (tant s'en faut !) toutes les espérances. Qu'on aille donc, et qu'on fasse plus et mieux qu'eux. Seulement, quel que soit l'essor de jeunesse, il importe de se rendre compte des difficultés aussi, de se bien dire qu'on n'atteint pas le but du premier coup ; qu'un champ ouvert, et où l'on entre sans assaut, n'est pas plus facile à parcourir peut-être; que l'obstacle véritable et la limite sont principalement en nous, et que c'est avec son propre talent qu'on a surtout affaire, pour l'exercer, pour l'aguerrir, pour en tirer, sans le forcer, tout ce qu'il contient.

Le Théâtre-Français a représenté une pièce nouvelle de M. Émile Augier, déjà connu par le succès qu'avait obtenu son gracieux essai de l'année dernière, *la Ciguë*, une espèce de petit proverbe athénien. Cette fois, le jeune auteur a voulu tenter la comédie proprement dite et tracer un caractère. Son *Homme de bien*, en trois actes, dont bien des scènes sont agréablement versifiées, n'a rempli qu'imparfaitement l'attente du public et, nous le croyons aussi, l'espoir de l'auteur lui-même. Celui-ci a, de nouveau, fait preuve d'esprit dans le détail, d'un tour heureux dans la versification, de ressources fréquentes dans le dialogue ; mais les caractères d'une part, et de l'autre la contexture même de la pièce, font défaut. Ce qu'on attendait de M. Émile

Augier à sa seconde pièce est ajourné à une troisième; rien n'est gagné, rien non plus n'est perdu.

On se demande d'abord ce que l'auteur a voulu en retraçant son principal caractère, et l'on ne sait trop que répondre. Qu'est-ce en effet que son *Homme de bien*, son M. Féline ? Est-ce un homme à la fois cauteleux et sincère, qui se fait illusion à lui-même jusqu'à un certain point, et qui trouve moyen de satisfaire ses passions, ses cupidités et ses avarices, à la sourdine, et sans se dire tout bas ses propres vérités ? ou bien n'est-ce qu'un hypocrite, un tartufe au petit pied, qui ne veut rien après tout que soigner sa réputation et faire illusion aux autres ? On est tenté de croire que c'est le premier caractère que M. Féline nous représente, et c'est le seul qui aurait quelque originalité ; mais un tel caractère est-il bien naturel, bien réel en l'approfondissant, et soutient-il l'examen ? Est-il surtout bien propre au théâtre, et prête-t-il à la comédie ? Y a-t-il bien de l'à-propos enfin à venir nous peindre un tel homme en ce moment ? On a beau s'autoriser de ces anciens exemples si célèbres dans l'histoire de la comédie de caractère, le *Méchant*, le *Métromane*, le *Glorieux;* il y a toujours eu quelque à-propos de circonstance et de société, plus ou moins fugitif, dans ces grands succès d'autrefois qui nous paraissent de loin avoir porté sur des caractères un peu abstraits. Gresset, Piron et Destouches ne se sont point proposé des sujets de pure invention et comme *en l'air* ; il ont eu en vue même dans ces portraits généraux, quelque travers, quelque ridicule, qui passait alors non loin d'eux à portée du rire. En peut-il être ainsi aujourd'hui de M. Féline? Est-ce là, de près ou de loin, un ridicule, un vice du jour? S'inquiète-t-on bien d'être en règle avec sa conscience, de se croire en sûreté de ce côté-là? Se soucie-t-on seulement d'être tant soit peu en règle à l'égard des autres, et se donne-t-on quelque peine pour les abuser? Il me semble qu'on n'en est guère là, et l'on aurait chance bien plutôt de peindre avec vérité un homme résolu à tout, déterminé à faire fortune, à se conquérir un nom, un état, une influence, une considération presque, ou du moins tout ce qui en tient lieu socialement et la représente, et cela en envoyant promener sa conscience et même le respect humain, mais en osant, en voulant fortement, en s'imposant. Un pareil caractère serait peut-être moins comique qu'odieux; il serait vrai du moins quant aux mœurs du jour, tandis que ce M. Féline vient on ne sait d'où et ne va à rien. Il est, dans tous les cas, d'un ordre inférieur, il est bas; il n'intéresse ni ne fait rire à aucun moment; c'est un piètre casuiste qui ne saurait se duper lui-même, à moins d'être par trop sot. On l'a entendu à peine qu'on se prend à désirer (Dieu me pardonne!) que la menace de sa femme à son égard s'accomplisse et qu'il soit trompé par elle comme il le mérite, et il le sera, j'en réponds, le jour où elle trouvera quelqu'un d'un peu plus consistant qu'Octave. Celui-ci est un triste caractère aussi ; il a beau se dire :

> Déployons un aplomb au-dessus de mon âge ;

il a vingt-cinq ans, si je ne me trompe, et, à moins d'être bien peu avancé, on l'a été de tout temps à cet âge beaucoup plus qu'il ne le paraît. Féline a grand' raison de le traiter comme un écolier, en des vers qui sont d'ailleurs des mieux tournés, et mieux même qu'à lui n'appartient :

> Voilà de mes roués en sortant du collége !
> Les jeunes gens du jour ont ce travers commun
> D'affubler leur candeur d'un vêtement d'emprunt,
> De faire les lurons à qui rien n'en impose,
> Et dont l'œil voit d'abord le fond de toute chose ;
> De ne pas sembler neufs sottement occupés,
> Ils mettent de l'orgueil à se croire trompés,
> Perdant ainsi, pour feindre un peu d'expérience,
> La douceur d'être jeune et d'avoir confiance !

C'est là du bon style ; mais il est fâcheux encore que toutes les saines pensées et les maximes justes de la pièce se trouvent rejetées dans la bouche de ce triste Féline, et qu'elles s'y trouvent (notez-le), non pas comme des ressorts de son rôle, mais à titre même de choses justes ; il devient ainsi par moments une manière d'Ariste véritable ; c'est Tartufe et Cléante mis en un, s'il est permis d'amener ici ces grands noms. — N'oublions pourtant pas d'ajouter que l'oncle Bridaine, si bien joué par Provost, et qui rentre dans les anciennes données comiques, est excellent : il prête aux meilleures scènes de l'ouvrage, et le second acte lui a dû son espèce de succès. La petite Juliette aussi a son accent à elle, vraiment ingénu.

A défaut d'une comédie de caractère, il aurait pu y avoir un agencement de pièce mieux entendu, une intrigue mieux ourdie ; le second acte semblait promettre à cet égard, le troisième n'a pas tenu : tout ce monde convoqué dans l'appartement d'Octave n'y produit rien de bien vif, de bien inquiétant ni de bien amusant. Rose s'en va mal raccommodée avec son vilain mari, et Juliette reste assez mal mariée avec son douteux amant. Le jeune et spirituel auteur a (c'est tout simple) beaucoup à apprendre de la pratique du métier et du jeu de la scène ; MM. Scribe et Alexandre Dumas, en ce genre d'habileté, sont des maîtres qu'il lui sera très-profitable d'étudier. Mais ce que nous voudrions surtout suggérer à un talent aussi net et aussi naturel d'expression, aussi tourné par vocation, ce semble, aux choses de théâtre, ce serait d'agrandir, avant tout, le champ de son observation, non pas de vieillir (cela se fait tout seul et sans qu'on se le dise), mais de vivre, de se répandre hors du cercle de ses jeunes contemporains, de voir le monde étendu, confus, de tout rang, le monde actuel tel qu'il est, de le voir, non pas à titre de jeune auteur déjà en vue soi-même, mais d'une manière plus humble, plus sûre, plus favorable au coup d'œil, et comme quelqu'un de la foule ; c'est le meilleur moyen d'en sortir ensuite avec son butin, et de dire un jour à quelque ridicule, à quelque vice pris sur le fait : *Le voilà !*

1er décembre 1845.

LAFON-LABATUT

POÉSIES.

Bien que le don de poésie soit de sa nature une chose essentiellement imprévue, et que ce souffle, comme celui de Dieu, aille où il lui plaît, on ne peut s'empêcher d'être surpris chaque fois qu'on voit ce talent se déceler tout d'un coup, et sortir de terre avec fraîcheur dans de certaines circonstances qui semblaient faites plutôt pour l'étouffer ; s'il n'y a pas lieu toujours de crier au miracle, ce n'est jamais le cas non plus de faire les inattentifs et les dédaigneux. Voici donc encore un poëte, un de ceux que l'adversité semblait devoir éteindre, et qu'elle a seulement excités. Nous emprunterons à la simple et touchante notice que M. Pellissier a mise en tête des *Poésies* de M. Lafon-Labatut quelques détails qui en expliquent l'origine et la publication. Il y a au moins vingt ans de cela, M. Raynouard, l'auteur des *Templiers* et le savant philologue, vivait encore et habitait, à Passy, un petit ermitage studieux et riant, la maison du sage. Il avait pour secrétaire, pour collaborateur dans ses recherches, M. Pellissier, homme instruit et modeste. Un soir d'hiver arrivèrent à pied, dans le village, un homme et un enfant épuisés de fatigue ; ils vinrent frapper à la porte de M. Raynouard, demandant l'hospitalité. C'étaient le jeune Lafon-Labatut, alors à peine âgé de cinq ans, et son père. Celui-ci avait eu, il paraît, une vie fort errante et orageuse : après avoir un instant brillé à Paris dans la jeunesse dorée du temps, il s'était engagé, avait fait la guerre et couru le monde, puis s'était marié à Messine ; là, un jour, regrettant la patrie et songeant aux moyens d'y revenir, il lui tomba entre les mains un des volumes des *Troubadours*, dans la préface duquel M. Raynouard nommait avec éloge M. Pellissier. Lafon-Labatut y reconnut le nom d'un ancien ami, et il partit là-dessus de Messine pour Paris, emmenant sa femme et son jeune enfant. La pauvre femme était morte de la peste en route, à Gibraltar ; le père et l'enfant, après mille traverses, exténués de misère et de besoin, arrivaient donc seuls ; ils furent reçus avec cordialité. « M. Raynouard, nous dit le biographe, touché de tant d'infortunes et des grâces naïves du petit Sicilien, lui témoigna le plus vif intérêt, se plaisant à le faire babiller dans son idiome natal, auquel l'accent de sa voix enfantine prêtait encore plus de charme. »

Après un temps de repos, les voyageurs partirent

pour le Bugue, petite ville du Périgord, où était né le père qui bientôt y mourut. L'enfant, recueilli par un curé de village, marqua de bonne heure des dispositions d'artiste ; il avait rencontré par hasard une traduction de l'*Iliade*, il se mit à en figurer avec de l'argile et à en charbonner sur les murailles les dieux, les déesses et les héros. La mort du bon curé le laissa sans ressources ; c'est alors qu'il revint à Paris, rappelé par l'ami de son père. Livré à sa vocation naturelle, il apprit le dessin sous M. Sudre, et put entrer dans l'atelier de Gérard. Ses progrès rapides promettaient un artiste de talent, lorsqu'une ophthalmie cruelle vint l'arrêter au plus fort de son travail, au plus beau de son rêve. On tenta tous les remèdes, et en désespoir on l'envoya au Bugue pour essayer de l'influence d'un climat méridional. Il acheva d'y perdre la vue. C'est là qu'isolé, tout à fait aveugle, après avoir passé par les horreurs d'une tentation sinistre de mort, un matin de printemps, il s'avisa de demander à la poésie, au chant, quelque chose de ce qu'il avait demandé vainement au pinceau et à la lumière, un haut refuge du moins, une patrie idéale où se reposer. N'est-ce point, en effet, l'antique Aveugle qui a dit : « La Muse qui l'aima entre tous lui partagea le bien et le mal : elle le priva des yeux, mais lui donna une voix harmonieuse. » Cette compensation céleste s'est bien des fois vérifiée depuis. Le jeune homme fit donc des vers ; il les fit d'abord au hasard, un instinct naturel lui révélait la mélodie ; quelques études opiniâtres, bien incomplètes pourtant, telles qu'on peut se les figurer en ce lieu et en cette situation, lui permirent de s'enhardir un peu. Un ami, ce même ami de son père, à qui parvinrent les essais du pauvre aveugle, eut l'idée de les faire imprimer. L'extrait de lettre que cite M. Pellissier montre combien le poëte est peu disposé à s'abuser sur des productions qui sont, avant tout, pour lui, des consolations secrètes, des épanchements solitaires : nous ne craindrons point, après M. Pellissier, de donner ici cette lettre, cette humble et touchante préface, et qui a sa fierté aussi :

Bugue, le 27 juillet 1845.

. . . .

« Vous avez reçu le long, mais indispensable *errata* de mon manuscrit. Que ne puis-je de même remédier aux défauts de composition, de goût et de clarté qui s'y rencontrent en foule ! La chose est bien autrement difficile. Je voudrais être près de vous pour faire les améliorations indiquées; mais le pourrai-je de si loin ? Ne m'arrivera-t-il pas de remplacer le mauvais par le plus mauvais encore ? Je sens pourtant la nécessité de corriger, et beaucoup : je viens de le tenter ; mais, épreuve faite, je me vois presque dans l'impossibilité d'y réussir. Je ne connais pas une de mes pièces, où j'aie jamais fait le moindre changement notable, si ce n'est à l'inverse du précepte de Boileau, en ajoutant quelques strophes ou quelques vers par intervalle.

« Si j'avais moi-même publié mes poésies, j'en aurais retranché les morceaux les plus faibles, et j'aurais tâché de faire disparaître les fautes les plus grossières.

« C'est ainsi que je me serais offert aux yeux de l'observateur, non comme un écrivain, non comme un poëte, mais comme un exemple des sensations et des idées d'un homme qui n'a reçu d'autres leçons que celles du malheur.

« Vous le savez, ce n'est pas un vain désir de célébrité qui m'a fait céder à vos instances, et consentir à livrer au public des vers que j'aurais voulu garder pour moi et pour quelques rares amis qui sont bien obligés de supporter quelque chose.

« Si, jusqu'à présent, je m'étais toujours refusé à me faire imprimer, c'est que je trouvais un autre moyen de vivre; il me manque aujourd'hui, et il faut bien, malgré toutes mes répugnances et mes craintes, que je me décide à prendre ce dangereux parti.

> La douleur est ma muse, elle a tous mes secrets ;
> Aussi, je l'avouerai, n'est-ce pas sans regrets,
> Sans cette pudeur fière, aux malheureux connue,
> Que je livre aux regards mon âme toute nue.

« Mais il le faut, vous le voulez; et, puisque c'est une dernière planche de salut, je vais encore m'y hasarder.

« JOSEPH LABATUT. »

1er décembre 1845.

NICOLAS GOGOL

NOUVELLES RUSSES, TRADUITES PAR
M. LOUIS VIARDOT.

Voilà bien des années que les traductions des écrivains et poëtes étrangers, autrefois si fréquentes et si en vogue, se sont ralenties. Le grand mouvement qui animait les littératures étrangères durant les trente premières années du siècle, et qui se fit si vivement sentir en France sous la Restauration, s'est graduellement calmé, comme tant de choses, et il ne présente plus à l'intérêt qu'une surface immense que sillonnent en tous sens des voiles empressées, mais où ne se signale de loin aucune escadre imposante, aucun pavillon bien glorieux. Il se peut faire qu'un puissant travail général s'accomplisse, et que le niveau des idées, des connaissances et de la civilisation elle-même monte partout insensiblement ; mais, en fait d'art, les maîtres les plus en renom ont disparu ; s'il en survit quelques-uns, ils achèvent de vieillir, et ne sont point remplacés par des autorités équivalentes. Pour l'Angleterre, pour l'Allemagne, pour l'Italie, le fait est évident; l'Espagne essaie d'une sorte de renaissance et voudrait faire parler d'elle. Quant à la Russie, nous n'avons jamais eu le loisir (et c'est notre tort) d'en être très-informés, même lorsqu'elle possédait ses poëtes Pouchkine et Lermontoff. Aujourd'hui il s'agit d'un romancier, d'un conteur, dont le nom, fort en estime dans son pays, n'avait guère encore percé en France. Avant la traduction que publie M. Viardot, il est douteux qu'aucun Français eût jamais lu quelqu'une des productions originales de M. Gogol; j'étais dans ce cas comme tout le monde; j'avais un avantage pourtant que je réclame, c'était d'avoir rencontré autrefois, sur un bateau à vapeur, dans une traversée de Rome à Marseille, l'auteur en personne, et là j'avais pu, d'après sa conversation forte, précise, et riche d'observations de mœurs prises sur le fait, saisir un avant-goût de ce que devaient contenir d'original et de *réel* ses œuvres elles-mêmes. M. Gogol, en effet, paraît se rattacher avant tout à la fidélité des mœurs, à la reproduction du vrai, du naturel, soit dans le temps présent, soit dans un passé historique; le génie populaire le préoccupe, et, quelque part que son regard se porte, il se plaît à le découvrir et à l'étudier [1]. Je

---

1. C'est ainsi que M. Gogol me dit avoir trouvé à Rome un véritable poëte, un poëte populaire, appelé Belli, qui écrit des sonnets

craindrais de trop généraliser les caractères d'un talent que je n'ai pu juger que par échantillons ; M. Viardot, dans le choix qu'il.a fait, a dû songer surtout à la variété ; les cinq nouvelles qu'il nous offre ont chacune un caractère à part, et appartiennent à un genre différent ; ce qui peut être plus agréable pour le lecteur, mais ce qui ne laisse pas d'embarrasser le critique. J'ai entendu dire à des Russes spirituels qu'il y a dans M. Gogol quelque chose de M. Mérimée; ces sortes de comparaisons sont toujours assez hasardeuses et ne peuvent se donner que pour de lointains *à peu près;* ce qui est certain, c'est que M. Gogol s'inquiète moins d'idéaliser que d'observer, qu'il ne recule pas devant le côté rude et nu des choses, et qu'il ne fait nulle difficulté d'enfoncer le trait; il se soucie avant tout de la nature, et il a dû beaucoup lire Shakspeare.

Des nouvelles aujourd'hui publiées, et que M. Viardot a rendues avec un relief, avec un cachet de style qui porte en lui la garantie de sa propre fidélité, la plus considérable et la plus intéressante est la première intitulée : *Tarass Boulba.* C'est le nom d'un chef cosaque zaporogue, et, dans ce caractère sauvage, féroce, grandiose et par instants sublime, le romancier a voulu nous offrir un portrait de ce qu'étaient encore quelques-

---

dans le langage transtéverin, mais des sonnets faisant suite et formant poëme. Il m'en parla à fond et de manière à me convaincre du talent original et supérieur de ce Belli, qui est resté si parfaitement inconnu à tous les voyageurs.

uns de ces chefs indépendants des bords du Dnieper durant la première moitié du XVIIe siècle, date approximative à laquelle se rapportent les circonstances du récit : « C'était, dit-il, un de ces caractères qui ne pouvaient se développer qu'au XVIe siècle, dans un coin sauvage de l'Europe, quand toute la Russie méridionale, abandonnée de ses princes, fut ravagée par les incursions irrésistibles des Mongols; quand, après avoir perdu son toit et tout abri, l'homme se réfugia dans le courage du désespoir; quand sur les ruines fumantes de sa demeure, en présence d'ennemis voisins et implacables, il osa se rebâtir une maison, connaissant le danger, mais s'habituant à le regarder en face; quand enfin le génie pacifique des Slaves s'enflamma d'une ardeur guerrière, et donna naissance à cet élan désordonné de la nature russe qui fut la société cosaque (*kasatchestvo*). Alors tous les abords des rivières, tous les gués, tous les défilés dans les marais, se couvrirent de Cosaques que personne n'eût pu compter, et leurs hardis envoyés purent répondre au sultan qui désirait connaître leur nombre : « Qui le sait ? Chez nous, dans la steppe, à chaque bout de champ, un Cosaque. » Ce fut une explosion de la force russe que firent jaillir de la poitrine du peuple les coups répétés du malheur. » — Tarass Boulba est un des chefs de *polk* ou des colonels de cette société cosaque qui offrait une organisation militaire très-simple, permanente, et dont M. Gogol nous fait toucher au doigt les ressorts. Placés entre les Tatars et les Turcs qu'ils abhorrent comme païens, et les Polonais presque aussi détestés d'eux à titre de catholiques, les Zaporogues, fidèles à la pure religion grecque, apparaissent comme une tribu et une république de chevaliers grossiers et indomptables, en croisade perpétuelle, campés dans leurs steppes, et prêts à se lever au moindre signal. Leur principal établissement, appelé la *setch*, ou quartier général de la tribu, avait d'ordinaire pour siége une île du Dnieper. En été, pendant les travaux de la campagne, il restait peu de monde à la *setch*; mais l'hiver y ramenait une garde nombreuse; et c'est là qu'au premier danger, au premier cri d'appel, accouraient tous les chefs répandus dans les pays d'alentour; c'est là, comme dans un champ de mai, que se décidaient tumultuairement les grandes entreprises, soit les courses de piraterie par mer sur les rivages de la mer Noire, soit les formidables invasions en Turquie et en Pologne. La nouvelle dont il s'agit débute d'une manière très-originale. Nous sommes au moment où les deux fils de Tarass Boulba, qui sont allés faire leurs études au séminaire de Kiew, selon l'usage, reviennent au logis paternel pleins de force, de santé, comme de jeunes grands Cosaques qui promettent beaucoup, mais affublés encore de leurs longues robes d'étudiants. La façon dont Tarass accueille ses fils, dont il les houspille et les raille, dont il force presque l'aîné à faire, pour premier bonjour, le coup de poing avec lui, nous transporte aussitôt dans ce monde de sauvagerie et de rudesse; la mère silencieuse, émue et navrée, qui ose jouir à peine du retour de ses fils, est touchée avec un sentiment profond et délicat : on assiste à la misérable condition de la femme en ces mœurs et en ces âges barbares. Il s'agit bien vite pour le vieux Tarass, tout fier des jeunes recrues qui lui arrivent, d'initier les deux écoliers émancipés à la vie cosaque, aux travaux guerriers, et, au sortir d'un festin copieux comme on en verra tant, il est décidé que lui-même les conduira dès le lendemain vers la *setch*. Le voyage à travers les steppes, l'arrivée au quartier général, les groupes divers qui s'y dessinent, les provocations belliqueuses de Tarass Boulba qu'ennuie l'inaction et qui veut donner carrière à ses fils, la déposition du *kochevoï* ou chef supérieur qui ne se prête pas à la guerre, et l'élection d'un nouveau *kochevoï* plus docile, toutes ces scènes sont retracées avec un talent ferme et franc; le discours du *kochevoï* nouvellement élu, lorsqu'il prend brusquement en main l'autorité et qu'il donne ses ordres absolus pour l'entrée en campagne, me paraît, pour le piquant et la réalité, tel que M. Mérimée en pareil cas l'aurait pu faire. On entre donc en Pologne, brûlant, saccageant châteaux et abbayes : les deux fils de Tarass Boulba marchent partout en tête, et le cœur de leur père s'applaudit. Les caractères de ces deux jeunes gens diffèrent : l'aîné, Ostap (ou Eustache),

Cosaque accompli, est calme, plein de sang-froid et de coup d'œil autant qu'intrépide dans le danger ; il annonce dès l'âge de vingt-deux ans les hautes qualités d'un chef futur. Le cadet, Andry, se montre plus brillant peut-être, mais plus inconsidéré aussi et plus faible jusque dans son héroïsme ; il a en lui du Polonais, et il n'est pas fait pour sa race. L'armée des Zaporogues, après avoir bien ravagé le pays, va mettre le siége devant la ville de Doubno. Peu habiles à l'attaque régulière des places, ils s'attachent à réduire celle-ci par la famine. Un épisode romanesque vient rompre le sanglant récit : Andry, étant encore au séminaire de Kiew, a eu occasion de voir une belle jeune fille, une Polonaise, la fille d'un vaïvode, il l'aime ; or, elle est dans la place avec son père ; elle a reconnu Andry du haut du parapet, elle le lui fait dire. Andry est tendre ; il ne peut résister à l'idée de cette céleste beauté qui se meurt en proie aux angoisses de la faim. Une nuit, il manque à son devoir de Cosaque, et s'introduit dans la place assiégée avec des vivres. Dès ce moment il est perdu pour sa religion, pour sa race, pour son père. Le moment où le vieux Tarass apprend d'un Juif qu'Andry est dans la place et qu'il figure dans les rangs des seigneurs polonais, sa stupéfaction à cette nouvelle, ses questions réitérées, toujours les mêmes, toujours empreintes d'une opiniâtre incrédulité, ce sont là des traits naturels, profonds, et tels qu'on est accoutumé à en admirer dans les scènes de

Shakspeare. Ainsi dans *Macbeth*, quand on annonce à Macduff le massacre de sa femme et de ses enfants, et qu'il répond : « Tous mes jolis enfants! — Avez-vous dit tous? — O vautour d'Enfer! tous! — Quoi! tous mes charmants petits et leur mère... » Le premier mouvement de Tarass rappelle celui-là. Toute la tendresse et l'espoir du vieux Cosaque se concentrent dès ce moment sur son noble fils Ostap. Le siége continue, mais avec des alternatives de succès et de revers. On apprend que les Tatars, profitant du départ des guerriers zaporogues, ont pillé la *setch* et emporté le trésor. L'armée des assiégeants se partage : une partie, sous la conduite du *kochevoï*, s'en retourne au pays de l'est pour tirer vengeance des Tatars; une partie demeure devant la place, sous les ordres de Tarass Boulba lui-même, élu *ataman* pour la circonstance. Le vieux Tarass, resté avec une troupe affaiblie, se dispose à relever les courages. Ce moment qui suit la séparation est très-bien peint, et les couleurs qu'y a employées l'écrivain devenu poëte nous font entrer dans le génie de la race :
« Tarass voyait bien que, dans les rangs mornes de ses Cosaques, la tristesse, peu convenable aux braves, commençait à incliner doucement toutes les têtes. Mais il se taisait : il voulait leur donner le temps de s'accoutumer à la peine que leur causaient les adieux de leurs compagnons; et cependant il se préparait en silence à les éveiller tout à coup par le *hourra* du Cosaque, pour rallumer avec une nouvelle puissance le courage dans

leur âme. C'est une qualité propre à la race slave, race grande et forte, qui est aux autres races ce que la mer profonde est aux humbles rivières. Quand l'orage éclate, elle devient tonnerre et rugissements, elle soulève et fait tourbillonner les flots, comme ne le peuvent les faibles rivières; mais, quand il fait doux et calme, plus sereine que les rivières au cours rapide, elle étend son incommensurable nappe de verre, éternelle volupté des yeux. »

Ici commence une série de combats qui nous paraissent extrêmement prolongés; nous sommes, malgré tout, trop peu Cosaques pour nous intéresser jusqu'au bout à tant d'épisodes successifs de cette iliade zaporogue. On dirait que l'auteur a eu sous les yeux, dans cette partie de sa nouvelle, des chants populaires dont il a voulu faire usage; le ton devient purement épique, et les comparaisons homériques abondent. Bref, la victoire demeure aux Polonais, et Tarass, grièvement blessé, ne reprend un peu de connaissance que durant la fuite en Ukraine, où l'emporte un de ses braves compagnons. Qu'est devenu Ostap? C'est la première pensée de Tarass en revenant à lui. Son noble fils est resté prisonnier aux mains des vainqueurs. Dès ce moment, le père n'a plus qu'une idée, qu'un deuil fixe, opiniâtre, où luit un désir inextinguible : délivrer son Ostap, s'il se peut, ou, sinon, le revoir du moins et puis le venger; car aux mains de tels ennemis, s'il ne s'échappe, on sait trop quels tourments l'attendent. La douleur du père, son indifférence aux bruyantes orgies de la *setch* qu'il entend à peine gronder autour de lui, ses courses solitaires à la chasse, où il oublie de décharger son arme et où il passe des heures assis près de la mer, sont décrites avec une énergique vérité. Enfin il prend un parti; il va trouver, lui si altier, un vieux Juif auquel il a eu affaire plus d'une fois. Les Juifs en ces pays peuvent tout et viennent à bout de tout moyennant de l'or : Tarass en promet beaucoup, beaucoup au Juif Yankel, et celui-ci se charge de le conduire déguisé à Varsovie même, où Ostap et ses compagnons d'infortune sont gardés en prison pour être bientôt exécutés. Le voyage, l'arrivée dans le quartier juif, les tentatives pour pénétrer dans la prison, sont semés d'incidents qui, involontairement, font sourire à travers les transes. Bref, malgré tous les efforts, toutes les audaces, toutes les ruses de ses auxiliaires juifs, Tarass Boulba n'a pu arriver jusqu'à Ostap, et ce n'est que le jour marqué pour l'exécution même qu'il le voit du sein de la foule où il a voulu se placer comme spectateur. Il a le costume d'un seigneur allemand; le juif Yankel, son guide, se tient à quelques places de distance devant lui. La scène est admirablement posée, et l'auteur a su y trouver des accents d'un pathétique sublime. D'abord la foule est là comme toutes les foules, fanatique, curieuse, avide, légère ; mais tout d'un coup un grand mouvement se fait, et de toutes parts retentissent les cris : Les voilà, les voilà ! Ce sont les Cosaques !

« Ils marchaient la tête découverte, leurs longues tresses pendantes ; tous avaient laissé pousser leur barbe. Ils s'avançaient sans crainte et sans tristesse, avec une certaine tranquillité fière. Leurs vêtements, de drap précieux, s'étaient usés et flottaient autour d'eux en lambeaux ; ils ne regardaient ni ne saluaient le peuple. Le premier de tous marchait Ostap.

« Que sentit le vieux Tarass, lorsqu'il vit son Ostap ? Que se passa-t-il alors dans son cœur?... Il le contemplait du milieu de la foule sans perdre un seul de ses mouvements. Les Cosaques étaient déjà parvenus au lieu du supplice. Ostap s'arrêta. A lui le premier appartenait de vider cet amer calice. Il jeta un regard sur les siens leva une de ses mains au ciel, et dit à haute voix :

« — Fasse Dieu que tous les hérétiques qui sont ici rassemblés n'entendent pas, les infidèles, de quelle manière est torturé un chrétien ! Qu'aucun de nous ne prononce une parole !

« Cela dit, il s'approcha de l'échafaud.

« — Bien, fils, bien ! dit Boulba doucement ; et il inclina vers la terre sa tête grise. »

C'est ici que le bourreau commence son œuvre de torture ; l'auteur a le bon goût de nous en épargner les atroces détails successifs ; il ne peut cependant tout nous supprimer, et c'est graduellement qu'il nous amène au cri final qui arrache une larme ; toute cette page est à citer :

« Ostap, nous dit-il, supportait les tourments et les

tortures avec un courage de géant. L'on n'entendait pas un cri, pas une plainte, même lorsque les bourreaux commencèrent à lui briser les os des pieds et des mains, lorsque leur terrible broiement fut entendu au milieu de cette foule muette par les spectateurs les plus éloignés, lorsque les jeunes filles détournèrent les yeux avec effroi. Rien de pareil à un gémissement ne sortit de sa bouche ; son visage ne trahit pas la moindre émotion. Tarass se tenait dans la foule, la tête inclinée, et, levant de temps en temps les yeux avec fierté, il disait seulement d'un ton approbateur :

« — Bien, fils, bien !...

« Mais, quand on l'eut approché des dernières tortures et de la mort, sa force d'âme parut faiblir. Il tourna les regards autour de lui : Dieu ! rien que des visages inconnus, étrangers ! Si du moins quelqu'un de ses proches eût assisté à sa fin ! Il n'aurait pas voulu entendre les sanglots et la désolation d'une faible mère, ou les cris insensés d'une épouse, s'arrachant les cheveux et meurtrissant sa blanche poitrine ; mais il aurait voulu voir un homme ferme, qui le rafraîchit par une parole sensée et le consolât à sa dernière heure. Sa constance succomba, et il s'écria dans l'abattement de son âme :

« — Père ! où es-tu ? entends-tu tout cela ?

« — Oui, j'entends [1] !

1. On peut remarquer, sans aucune idée de comparaison profane, que ce cri n'est ici qu'un écho humain de cet autre cri qui résume

« Ce mot retentit au milieu du silence universel, et tout un million d'âmes frémirent à la fois. Une partie des gardes à cheval s'élancèrent pour examiner scrupuleusement les groupes du peuple. Yankel (le Juif) devint pâle comme un mort, et, lorsque les cavaliers se furent un peu éloignés de lui, il se retourna avec terreur pour regarder Boulba; mais Boulba n'était plus à son côté. Il avait disparu sans laisser de trace. »

Le petit roman historique de Tarass Boulba se termine véritablement ici; le chapitre suivant n'est qu'une conclusion horrible et sanguinaire. La trace de Boulba se retrouve bientôt en effet : il est retourné parmi les siens; il les a soulevés sans peine au récit de ses douleurs, et cent mille Cosaques reparaissent en armes sur les frontières de l'Ukraine. La dévastation, le massacre, l'incendie, ne cessent plus, jusqu'à la mort du vieux Tarass qui s'obstine, à la tête de son *polk*, à ne point reconnaître le traité de paix offert par les Polonais, et accepté par le reste de sa tribu. Il continue, jusqu'à son dernier soupir, de brûler et de ravager : « Ce sont là, s'écriait-il, les messes funèbres d'Ostap! »

On comprend mieux, après la lecture de cette nouvelle, les inimitiés profondes de religion et de nation

---

à jamais en lui toutes les agonies et toutes les passions, lorsque Jésus, expirant sur la croix, profère son *Eli, Eli, lamma sabachtani*, c'est-à-dire : Mon Dieu, mon Dieu, pourquoi m'avez-vous abandonné ?

qui séparent, depuis des siècles, certaines branches de la famille slave. Le vieux Tarass se croit un bon chrétien à sa manière; il est fidèle à la religion grecque *orthodoxe* dont il considère les Polonais catholiques comme des apostats. Il y a là, derrière la Pologne catholique, un fanatisme héréditaire dont nous n'avons pas assez idée, et qui pourtant n'éclate que trop encore de nos jours par des scènes dignes du siècle de Tarass. Cette simple nouvelle de M. Gogol, en ne faisant que peindre un coin du passé, ouvre là-dessus des jours historiques qui expliquent jusqu'à un certain point le présent.

Les autres nouvelles du volume nous offrent moins d'intérêt que celle de Tarass Boulba; elles montrent la variété du talent de M. Gogol, mais je regrette que, pour un premier recueil, on n'ait pas pu choisir une suite plus homogène et plus capable de fixer tout d'abord sur les caractères généraux de l'auteur : le critique se trouve un peu en peine devant cette diversité de sujets et d'applications. La petite histoire intitulée *un Ménage d'autrefois*, et qui peint la vie monotone et heureuse de deux époux dans la Petite-Russie, est pourtant d'un contraste heureux avec les scènes dures et sauvages de Boulba : rien de plus calme, de plus reposé, de plus uni; on ne se figure pas d'ordinaire que la Russie renferme de telles idylles à la Philémon et Baucis, de ces existences qui semblent réaliser l'idéal du *hôme* anglais et où le *feeling* respire dans toute sa douceur continue : Charles Lamb aurait pu écrire ce charmant et minutieux récit; mais vers la fin, lorsque le vieillard a perdu son inséparable compagne, lorsque le voyageur, qui l'a quitté cinq années auparavant, le revoit veuf, infirme, paralytique et presque tombé en enfance, lorsqu'à un certain moment du repas un mets favori de friandise rappelle au pauvre homme la défunte et le fait éclater en sanglots, l'auteur retrouve cette profondeur d'accent dont il a déjà fait preuve dans Boulba, et il y a là des pages que j'aimerais à citer encore, s'il ne fallait se borner dans une analyse, et laisser au lecteur quelque chose à désirer. — En omme, le nom de M. Gogol va devoir à cette publication de M. Viardot d'être connu en France comme celui d'un homme d'un vrai talent, observateur sagace et inexorable de la nature humaine [1].

1. Ici s'arrête, à proprement parler, le recueil des *Premiers Lundis*, c'est-à-dire des articles de M. Sainte-Beuve, antérieurs aux *Causeries du Lundi* et aux *Nouveaux Lundis*, et qui n'avaient jamais été publiés en volume. Nous donnons maintenant la suite et le complément de ses œuvres encore éparses ou inédites en librairie.

4 février 1854.

M. DE LATENA

ÉTUDE DE L'HOMME[1].

Les femmes, leur société, la connaissance des sentiments et des affections qui leur conviennent, leur genre de faiblesses, et même leurs vertus, ont heureusement inspiré M. de Latena; il a sur ce sujet des remarques fines, spirituelles et souriantes. La bienveillance habituelle qui règne dans son observation générale de l'homme, et qui ne permet point à l'amertume de se glisser sous le fruit de son expérience, n'empêche pourtant pas qu'il ne dise des choses assez vives à ce sexe qu'il paraît avoir bien connu :

« Il n'est pas adroit de se montrer très-clairvoyant avec les femmes, à moins que ce ne soit pour deviner ce qui leur plaît. »

---

1. Nous reproduisons ici la suite et la fin de cet article que M. Sainte-Beuve n'a donné qu'en partie dans l'appendice du tome IX des *Causeries du Lundi*, page 522.

« Il n'est pas rare de voir une femme, miraculeusement échappée aux dangers de la jeunesse et de la beauté, perdre le fruit de ses sacrifices en se donnant dès qu'on cesse de l'attaquer. C'est une citadelle qui a courageusement repoussé les assauts, et que la famine force enfin de se rendre. »

« Une femme nous semble un peu moins jolie quand nous avons entendu contester sa beauté. »

Je ne sais si l'auteur a raison de refuser aux femmes la faculté d'être amies entre elles; il ne la leur refuse du reste que dans leur première jeunesse et quand une autre sorte de passion plus vive est en jeu.

« Une amitié vraie et durable, ajoute-t-il, ne peut guère s'établir qu'entre deux femmes dont le cœur est calme et bon, dont les sentiments sont élevés, et dont l'esprit a du moins quelques côtés sérieux. Peut-être serait-elle plus sûre encore, si toutes deux avaient passé l'âge de plaire. »

En revanche, il croit fort à l'amitié d'un sexe à l'autre. Après madame de Lambert, après Droz et Meister, il a là-dessus des paroles d'une douce justesse :

« Entre un homme et une femme dont le cœur n'est plus accessible à l'amour, l'amitié prend une nuance particulière où viennent se fondre les différences essentielles de leurs organisations. Une union de cette sorte offre une partie des charmes de l'amour, sans en avoir les agitations ni les incertitudes. L'amitié de deux hommes, si profonde et si vraie qu'elle soit, n'exclut pas, dans un commerce habituel, des moments de froideur et de vide. Celle d'un homme et d'une femme ne cesse guère d'être attentive et empressée; le sexe y conserve une partie de son influence... »

La douceur de l'âge moins ardent, la vie égale et encore sensible d'une maturité apaisée est très-bien rendue par M. de Latena :

« Entre quarante et cinquante ans, le soleil de la vie commence à descendre vers l'horizon, et tous les objets récemment éclairés d'une lumière éclatante prennent des teintes obscurcies qui font présager la nuit. L'âme s'attriste, la pensée s'assombrit, et les souvenirs de la jeunesse ne se présentent plus que comme les images d'un bonheur perdu sans retour. C'est alors qu'on sent le prix d'une existence simple et dégagée de sensualités; c'est alors qu'on trouve, dans le calme d'un cœur pur et dans l'énergie d'un corps sain, la récompense de la modération et des sacrifices de la jeunesse; c'est alors enfin qu'on reconnaît combien la morale serait bonne encore quand même elle n'aurait pas de sanction dans une autre vie. » — « Jeunesse sensuelle, dit-il aussi, vieillesse douloureuse. » — « Un vieillard sans dignité est comme une femme sans pudeur. »

Lorsqu'il en est particulièrement aux qualités et aux passions sociales, M. de Latena a de bonnes analyses et des définitions judicieuses. Sur les diverses impressions et les divers états de l'âme, *tranquillité, calme, quiétude*, etc.; sur les qualités qu'on est porté à confondre, *bonté, bienveillance, générosité, indulgence*, etc.; sur les formes en usage dans la bonne compagnie, *civilité, urbanité, politesse*, etc., il a des descriptions plus encore que des définitions, et qui donnent à l'esprit une idée exacte, qui lui apprennent à distinguer des expressions presque synonymes. En peignant la haine, l'ingratitude, la vengeance, il arrive même à une certaine énergie et concision. Cette partie de son ouvrage m'a rappelé d'anciens livres oubliés, ou connus seulement de ceux qui, dans leur bibliothèque et sur les rayons des moralistes, ne s'en tiennent pas à la première rangée : c'est ainsi qu'au XVIIe siècle l'abbé de Bellegarde, par exemple, écrivait *sur la Politesse* ou *sur le Ridicule;* que l'abbé Goussault, conseiller au Parlement, écrivait son *Portrait d'une femme honnête* et celui d'un *Honnête homme*. L'ouvrage de M. de Latena, avec plus d'élévation, appartient à cette branche d'écrits estimables et qui laissent après eux un bon témoignage de l'art moyen d'une société. En terminant son livre, M. de Latena dit avec un sentiment de respect pour le public et une circonspection qui n'est pas ordinaire de notre temps: « Tout, dans la « vie, est un jeu de hasard, tout, excepté la vertu. Elle « seule procure un bénéfice certain. Je le crois ; et ce- « pendant, en publiant ce livre, avec un vif désir de « faire quelque bien, je songe aussi à l'approbation des « hommes : c'est contre elle que je joue mon repos. » Je voudrais, d'après le peu que j'ai indiqué ici, pouvoir rassurer le digne auteur ; il a moins risqué qu'il ne croit. Son livre lui vaudra l'estime affectueuse de tous ceux qui l'auront lu, et ne fera que redoubler chez ceux qui le connaissent les sentiments dus à des pensées justes et si bien mûries, couronnant une vie utile et un caractère aimable.

15 janvier 1856.

M. TROPLONG

DE LA CHUTE DE LA RÉPUBLIQUE ROMAINE.

La *Revue contemporaine* publie sous ce titre une suite de chapitres tirés d'un ouvrage que M. Troplong a composé sur cette intéressante époque, où l'on va puiser sans cesse pour la comparer ou pour l'opposer à la nôtre. Il a semblé à l'éminent écrivain que tout un côté de la question était à remettre en lumière et à traiter avec cette sévérité d'analyse et cette autorité de raison qui lui appartiennent, et dont il a donné tant de preuves en ses autres écrits. La société romaine était sans doute profondément distincte de la société moderne; l'industrie seule et la place restreinte qui lui était faite, en comparaison du rôle qu'elle remplit dans notre civilisation, suffiraient à marquer la différence. A Rome, elle était le lot et la charge des petits, soit esclaves, soit assujettis; elle n'émancipait pas ou n'émancipait qu'imparfaitement; il y avait barrière entre ceux qui possédaient et ceux qui travaillaient : « Et non-seulement, fait observer M. Troplong, la richesse, concentrée dans une seule classe, restait presque inaccessible aux autres classes, mais il y avait encore à Rome cette circonstance particulière et remarquable, que les riches attiraient à eux, par le prêt à usure, toute la substance des petits. » La conséquence est que « le luxe et la richesse, qui sont dans la société moderne un élément de fécondité, furent dans les sociétés anciennes un véritable embarras, » une cause de ruine, et qu'à Rome particulièrement l'excès de prospérité, quand la paix intérieure eut immobilisé l'univers, aboutit à une sorte d'engloutissement de tout par quelques-uns et à une orgie que de loin on exagère sans doute quand on se la figure en permanence. Mais, malgré ces différences profondes, et qui intéressent surtout notre avenir et notre destinée (car il s'ensuit que la décadence dont on nous menace par analogie n'est nullement nécessaire), malgré cet élément essentiellement nouveau d'une industrie libre marchant au flambeau de la science, et travaillant non pas à corrompre, mais à améliorer la vie, il y a des ressemblances frappantes dans l'ordre politique. Les Romains de la fin de la République avaient des institutions qui mettaient en jeu les mêmes facultés, les mêmes passions que nous avons vues à l'œuvre ; ils assistaient à des révolutions analogues ; les caractères soumis aux mêmes épreuves prenaient les mêmes formes ; et, en se transportant parmi eux au siècle de Cicéron, on pourrait, au premier abord, se croire encore parmi nous. L'histoire de ces temps peut donc servir à la nôtre, ou plutôt le spectacle de ce que nous avons eu sous les yeux et le sentiment de ce que nous avons observé nous-mêmes peuvent nous servir à entendre complétement cette histoire du passé; car c'est moins l'histoire ancienne qui, en général, éclaire le présent, que l'expérience du présent qui sert à rendre tout leur sens et toute leur clarté aux tableaux transmis et plus ou moins effacés des anciennes histoires.

M. Troplong, dans un premier chapitre publié il y a déjà quelques mois (31 août 1855), avait très-bien marqué ce qui manque aux historiens latins, même aux plus distingués, pour nous expliquer à fond leur société et pour nous donner la clef de ses progrès ou de son abaissement. Ils étaient trop pleins de leur sujet et, en quelque sorte, trop près d'eux-mêmes; dans leur patriotisme exclusif, ils avaient trop peu comparé et n'étaient point assez sortis de chez eux. Ils se flattent d'expliquer par des causes très-générales ou par des moralités simples des résultats très-compliqués, très-divers; ils accusent confusément le luxe, la cupidité, l'amour du pouvoir. Qu'on me permette de citer ici un des beaux passages, dans lequel M. Troplong applique au plus grand des historiens latins cette sévère méthode d'examen et d'analyse qui est un des instruments familiers de l'esprit moderne, et que nul ne dirige d'une main plus savante et plus ferme. Quelle que soit la religion du genre humain pour Tacite, il n'est pas interdit de l'examiner et de percer sur de certains points au fond des choses à travers le talent :

« La littérature latine, disait M. Troplong, ne possède aucun ouvrage qui renferme, sur l'état politique des Romains, les lumières qu'Aristote nous a données sur la république de Sparte, et Xénophon sur la république d'Athènes. On trouve bien çà et là dans les auteurs quelques pensées philosophiques, quelques réflexions morales propres à guider le lecteur dans la recherche des causes qui amenèrent la chute de la République; mais ce ne sont que des aperçus partiels, des données incomplètes, des systèmes vagues et quelquefois superficiels.

« Tacite est celui de tous sur lequel on pourrait le plus compter, à cause de la trempe de son esprit sévèrement critique. L'entrée en matière de ses *Annales* fait espérer d'utiles révélations ; en quelques mots profonds et rapides, il montre le monde fatigué des guerres civiles, un besoin général de repos et de sécurité ; Auguste, maître de l'armée par ses largesses, du peuple par ses distributions, des nobles par ses faveurs, de tous par la douce tranquillité de son gouvernement; les provinces acceptant avec joie cette domination d'un seul homme par aversion pour l'empire du sénat et du peuple, pour les combats des grands, pour l'avarice des magistrats, pour la violence, la corruption et la brigue qui avaient pris la place des lois; enfin, la République s'effaçant peu à peu du souvenir d'une société qui, sous un sceptre protecteur, goûtait un repos dont elle avait été si longtemps privée. Ce tableau est d'une touche admirable. Il faut espérer que l'auteur, s'élevant à d'autres perspectives, éclairera de quelques traits lumineux les causes de cette décadence. Pourquoi tant de corruption, tant d'amour de l'argent, tant de mépris des lois, tant de luttes intestines et de déchirements impies? Mais, il faut le dire, Tacite trompe ici notre attente. L'amour du pouvoir (*potentiæ cupido*) suffit à lui seul pour expliquer toutes les révolutions de Rome, les dissensions des patriciens et des plébéiens, la turbulence des tribuns, la prépotence de consuls, le farouche Marius sorti des rangs du bas peuple (*e plebe infima*), Sylla le plus cruel des nobles, Pompée plus hypocrite qu'eux deux, et non pas meilleur; enfin César, Antoine, Auguste, et tout le sang romain versé dans les champs de Pharsale et de Philippes.

« Mais, convenons-en, sans manquer de respect à Tacite, la philosophie de l'histoire a eu souvent de bien meilleures inspirations que celle-ci, et il ne faut pas faire des prodiges d'esprit pour apercevoir que, si les hommes n'aimaient pas le pouvoir, ils ne se disputeraient pas pour le pouvoir. En général, Tacite, qui pénètre si avant dans le cœur humain, n'a pas la même portée pour sonder (quoiqu'il en ait la prétention) les plus hautes causes des événements. Son style ne cesse jamais d'être savant, pittoresque et viril ; mais son génie demeure trop étranger au progrès de la société romaine. Il saisit en philosophe le caractère des individus ; il ne sait pas s'inspirer de la philosophie d'une époque.

« Prenons par exemple un passage célèbre de ses *Annales*, celui où il expose les vicissitudes de la législation romaine. Ce tableau est semé de traits brillants et profonds, et la verve de l'auteur lance avec vigueur des sarcasmes accablants. Mais tout cet art, il faut bien l'avouer, prête une enveloppe éloquente à de graves erreurs et à d'inconcevables préjugés. Tacite affirme, en effet, que la perfection de la législation romaine s'est arrêtée à la loi des XII tables (*duodecim tabulæ finis æqui juris*). Depuis, la décadence a tout envahi : beaucoup de lois et beaucoup de corruption ; des mesures engendrées par les dissensions, arrachées par la violence et dictées par l'ambition, la haine et la jalousie contre les hommes éminents ; les Gracques, les Saturninus et les Drusus, ces agitateurs du peuple ; la corruption et les prétentions insolentes des alliés ; la guerre Italique, puis les guerres civiles ; le bien public oublié et les lois faites à cause des hommes et non pour la République ; enfin, le mépris des coutumes et du droit, jusqu'à ce qu'Auguste donne un corps de lois, qui aboutit à la délation, à la confiscation et à la terreur (*terror omnibus intentabatur*).

« Tel est, aux yeux de Tacite, le résumé de l'histoire romaine. Mais n'est-ce pas plutôt l'exagération d'un satirique que l'appréciation impartiale d'un historien? La loi des XII Tables, loin d'être le chef-d'œuvre de l'équité, en est tout au plus une grossière ébauche. Elle consacre le droit de vie et de mort du créancier sur le débiteur; elle pousse l'injure contre les plébéiens jusqu'à leur refuser le droit de mariage avec les patriciens. Elle fait consister le droit dans les formules plutôt que dans la bonne foi, etc., etc. Est-il besoin d'en dire davantage? Je sais que la loi des XII Tables avait laissé de grands souvenirs dans l'esprit des Romains; ils y voyaient la source de leur droit, avec une rédaction simple et précise, qui contrastait avec le désordre des lois grecques. Il n'en est pas moins vrai que le génie romain, tout en professant pour elle le respect religieux qu'il eut toujours pour l'antiquité, ne tarda pas à comprendre que son mouvement était captif dans cette citadelle du droit strict; de sorte que l'équité, modifiant peu à peu tous les rapports de la propriété, de la famille et des obligations civiles, substitua au système de la loi décemvirale des pensées plus conformes à la liberté, à l'égalité et à la bonne foi. C'est par ces transformations successives que le droit romain était arrivé, sous les Empereurs, à un degré de supériorité que Tacite n'aurait pas dû ignorer. Mais, les yeux fixés avec admiration sur les sommets les plus lointains et les plus âpres du passé, il ne voyait pas les moissons florissantes que l'équité et l'humanité des mœurs avaient fait naître dans le champ d'une civilisation plus moderne. N'espérons donc pas trouver dans Tacite le fil conducteur que nous cherchons. Un auteur qui croit que tout est mal à partir des XII Tables ne prouve rien autre chose, sinon qu'avec des dispositions misanthropiques, un homme de génie, grand peintre et moraliste intègre, peut manquer du tact si nécessaire à l'histoire pour discerner, au milieu des maux de ce monde, la somme toujours croissante des biens par lesquels la Providence vient les compenser. »

Si cela est vrai de Tacite, de combien d'autres ne le dira-t-on pas? Aujourd'hui, abordant le temps de César et de la guerre civile, M. Troplong s'attache avec une grande rigueur d'étude à présenter les faits dans un jour plus vrai pour l'homme d'État que conforme à la prévention littéraire : il montre d'une manière piquante la mode du pompéianisme survivant de beaucoup à Pompée et formant toute une école, dont Lucain est le poëte et dont les prosateurs sont un peu partout depuis Cicéron.

Son portrait de Lucain est sévère et juste : il caractérise l'ensemble de ce poëme de la *Pharsale* avec l'impatience que ces enflures et ces ambitions de pensée donnent à tout esprit net et sain. Il fait voir la contradiction révoltante qu'il y avait à mettre sous la protection de Néron un poëme soi-disant écrit pour restaurer l'idée de République et de liberté :

« Que si les Destins n'ont pas trouvé d'autre chemin pour frayer la route à Néron, s'écrie en commençant le poëte, si les règnes immortels et divins s'achètent toujours cher, et si pour assurer l'empire du Ciel à Jupiter, il fallait les horribles batailles des géants, alors, ô Dieux ! nous ne nous plaignons plus de rien ; les crimes mêmes et les attentats à ce prix nous sont agréables. » Voilà de ces pensées à la Lucain et qui compromettent tout. Et cependant il y a de tels hasards dans les talents, il y a de tels ressorts dans ces imaginations de poëtes, que j'aurais aimé, chez l'éminent critique, à trouver, au milieu des sévérités que j'embrasse, un mot d'exception en faveur de quelques passages du IX° livre, et notamment des discours de Labiénus et de Caton, quand il s'agit de consulter ou de ne pas consulter l'oracle de Jupiter Ammon sur l'issue des choses, sur les destinées de César et de la patrie. Saint-Évremond, en admirant ces incomparables discours, était presque surpris d'en devoir l'émotion à Lucain.

Le héros de Lucain est Caton encore plus que Pompée. Aussitôt Pompée mort et son âme envolée aux cieux, Caton passe au premier plan. Lui qui, jusque là, et tant que la lutte engagée avec César avait laissé en doute lequel serait le maître, haïssait Pompée lui-même tout en le suivant : aussitôt après le désastre de Pharsale, il se met à le chérir, à l'adopter mort et à l'exalter, et il devient pompéien de tout son cœur.

De ne point dire *Malheur aux vaincus!* c'est le fait d'une âme honnête; mais la devise de Caton, c'est *Gloire aux vaincus!* Son orgueil, c'est de faire dire dans ce vers célèbre que si tous les Dieux sont d'un côté, seul il fait contrepoids en étant de l'autre. Que veut Caton, selon Lucain, en poursuivant après Pompée et en prenant à son compte la guerre civile? Il n'espère pas vaincre, il ne veut pas régner, il ne craint pas d'être réduit à servir : il veut rester lui-même, il veut être jusqu'au bout Caton.

On est, en général, pompéien à moins de frais que Caton. On l'est comme Tite-Live, qui sut l'être d'ailleurs avec convenance et mesure, et qu'Auguste raillait agréablement là-dessus. On l'est comme chez les modernes, chez les parlementaires du temps de Louis XIV, comme on l'était à Bâville en se promenant dans le beau parc de M. de Lamoignon et en déclarant par manière de plaisanterie qu'on aurait poignardé César. Le ton même s'est amélioré, et depuis lors pareille plaisanterie, revêtue de formes si romaines, semblerait de fort mauvais goût. On se contente le plus souvent d'embrasser mort et de célébrer le Pompée auquel on résistait vivant. Je ne connais vraiment pas de rôle plus commode que celui d'être pompéien sous un ferme et généreux César : on jouit de toutes les sécurités, de toutes les garanties contre les guerres civiles, et l'on se donne un air de vertu ou même une fraîcheur de souffle populaire. Le rôle contraire a plus de difficultés. On s'est longtemps accoutumé parmi nous à croire qu'il n'y a d'indépendance que dans les oppositions : il y en a ailleurs ; mais il faut quelquefois une véritable fermeté de raison et, qui plus est, de caractère pour soutenir la cause qui, à quelque temps de là, sera presque unanimement reconnue avoir été celle de la société et de la patrie. Laissons un moment le nom de César : que n'a-t-on pas dit en France contre la partie véritablement nationale de l'administration du cardinal de Richelieu ou de son successeur et continuateur Mazarin? Quand donc ceux qui écrivent et qui parlent à tous sauront-ils franchement le confesser et le reconnaître? le gouvernement des hommes est chose sévère; très-peu sont capables de l'exercer. Tenir à la fois présents tous les ressorts, y avoir l'œil pour les tendre et les détendre insensiblement : prendre une détermination dans les crises, la maintenir ou ne la modifier qu'autant qu'il faut pendant les difficultés et les lenteurs de l'exécution ; être naturellement secret ; porter légèrement tout ce poids sans que le front en ait un nuage; entremêler la paix à la guerre, et, sans faiblir, les mener de front ; songer en toutes deux au nécessaire, c'est-à-dire aussi, chez de certaines nations, à la grandeur des résultats et à la gloire : dans le même temps exalter les courages et continuer d'apaiser les passions, les tenir comprimées de telle sorte que les gens de bien, selon la belle expression de Richelieu, *dorment en paix à l'ombre de vos veilles*, et que les laborieux dont la masse de la société se compose se livrent en tous sens au développement légitime de leur activité, que dis-je? à ses fêtes pacifiques et à ses triomphes, sans s'apercevoir de tout ce qui voudrait se déchaîner toujours et sans cesser de croire à la sérénité des flots : y pense-t-on bien? et que tous ceux qui ont eu à leur jour une part de la responsabilité politique et de ses fièvres veuillent bien répondre sans y mêler d'arrière-pensée : est-il rien de plus difficile et qui exige une trempe, une vocation plus particulière? et ce droit au gouvernail peut-il impunément être mis sans cesse au concours de tous?

Je ne m'écarte pas de ce grand sujet de César dans lequel M. Troplong s'est appliqué à rassembler les notions les plus précises pour faire voir où était, après tout, le salut et l'homme nécessaire de Rome à cette fin de la République. Ces pages d'une contexture solide, et où l'auteur s'appuie à chaque pas des témoignages et des aveux de Cicéron, m'en ont involontairement rappelé d'autres sur le même sujet et dues à une plume qu'on est toujours sûr d'avoir à louer par quelque endroit, même lorsqu'on la blâme. Le célèbre auteur de l'*Histoire des Girondins* nous a donné, il y a quelques mois, celle de César. Dès les premiers mots, il a déclaré sans détour toute sa pensée : « *Soyons sans pitié pour la gloire!* » et il a exécuté durant une suite éloquente de chapitres ce programme, il a mis en vigueur cette impitoyable devise, de manière à faire douter des résultats les plus évidents de l'histoire. Il ne tient pas à lui qu'on ne croie qu'il ne suffisait à César que de vouloir dans un autre sens pour faire renaître la République romaine plus florissante et plus intègre que jamais. Dans cette improvisation historique nouvelle, l'auteur a fait preuve, une fois de plus, de ce talent de peindre en courant, de deviner au risque d'imaginer, de faire vivre des portraits, de dramatiser des scènes, et de verser l'émotion poétique, romanesque même, dans de graves récits. Mais combien sa conclusion surtout résume sa qualité brillante et son défaut, et représente vivement ce périlleux esprit, je ne dirai plus de pompéianisme, mais de *girondinisme*, qui s'est longtemps glissé dans nos habitudes et dans notre littérature ! j'appelle *girondinisme* en politique vouloir imprudemment les moyens, accumuler les motifs, les émotions et les impulsions, sans vouloir la fin. Il s'agit dans un dernier chapitre de juger le meurtre de César et d'en apprécier la moralité : « Certes César, s'écrie l'historien comme s'il ne pouvait plus se contenir, avait trop bien mérité les vingt-trois coups de poignard qui l'étendirent sans vie aux pieds de la statue de Pompée et du Sénat asservi par lui. Il l'avait mérité en soulevant la démagogie romaine, etc. Il l'avait mérité en se faisant de son armée dans les Gaules une milice personnelle, etc. Il l'avait mérité en ne voulant souffrir aucun égal, etc. » Et dans une sorte d'allocution éloquente dont chaque phrase commence ainsi par ces mots : « *Il l'avait mérité,* » l'historien orateur déroule toute une énumération des griefs légitimes qu'on pouvait avoir contre César ; il y a plus de vingt-trois motifs, à les bien compter. Voilà donc les coups de poignard, croirait-on d'abord, motivés et justifiés. — Non pas ! — Motivés, oui. — Justifiés, non. L'historien, ne le sait-on pas d'avance ? est trop humain, il est trop chrétien par l'esprit, trop nourri des idées épurées de justice pour accepter jamais, même à deux mille ans de distance, une telle solution. Aussi, dans une contre-partie non moins éloquente et plus philosophique, il expose les raisons supérieures qui, aux yeux de consciences plus éclairées, auraient dû interdire l'acte sanglant, le châtiment pourtant mérité, et contenir la colère à la simple réprobation. Ce second chapitre fait faire en quelque sorte volte face au premier. O talent, que vous avez de prestiges ! Mais vous êtes donc bien assuré des effets de votre éloquence, ô voix d'Orphée, pour croire qu'on peut ainsi soulever et enflammer les courroux, dire à ces vingt-trois poignards leurs motifs d'agir, et tout d'un coup dans une seconde partie oratoire ou philosophique, les arrêter, les suspendre, les faire rentrer tous dans la gaîne comme par enchantement ! Serez-vous donc toujours les mêmes à jouer des passions des hommes, ô poëtes charmants si redoutés de Platon ?

Une raison aussi exacte qu'étendue n'est pas de trop

pour rétablir les points qui doivent demeurer acquis à l'histoire. M. Troplong a donc utilement choisi cette période pour en faire le sujet d'une de ces études approfondies, telles qu'il en a déjà donné sur d'autres époques de l'Empire et où il a si bien analysé, avec la précision de son savoir uni aux lumières progressives, les révolutions du droit et la constitution de la société romaine. Il n'a eu qu'à appliquer au problème politique les mêmes qualités.

Ce n'est pas un rêve que de croire qu'il serait utile de voir se produire quelquefois de beaux essais de ce que j'appelle une littérature d'État, c'est-à-dire d'une littérature affectionnée, qui ne soit pas servile, mais qui ose relever les vrais principes, honorer les hommes par leur côté principal et solide, rappeler derrière les jeux brillants et souvent trompeurs de la scène les mérites de ceux qui, à toutes les époques, ont servi le monde en le rendant habitable d'abord, en le conservant ensuite, en le replaçant, quand il veut se dissoudre, en des cadres fixes, et en luttant contre les immenses difficultés cachées. Et à quelle époque serait-il plus opportun de le faire qu'à celle où la notion et l'idée du souverain se personnifie d'elle-même, et où la nation, grâce à une impulsion incomparable, acquiert et retrouve la seule chose qui lui avait manqué depuis quarante ans, la grandeur ?

31 mars 1856.

L'OUVRIER LITTÉRAIRE

EXTRAIT DES PAPIERS ET CORRESPONDANCE DE LA FAMILLE IMPÉRIALE [1].

Note de M. Sainte-Beuve au sujet des encouragements à donner aux gens de lettres.

Cette pièce, écrite de la main de M. Sainte-Beuve, était accompagnée de la lettre suivante, adressée probablement à M. Mocquard.

Monsieur,

« Voici une note qui est bien informe; elle exprime du moins des vœux sincères et dans lesquels domine avant tout l'appréciation de tout ce qui se fait de grand là où vous êtes et dont nous sommes témoins [2].

« Veuillez, Monsieur, agréer l'expression de mes sentiments respectueux,

« Sainte-Beuve. »

1. Vingt-cinquième livraison.
2. On était au lendemain de la guerre de Crimée.

Une note du Cabinet résumait ainsi le mémoire de l'auteur des *Causeries :*

5 avril 1856.

M. SAINTE-BEUVE. — Nécessité d'exercer une influence sur les hommes de lettres, autres que ceux appartenant à l'Université et aux Académies.

Trois moyens :

1° Soulager les infortunes des écrivains pauvres, au nom de l'empereur, en ménageant l'amour-propre ;

2° Fondation annuelle pour prix à des sujets désignés par une Commission ;

3° Logement au Louvre pour la représentation nouvelle de la littérature, et rapports directs de cette Société avec l'empereur ou son ministre d'État, en dehors de l'Instruction publique.

Ces moyens ne sont que superficiellement indiqués. La question est soumise à Sa Majesté avec prière de vouloir bien la faire étudier.

Le gouvernement de l'empereur[1] n'est pas de ceux qui craignent d'avoir affaire à la démocratie, sous

---

1. Ici commence probablement la note de M. Sainte-Beuve : ce n'est pas indiqué clairement dans le fascicule des papiers des Tuileries ; c'est pour cela que nous l'avons reproduit sans y rien changer ni sans en rien omettre.

quelque forme qu'elle se présente, parce que ce gouvernement a la puissance et le secret de l'élever et de l'organiser.

La littérature en France est aussi une démocratie, elle l'est devenue. La très-grande majorité des gens de lettres sont des travailleurs, des ouvriers d'une certaine condition, vivant de leur plume.

On n'entend parler ici ni des lettrés qui appartiennent à l'Université, ni de ceux qui font partie des Académies, mais de la très-grande majorité des écrivains composant ce qu'on appelle la *Presse littéraire*.

Cette littérature, jusqu'ici, a toujours été abandonnée à elle-même, et elle s'en est mal trouvée : la société aussi s'en est mal trouvée. Sous la Restauration, cette littérature était encore contenue par des doctrines et des espèces de principes; sous le régime des dix-huit années, elle n'a plus rien eu qui la contînt, et le désir du gain, joint au besoin de faire du bruit, a produit beaucoup d'œuvres qui ont contribué à la dissolution des pouvoirs publics et des idées.

Il s'est établi une sorte de préjugé, qu'on ne peut diriger cette sorte de littérature vague : c'est une *bohème* qu'on laisse errer.

Au contraire, rien n'est plus facile que d'y influer efficacement, sinon de la diriger.

Dans l'absence totale de parti pris, dans l'état de dissémination et de dispersion complète où en est cette littérature, la moindre attraction venue du centre la ferait rentrer et se mouvoir dans l'orbite des choses régulières, du moins quant à son ensemble.

Cette littérature est assez fidèlement représentée par la Société dite des *Gens de Lettres*. Cette Société, dans laquelle est admis, moyennant la plus modique cotisation, quiconque a publié un volume, se compose de la presque totalité des gens de lettres en activité.

La Société des gens de lettres est régie par un Comité qui, jusqu'ici, n'a guère eu à s'occuper que des questions d'intérêts matériels, industriels, relatifs à la littérature, et aussi des soins de bienfaisance envers les confrères nécessiteux dont elle vient à connaître le malheur. Par cela seul que ce Comité se compose de gens de lettres plus en renom, ou ayant assez de loisir pour veiller aux intérêts généraux, il offre des garanties, et il en offrirait autant que l'on pourrait désirer.

La Société des auteurs dramatiques, qui diffère par son titre de la Société des gens de lettres, n'en est guère qu'une branche plus spéciale et développée. Les deux Sociétés pourraient être considérées comme étant comprises dans la dénomination générale.

Si le regard de l'empereur se portait sur cette classe de travailleurs appelés les gens de lettres, comme il s'est porté sur d'autres classes d'ouvriers et de travailleurs, cette supériorité souveraine, à qui la France doit tant, trouverait sans nul doute des moyens d'organisation relative et appropriée.

On ne peut que tâtonner en attendant. — Et d'abord,

comme dans les infortunes et les misères des gens de lettres l'amour-propre et la mauvaise honte jouent un grand rôle, comme ce sont les plus honteux et les plus fiers de tous les pauvres honteux, on voit combien un intérêt direct, un bienfait direct, régulier, dont l'origine remonterait à l'empereur et ne remonterait qu'à lui, dont le mode de distribution aurait été réglé ou approuvé par lui, honorerait et relèverait ceux qui en seraient les objets, en même temps que tous les autres membres en ressentiraient une vraie reconnaissance.

Et quant à la direction morale à indiquer aux travaux de l'esprit, il suffirait peut-être d'une fondation annuelle par laquelle on proposerait des sujets à traiter soit pour la poésie, soit pour la prose, des sujets nationaux, actuels, pas trop curieux ni trop érudits, mais conformes à la vie et aux instincts de la société moderne. Une Commission nommée chaque année pourrait désigner ces sujets proposés à l'émulation de tous.

Louis XIV logeait son Académie française au Louvre. Pourquoi la représentation nouvelle de la littérature n'aurait-elle pas l'honneur d'une pareille hospitalité et n'obtiendrait-elle pas une des nouvelles salles de ce grand palais? Rien n'avertit une littérature d'être digne, sérieuse, honnête, comme de sentir qu'on a l'œil sur elle et qu'elle est l'objet d'une haute attention.

Les corps académiques actuels, par la manière dont ils sont composés et dont ils se recrutent, sont voués pour longtemps peut-être à la bouderie ou à une médiocre action publique. S'ils s'obstinaient à rester en retard sur la société et à fermer les yeux à ce qui est, une telle institution élevée tout en face les vieillirait vite, et dans tous les cas elle les avertirait.

A un ordre social nouveau il faut des fondations nouvelles et qui en reçoivent l'esprit. Qu'il y ait aussi l'*Académie du suffrage universel.* L'honneur serait non d'y être admis, mais d'y être couronné.

Les beaux esprits pourraient sourire d'abord, comme ils sourient de tout en France, mais la France n'est pas dans quelques salons, et les travailleurs, dans quelque ordre qu'ils soient, sont trop occupés pour sourire : ils sont sérieux et seraient reconnaissants.

L'ancienne Académie ne relevait que du roi; c'était son privilége et sa noblesse; il serait bon que la nouvelle institution ne relevât aussi que de l'empereur, le plus directement possible et avec le moins d'intermédiaires.

Le ministère de l'Instruction publique est trop voué à la littérature savante, classique et universitaire pour être un intermédiaire tout à fait approprié.

Le ministère de l'Intérieur est occupé de trop de choses administratives, politiques.

Ce serait du ministère même de la maison de l'empereur, et, s'il était possible, de la *personne* même du prince, que relèverait l'institution littéraire. Une audience par année suffirait à consacrer et à maintenir le lien d'honneur qui flatterait et attacherait les amours-propres bien placés et toujours voisins du cœur.

On ne fait en tout ceci que balbutier. La pensée napoléonienne, si elle daigne s'arrêter un instant sur cette question, saura y mettre ce cachet qu'elle met à tout. Coordonner en un mot la littérature avec tout l'ensemble des institutions de l'empire, et faire que cette seule chose ne reste pas livrée au pur hasard, voilà le point précis.

Et le moment est propice entre tous, l'à-propos est unique. Si l'on a attendu jusqu'à ce jour, il semble que ce retard même ait été une sagesse, afin de mieux faire et d'agir en pleine lumière et en toute sérénité. Un enfant désiré de la France vient de naître; une paix qui doit être glorieuse, pour répondre à une si noble guerre, vient couronner tous les souhaits et ouvrir une ère illimitée d'espérances. Il y a comme des soleils de printemps pour les nations. Quelque chose est dans l'air qui adoucit, qui rallie, et oblige tout bon Français à sentir que la France n'a jamais été dans une plus large voie de prospérité et de grandeur. Ce que l'armée, ce que l'industrie, ce que les serviteurs de la France et les travailleurs de tout genre ont obtenu de l'attention magnanime du prince, que la littérature sente qu'elle l'obtient aussi à son tour; et ces gens de lettres, qui hier encore se décourageaient ou se dispersaient au hasard en laissant s'égarer leur talent, deviendront véritablement alors des serviteurs de la France, des travailleurs utiles et dignes.

Ce document, en raison même de la publicité qu'on lui a donnée, était tout naturellement indiqué pour faire partie des œuvres non recueillies de M. Sainte-Beuve, que nous recherchons. Il a été fort attaqué, quand il a paru pour la première fois, notamment dans un article sans signature du journal *le Rappel* (n° du 18 mars 1871). Nous ne croyons pas, quant à nous, qu'il nous soit permis d'entrer dans la discussion, comme éditeur des œuvres posthumes de M. Sainte-Beuve, et comme son dernier secrétaire pendant huit ans. Nous demandons seulement la permission de mettre en regard de la pièce ci-dessus un autre portrait de *l'ouvrier littéraire*, écrit quelques années après 1864), et dans lequel la pensée de M. Sainte-Beuve éclate tout entière, sans préoccupation officielle cette fois, à moins qu'on ne considère comme telle l'expression les vœux de la fin. C'est le morceau qui termine le premier article sur l'ouvrage de M. Le Play, *la Réforme sociale en France* (*Nouveaux Lundis*, tome IX) :

Puisque l'émulation s'en mêle, s'écrie gaiement M. Sainte-Beuve, elle me gagne à mon tour et je suis tenté de venir payer incidemment ma quote-part. Parmi tous ces types d'ouvriers que M. Le Play ou ses collaborateurs ont si bien décrits, l'ouvrier émigrant ou le *maçon*, l'ouvrier sédentaire ou le *tailleur*, le *charpentier* de Paris, compagnon du *devoir* ou de la *liberté*, etc., il en est un qu'ils ont négligé et que je signale à leur attention; celui-là, je l'ai observé de près depuis bien des années, et j'ai vécu avec lui, je pourrais dire, comme lui; aussi suis-je en état de le décrire, et je l'essayerai même, puisque l'idée m'en est venue : c'est *l'ouvrier littéraire*.

Lui aussi, il est un ouvrier parisien par excellence, généreux, vif, amusant, malin, indiscret, aimable, — généralement imprévoyant : et pourquoi n'ajouterai-je pas? il a raison de l'être. Il engendrerait trop de soucis autrement. Sa gaieté, ses saillies, ses étincelles, le meilleur de sa verve est à ce prix. L'ouvrier littéraire ne s'est pas fait lui-même : il est le produit de l'éducation, et s'il s'est égaré en prenant sa voie qui n'est pas une voie, la faute en est d'abord à cette direction singulière qu'on nous donne et à la culture première que nous recevons. On nous apprend à aimer le beau, l'agréable, à avoir de la gentillesse en vers latins, en compositions latines et françaises, à priser avant tout le style, le talent, l'esprit frappé en médailles, en beaux mots, ou jaillissant en traits vifs, la passion s'épanchant du cœur en accents brûlants ou se retraçant en de nobles peintures; et l'on veut qu'au sortir de ce régime excitant, après des succès flatteurs pour l'amour-propre et qui nous ont mis en vue entre tous nos condisciples, après nous être longtemps nourris de la fleur des choses, nous allions, du jour au lendemain, renoncer à ces charmants exercices et nous confiner à des titres de Code, à des dossiers, à des discussions d'intérêt ou d'affaires, ou nous livrer à de longues études anatomiques, à l'autopsie cadavérique ou à l'autopsie physiologique (comme l'appelle l'illustre Claude Bernard)! Est-ce possible, pour quelques-uns du moins, et de ceux qu'on répute les plus spirituels et qui brillaient entre les humanistes ou les rhétoriciens? On sort du collége, et, à peine sorti, on a déjà choisi son point de mire, son modèle dans quelque écrivain célèbre, dans quelque poëte préféré : on lui adresse son admiration, on lui porte ses premiers vers ; on devient son disciple, son ami, pour peu qu'il soit bon prince ; on est lancé déjà ; à sa recommandation peut-être, un libraire consent à imprimer gratis vos premiers vers ; un journal du moins les insère ; on y glisse de la prose en l'honneur du saint qu'on s'est choisi et à la plus grande gloire des doctrines dont on a le culte juvénile : comment revenir après cela ? Si l'on est honnête, on garde, même dans les vivacités de cet âge, des réserves et des égards : on ne s'attaque dans les adversaires qu'aux travers de l'esprit, non à des ridicules extérieurs ou futiles que le plus souvent on serait réduit à inventer ; on s'abstient de la calomnie, cette chose odieuse ; du mensonge, cette chose honteuse ! L'on sait, jusque dans la mêlée du combat, observer l'honneur littéraire, les délicatesses du métier. Mais que de hasards d'ailleurs, que de témérités de plume ! que d'insolences involontaires ! que d'étranges jugements de choses et de personnes, qu'on est étonné plus tard d'avoir proférés ! On vit dans un temps où les journaux sont tout et où seuls, presque seuls, ils rétribuent convenablement leur homme : on est journaliste ; on l'est, fût-on romancier, car c'est en feuilletons que paraissent vos livres même, et l'on s'en aperçoit ; ils se ressentent à tout moment des coupures, des attentes et des suspensions d'intérêt du feuilleton ; ils en portent la marque et le pli. On a des veines de succès, on a des mortes-saisons et des froideurs. On vit au jour le jour ; l'or coule par flots, puis il tarit ; mais aussi, comme l'ouvrier parisien, on a l'heureuse faculté de l'imprévoyance : on a sa guinguette, on a ses soirées ; on a le théâtre ; on rencontre, on échange de prompts et faciles sourires ; on nargue la famille ; on est en dehors des gouvernements ; même si on les sert, on sent qu'on n'en est pas. De tout temps, on l'a observé, les gens de lettres n'ont pas été des mieux et n'ont pas fait très-bon ménage avec les hommes politiques, même avec ceux qu'ils ont servis ; on l'a remarqué des plus grands écrivains, gens de fantaisie ou d'humeur, de Chateaubriand, de Swift ; écrivains et gouvernants, ils peuvent s'aimer comme hommes, ils sont antipathiques comme race. Pourquoi cela ? Les points de vue d'où l'on part et ceux où l'on tend sont si différents, si contraires ; les mobiles sont si opposés ! La bohème, même la plus sérieuse et la plus honnête, — et par bohème j'entends tout ce qui est précaire, — est à cent lieues de la bureaucratie, même la plus prévenante et la plus polie. La politique, il est vrai, est au-dessus et peut avoir l'œil sur toute chose ; mais se soucie-t-elle de ce monde léger dont chaque plume n'est rien, dont toutes les plumes toutefois finissent par peser et comptent ? Quoi qu'il en soit, en fait l'ouvrier littéraire, dans son imprévoyance, se multiplie et pullule chaque jour ; son existence est devenue une nécessité, un produit naturel et croissant de cette vie échauffée qui se porte à la tête et qui constitue la civilisation parisienne. Poussée à ce degré, l'espèce (qu'on me passe ce mot scientifique) n'est-elle pas aussi un inconvénient, — Dieu me garde de dire un danger? Si l'ouvrier littéraire ne s'aigrit pas en vieillissant et en grisonnant, c'est qu'il est bon de nature et un peu léger. Ce qu'il a dû éprouver (et je n'en excepte aucun) de rebuts, d'ennuis, de mortifications d'amour-propre, de piqûres à découvert ou d'affronts secrets, il le sait plus qu'il ne le dit, car c'est un gueux fier. Par bonheur, je le répète, il a l'insouciance tant qu'il a sa plume, comme le militaire tant qu'il tient l'épée. La comparaison cloche toutefois : le militaire a pour lui l'avancement et les honneurs du grade : l'ouvrier littéraire, en général, n'avance pas ; il n'a pas de grade reconnu, même dans son ordre. Il tourne le dos à l'Académie. Les difficultés augmentent d'ordinaire pour lui vers quarante ou quarante-cinq ans, c'est-à-dire à l'âge où bien des gens dans d'autres professions ont déjà fait leur fortune et où tous du moins sont casés. Lui, s'il ne parvient pas à être une des *fonctions* utiles et nécessaires d'un journal, une des quatre ou six roues qui le font aller, il reste nomade et errant ; il végète ; il est obligé d'offrir son travail : on ne sait pas tout ce que cette offre amène avec soi de lenteurs, de désagréments et de mécomptes. Et là où il est le mieux et où il a dressé sa tente, là où le débouché lui est ouvert, dans cette consommation et cette prodigalité d'esprit, de chaque jour, quel travail de Danaïdes, s'il y réfléchit ! que de saillies, de traits charmants et sensés, que de précieux ou de piquants souvenirs, que d'idées, que de trésors jetés aux quatre vents de l'horizon et qu'il ne recueillera jamais ! que de poudre d'or embarquée sur des coquilles de noix et abandonnée au fil de l'eau !... Ne serait-il pas juste de s'occuper un peu de cette race, après tout intéressante et qui en vaut une autre ? Est-ce le laisser aller absolu, l'individualisme sans limite qui est le meilleur régime ? et de sages institutions d'emploi, d'occupation sûre, de retraite encore laborieuse, de rangement graduel avec les années, de crédit, — oh ! un crédit très-mobilier, — d'avenir final, sont-elles à jamais impossibles ? Un cœur éminent (Enfantin), qui vient de s'éteindre, y avait songé ; d'autres depuis y ont songé encore.

Je propose à M. Le Play le problème pour une des futures livraisons des *Ouvriers des Deux Mondes*...

8 novembre 1858.

DU POINT DE DÉPART

ET

DES ORIGINES DE LA LANGUE

ET DE LA LITTÉRATURE FRANÇAISE[1].

Messieurs,

A notre dernier semestre [1], j'arrivais à un milieu d'année ; j'ai cru ne pas devoir m'adresser tout d'abord aux premières origines de notre langue, de notre littérature, ne pas devoir remonter si haut, attaquer mon sujet par ses hauteurs : les fruits à cueillir se seraient trop fait attendre. J'ai donc pris la littérature française dans sa partie la plus ouverte, la plus en vue, la plus éclairée et aussi la plus féconde, à son troisième ou quatrième commencement, c'est-à-dire à Malherbe.

1. Cet article, publié par M. Sainte-Beuve dans la *Revue contemporaine*, avait été le texte d'une conférence à l'École normale.

Aujourd'hui, c'est bien à l'origine, c'est à son *vrai commencement*, à ses racines et dans toute sa continuité qu'il nous convient d'étudier cette littérature et cette langue qui sont nôtres depuis près de huit cents ans, et qui ont été deux fois universelles, — au moyen âge et aux deux derniers siècles. Les premiers monuments littéraires proprement dits, que nous aurons à analyser pour certaines beautés simples ; — beautés, est-ce trop dire ? — pour quelques qualités fortes et généreuses, pour la fraîcheur du souffle ou la franchise de la séve, seront des œuvres du XIIe siècle ou des premières années du XIIIe, Villehardouin pour l'histoire, la *Chanson de Roland* ou telle autre chanson de Geste pour la poésie. Cependant, nous ne pouvons ouvrir tout d'abord ces écrits des XIIe et XIIIe siècles, ces vigoureuses ébauches marquées d'une touche déjà puissante, sans nous être posé auparavant plus d'une question, sans nous demander d'où elles sortent, elles et la langue qui nous y semble parfois si heureusement balbutiée. — Ne serait-ce pas nous plutôt, qui balbutions en les lisant ? — Il est donc indispensable que j'établisse devant vous quelques faits généraux antérieurs, que j'expose l'état des choses, et comment le français d'alors était né, — un français intermédiaire et qui n'est pas encore tout à fait le nôtre, mais qui y mène par une route et une pente désormais ininterrompues.

I

La manière la plus complète et la plus sûre de faire une histoire littéraire générale de la France sans omettre aucun des éléments qui la constituent, serait de suivre la marche des Bénédictins, celle de M. Ampère, et qui consiste à prendre les choses *ab ovo* dès l'époque latine; mais les Bénédictins, messieurs, n'ont pas consacré moins de cinq gros volumes in-4° à la littérature de la France antérieure au x° siècle (et huit gros avant le xii°), et M. Ampère a donné trois volumes in-8° d'introduction avant le xii°. Il faudrait avoir des années, des lustres devant soi, pour aller s'embarquer dans une étude conçue et tracée sur cette échelle et dans cette proportion.

Quand on commence, comme les Bénédictins, à Pythéas, le navigateur grec de Marseille, antérieur de 400 ans environ à Jésus-Christ, qui se dirigea au Nord à la recherche de la mystérieuse Thulé, et qui racontait tant de choses et si merveilleuses, qu'il passa en son temps pour menteur, comme Marco Polo dans le sien, et qu'on lui appliquait déjà le proverbe : *A beau mentir, qui vient de loin;* quand on s'arrête à montrer les premiers établissements des Romains dans le midi de la Gaule, qu'on énumère les nombreux rhéteurs et grammairiens latins que produisit cette contrée, dès lors si prompte au beau langage: qu'on n'omet ni Marc-Antoine Gniphon, qui tint école à Rome, l'un des maîtres de César, et qui eut Cicéron pour auditeur ; — ni Valère Caton, le grammairien et le poëte, que les Romains, novices encore à l'harmonie, avaient surnommé la *Sirène latine,* pour son talent de lire les poëtes et de les former, qui faisait lui-même d'assez beaux vers, assez énergiques et touchants (il avait été dépossédé de son champ par les vétérans, cela l'inspira), et qu'a imité Virgile ; — quand on est heureux de rencontrer sur son chemin le grand comédien honnête homme Roscius, sous prétexte qu'il naquit dans la Narbonnaise ; — quand on embrasse ce cadre et qu'on tient à le remplir en détail, on écrit tout simplement un livre intéressant qui comprend une riche province de la culture latine, une province entièrement romaine depuis César. Beaucoup de noms s'y rencontrent, dont quelques-uns célèbres : — Varron d'Atace, le poëte didactique, né dans la Narbonnaise, auteur d'un poëme sur la *Navigation*, et qui traduisit Apollonius de Rhodes ; — Cornelius Gallus, qui imita Euphorion, dont Virgile a immortalisé la passion en quelques vers, et qui n'a rien de commun avec le *Pseudo-Gallus* contemporain de Théodoric ; — l'historien Trogue-Pompée, que Justin a tué en l'abrégeant (on a sauvé l'Abrégé et laissé périr l'histoire originale). Si l'on ajoute à ces noms celui de Domitius Afer, l'heureux et habile avocat des mauvaises causes, éloquent jusqu'à faire ombrage à Caligula (comme Lucain poëte faisait ombrage à Néron), trop perdu de mœurs, trop aisément accusateur, démentant le *vir probus dicendi peritus*, mais qui garde auprès de la postérité le mérite d'avoir eu pour disciple Quintilien ; — Marcus Aper, célèbre à meilleur titre, l'honneur du barreau sous Vespasien, qui joue un grand rôle et le principal dans le *Dialogue sur la corruption de l'éloquence*, dont quelques personnes même l'ont cru auteur, tant il y plaide bien la cause des modernes ; — le sophiste Favorinus, né à Arles, célèbre dès le règne de Trajan, en haut crédit et en faveur sous Adrien, et le maître d'Aulu-Gelle ; qui parlait disertement sur tous sujets, qui fit en plaisantant l'éloge de la fièvre quarte (il écrivait en grec), mais qui ne portait pas seulement de l'esprit, qui avait quelquefois de la raison dans les thèses paradoxales qu'il soutenait ; — Fronton, le maître de Marc-Aurèle, dont les lettres retrouvées par M. Maï un peu en lambeaux, et reparues pour la première fois de nos jours, confirment assez la manière sèche attribuée à l'auteur ; — Pétrone, enfin, avant eux chronologiquement, Pétrone, le voluptueux, l'élégant, le corrompu et pourtant énergique écrivain, qui est né à Marseille, s'il n'est pas né à Naples, mais qui, dans tous les cas, est sorti du sein d'une cité amollie et pétrie par la Grèce,

Quam romanus honos et græca licentia miscet ;

— si l'on parcourt toute cette série, messieurs, on aura à peu près épuisé les noms principaux des Gallo-

Romains célèbres dans les lettres, avant l'introduction et le succès du Christianisme dans les Gaules.

On est bien loin de la littérature française : pourtant, à voir cette quantité de grammairiens et de rhéteurs produits par la Gaule méridionale, et chez lesquels se vérifiait l'*argute loqui* propre aux Gaulois [1], l'historien littéraire, sagace et un peu subtil comme l'est M. Ampère, a droit de faire remarquer que le génie des lieux et des races se maintient et subsiste à travers les siècles, que je ne sais quoi de doux, de suave et de clair, s'est retrouvé, bien longtemps après, dans la bouche et sur les lèvres de certains orateurs français, sortis de cette contrée voisine de Marseille : Massillon et Fléchir, Maury et Cazalès, et d'autres plus modernes. — Plus tard ou même déjà, les écoles de Bordeaux étaient célèbres et présageaient les succès oratoires de la *Gironde*. Lyon aussi avait ses rhéteurs, et peut-être, avec un peu de bonne volonté, eût-on déjà pressenti en eux quelque chose de ces formes rondes, un peu molles, un peu émoussées, élégantes, qu'on reconnaît dans les périodes de tel écrivain lyonnais moderne (Ballanche, Camille Jordan, etc.). Ce sont là, je vous en avertis, des indications bien fugitive.

Le Christianisme s'introduisit dans les Gaules avec

---

1. Le mot est de Caton l'ancien, qui dit : « Pleraque Gallia duas res industriosissime consequitur, *rem militarem* et *argute loqui.* » Nation *belliqueuse* et *bien parleuse*; c'est à nous de juger (en tant qu'on peut se juger soi-même) si le double trait s'est bien conservé à travers les siècles.

saint Pothin sorti d'Asie, disciple de saint Polycarpe, — et avec saint Irénée, né en Asie Mineure, disciple de saint Polycarpe également, lequel Polycarpe avait vu les apôtres. C'est une Église grecque qui s'introduit dans la Gaule, à Lyon ; le premier évêque de Lyon, saint Pothin, est un Grec ; le premier *père* de l'Église de la Gaule (père, c'est-à-dire défenseur contre les hérétiques et controversiste) est un père grec, saint Irénée.

L'Église, dans les Gaules, débute, comme presque partout ailleurs, par le martyre. La lettre qui contient le récit des *premiers martyrs de Lyon*, sous Marc-Aurèle (177), s'est conservée dans Eusèbe ; c'est une des pages les plus touchantes de l'Église primitive (*Acta sincera*), une de celles qui rejoignent le plus immédiatement par le ton, par la simplicité et la sublimité d'héroïsme évangélique, les *Actes des apôtres.* Cette lettre (en grec) fut écrite probablement par quelques-uns des témoins qui échappèrent à la mort, après avoir assisté à tout le supplice, et peut-être avoir eu leur part des tortures. Joseph Scaliger ne pouvait lire cette lettre sans être ravi : « Pour moi, déclare-t-il, je puis dire que je n'ai jamais rien lu dans l'histoire ecclésiastique qui m'emporte si fort hors de moi-même, qui me laisse si transporté de zèle et d'ardeur pour la foi, et qui me change en une autre personne que je ne suis. » Nulle histoire, en effet, nulle légende sainte ne justifie mieux ce mot de Pascal, qu'avec Jésus-Christ, *le nouveau modèle d'une âme parfaitement héroïque* a été créé et proposé aux hommes. Marc-Aurèle, un sage selon l'ancien modèle (et selon l'ancien modèle approchant aussi près que possible du nouveau), est sur le trône ; il permet, il laisse s'accomplir en son nom cette persécution atroce contre de simples fidèles dont la plus magnanime est une jeune esclave, sainte Blandine. Rien de plus touchant ni de plus grand dans l'ordre de la charité. Cette histoire est à lire tout entière dans Tillemont. Marc-Aurèle avait dit dans ses *Pensées* : « Il faut passer cet instant de vie conformément à notre nature et nous soumettre à notre dissolution avec douceur, comme une olive mûre qui, en tombant, semble bénir la terre qui l'a portée et rendre grâce au bois qui l'a produite. » L'esclave Blandine faisait ce qu'a dit Marc-Aurèle, et elle le faisait au milieu des tortures subies au nom de Marc-Aurèle. Elle était bien vraiment comme l'*olive mûre*, mais dans le *Jardin des Oliviers*.

A partir de ce jour, l'Église des Gaules est fondée véritablement et scellée dans sa première pierre, et elle croîtra, elle grandira sans interruption jusqu'à Bossuet qui apparaît debout au sommet ; grâce à cette sève de christianisme, profonde et si longtemps puissante, la branche la plus brillamment profane de notre littérature se couronnera elle-même par des chefs-d'œuvre, *Polyeucte* et *Athalie*.

L'histoire littéraire des siècles suivants, IIIe et IVe siècles, devient double dans les Gaules : la littérature païenne continue d'y fleurir, de s'y développer et d'y prédominer jusqu'à Ausone ; la littérature chrétienne semble se taire depuis la mort d'Irénée (au commencement du IIIe siècle), jusqu'à l'Africain cicéronien Lactance, venu à Trèves au IVe siècle, et qui donna une Apologie du Christianisme assez éloquente et brillante.

Les rhéteurs, les panégyristes à la suite de Pline, les Eumène, les Nazaire, les Pacatus, que vous pouvez chercher dans le recueil des *Panegyrici veteres*, continuent de justifier la réputation des Gaulois, et leur prétention à bien dire, à parler avec hardiesse, subtilité et bel esprit. M. Ampère a pu sans effort les rapprocher du grand rhéteur Balzac. Les écoles d'Autun, de Trèves, de Reims, de Besançon, de Toulouse (j'ai déjà nommé celles de Bordeaux), sont alors célèbres.

La littérature païenne et la littérature chrétienne se retrouvent en présence et comme aux prises au IVe siècle dans la personne d'Ausone et de saint Paulin. Ausone, né à Bordeaux, où il professa la rhétorique pendant trente ans, puis appelé à Trèves par l'empereur Valentinien pour être le précepteur de son fils Gratien, Ausone, dans ses poésies subtiles, recherchées, maniérées, délicates toutefois et par instants *rêveuses*, est à la fois le dernier des Anciens et, à certains égards, un moderne. Il y a du *Delille* en lui quand il décrit les beautés de la *Moselle ;* il y a même mieux qu'un Delille, si la petite idylle des *Roses* est réellement de lui. On a pu comparer la *pêche à la ligne* de Delille et celle d'Ausone, les *Roses* d'Ausone et celles de Calderon. Ausone est quelquefois un charmant poëte. Ses ouvrages d'ailleurs sont des plus intéressants par les côtés historiques; ils sont riches en détails de toutes sortes sur la vie littéraire, sur ce monde des rhéteurs et des grammairiens, et sur les nuances précises qui séparaient les uns des autres, sur la vie domestique, sur les mœurs de cette société avancée qui ne songe qu'à couler la vie dans de charmantes villas, sur les rives du Rhin et de la Moselle, et qui s'amuse à analyser ses jouissances en vue des Barbares qui déjà s'amoncellent, et à la veille de la grande invasion qui va déborder sur le monde.

Saint Paulin, ami, disciple et compatriote d'Ausone, bien plus jeune que lui, nous offre le départ de la littérature chrétienne d'avec la païenne, et comme le rameau vert et vierge qui se détache du vieil arbre qui va mourir. Né à Bordeaux, d'une famille illustre et opulente, d'abord célèbre comme avocat et comme poëte, Paulin, durant un séjour de quelques années qu'il fit en Espagne, arriva aux idées religieuses et y fut confirmé par les conseils de son épouse, *Therasia*, sainte personne avec laquelle il finit par vivre comme avec une sœur. La correspondance entre Ausone et Paulin à cette date, les pièces de vers qu'ils s'adressent mutuellement, sont pleines d'intérêt : c'est une controverse piquante, non sans grâce, et qui nous initie à la vie nouvelle qui sera celle de toute une race pieuse qui se retrouvera dans l'avenir.

Le duc de Luynes, retiré un moment parmi les solitaires de Port-Royal et veuf de sa sainte épouse, y traduisait, pour se consoler et s'édifier, quelques lettres de saint Paulin : « *Paulin et Théraise, pécheurs, aux saints et très-chers frère et sœur en Jésus-Christ, Apre et Amande* [1]. »

La littérature chrétienne, dans sa rudesse de forme, triomphe décidément : elle seule a assez de vie pour lutter avec les calamités qui menacent le monde et pour prendre racine dans la tempête. Le IVe siècle, sur sa fin, compte encore Sévère Sulpice, ami de saint Paulin, l'historien abréviateur, le biographe un peu légendaire de saint Martin ; — saint Hilaire de Poitiers, l'adversaire des Ariens et le vengeur de l'orthodoxie un moment opprimée. — Saint Ambroise naquit à Trèves, mais vécut et s'illustra hors des Gaules. — L'île de Lérins dans le Midi, séminaire fécond de savants hommes, fleurit avec ses anachorètes et ses

---

[1]. Ce duc de Luynes, qui était un disciple de Descartes, fut dans un temps un disciple de saint Paulin : « Il est à Port-Royal avec les ermites, écrivait la mère Angélique Arnauld (23 décembre 1651), en attendant qu'une maison qu'il a fait bâtir tout auprès soit logeable. Elle se faisait avant la mort de madame son épouse, et ils étaient résolus de s'y retirer tous deux et d'y passer le reste de leurs jours, y vivant comme saint Paulin et sa femme sainte Thérèse (Thérasie)... »

cénobites sous saint Honorat. La solitude, avec ses pures délices, est célébrée par saint Eucher, évêque de Lyon, et racontée dans ses détails, exprimée dans ses mœurs par Cassien, né peut-être dans la petite Scythie, au bord de la mer Noire, mais qui vécut et écrivit à Marseille.

Je ne poursuivrai pas cette énumération, messieurs, pour le ve siècle : qu'il suffise de signaler Salvien, prêtre de Marseille, puissant dans l'accusation et dans l'invective, éloquent et déclamatoire, et Sidoine Apollinaire, évêque et politique, qui mêle un reste d'Ausone à la littérature chrétienne, — tous deux témoins curieux, expressifs, des malheurs et des mœurs du temps, et le dernier surtout (Sidoine), dont les ouvrages sont le répertoire le plus complet pour faire retrouver au vrai et pour nous représenter la société de ces âges dans sa civilisation raffinée encore, bien qu'expirante.

Avec le ve siècle commence la grande invasion des Barbares (405-406); la barrière du Rhin est forcée. M. Fauriel a très-bien analysé cette invasion confuse, au début de son *Histoire de la Gaule méridionale :* tenons-nous aux résultats, et en tant qu'ils amenèrent le grand mélange des langues, et la décomposition de la langue latine, ce qui nous importe ici.

Les Alains et les Vandales ouvrirent la marche en passant sur le corps des Franks, qui avaient essayé de défendre la barrière de l'Empire en se protégeant eux mêmes. Ils passèrent le Rhin probablement un peu au-dessous de l'embouchure du Mein, assiégèrent et saccagèrent Mayence, Worms, se répandirent dans la Gaule-Belgique, de là dans la première Lyonnaise, dans l'Aquitaine, et le flot alla battre les Pyrénées.

Les Visigoths d'Italie envahirent le midi de la Gaule en 412, sous la conduite d'Ataulfe. Les Burgundes, à la mort d'Honorius (423), franchissant les limites de la première Germanie, s'étaient avancés jusqu'à Toul et à Metz. Des tribus frankes (on ne peut dire précisément lesquelles) avaient de nouveau passé le Rhin et commis en Belgique les dévastations déjà accoutumées. L'invasion des Franks de 440 avait surtout été terrible et signalée par les désastres de Cologne, saccagée pour la première fois, de Mayence, ravagée pour la seconde, et de Trèves pour la quatrième. C'est à cette invasion de 440 que se rapporte très-probablement l'établissement de la tribu franke qu'on trouve occupant le pays de Tongres en 445, ayant pour chef Clodion, puis Mérovée, le *vrai noyau des Franks, conquérants de la Gaule*, le *groupe privilégié*, destiné un jour à l'empire. Les Bretons armoricains s'étaient émancipés, et depuis ce jour ils purent bien être les alliés, mais non plus les sujets de Rome.

Ainsi en 448, au milieu du ve siècle, il y avait déjà dans la Gaule quatre peuples distincts qui ne reconnaissaient plus la domination romaine : 1° au midi de la Loire, les *Visigoths* ; 2° au nord-est, en deçà et au delà des Vosges, les *Burgundes;* 3° au nord dans la Germanie seconde, les *Franks* sous Mérovée; 4° dans la Bretagne armoricaine, les *Bretons* émancipés. Or, maintenant, que peut-on conjecturer de l'état *de la langue* ou *des langues* parlées en Gaule à cette époque, et de ce qui dut résulter de la ruine de la prédominance romaine?

César avait distingué dans la Gaule trois races d'hommes parlant chacune une langue tout à fait diverse, à savoir : l'*aquitain*, le *celtique* et le *belge* ou *gaulois*. De ces trois langues, il y en a deux qui sont restées à l'état de débris et de résidus vivants, le *basque*, retranché dans les Pyrénées occidentales, le *bas-breton*, qui persiste cantonné aux extrémités de l'Armorique. — Quant à la troisième langue dont parle César, Fauriel, qui la nomme proprement le *gaulois*, ne sait trop où en placer le siége; il ne croit pas qu'il en reste aujourd'hui de vestige vivant, mais il ne doute pas qu'elle ne fût parlée au ve siècle dans quelques cantons particuliers de la Gaule, et il cite à ce propos un passage curieux de la vie de saint Martin, par Sévère Sulpice :

« On sait, dit Fauriel, que cette Vie de saint Martin est écrite dans la forme d'un dialogue où figurent trois interlocuteurs, Posthumianus, Gallus, et Sulpice Sévère lui-même. Posthumianus, qui a visité les moines de la Thébaïde dans leurs solitudes, fait d'abord un récit de tout ce qu'il y a vu; après quoi, s'adressant à Sulpice, il le prie de lui raconter les traits de la vie de saint

Martin, qu'il avait omis dans sa biographie de ce saint; mais Sulpice, écartant de lui cette tâche, la rejette sur Gallus, comme particulièrement apte à la remplir en sa qualité de disciple du saint évêque. Gallus accepte la tâche, mais avec une sorte de honte, et avec le souci de ne pas s'en acquitter à la satisfaction d'auditeurs aquitains, lui Gaulois, discoureur inexpert et grossier. C'est alors que, pour le rassurer et l'encourager, Posthumianus lui dit : « Parle *celtique*, ou si tu l'aimes mieux « parle *gaulois*, pourvu que tu parles de Martin. » (*Tu vero... vel celtice, aut si mavis, gallice loquere, dummodo jam Martinum loquaris.*) A moins de prendre ces paroles pour un insipide pléonasme qu'il n'est pas facile d'imputer à un écrivain élégant et soigné comme Sulpice Sévère, il faut y voir, conclut M. Fauriel, une allusion formelle à deux des anciens idiomes de la Gaule encore existants alors, au *celtique* et au *gaulois* [1]. »

Reprenant cette question dans son *Histoire de la Poésie provençale* (t. I, chap. VI, p. 182), M. Fauriel y insiste et l'approfondit.

Selon César et en y joignant ce que dit Strabon qui

---

[1]. Je dois dire cependant que M. Edélestand Du Méril ne voit, dans ce passage et dans l'emploi qu'on y fait des mots de *celtice, gallice*, que quelque chose de plus vague ; il n'attribue pas à ces mots d'autre sens que celui de langage *grossier*; comme qui dirait : « Parle nous *patois*, parle nous *welche*, pourvu que tu nous parles de Martin. » (*Essai philosophique sur la formation de la Langue française*, p. 113.) — A si grande distance et dans la pénurie de documents, on s'attache à ce que l'on peut, à des vestiges.

le complète, il y avait donc trois peuples ou races parlant trois langues principales primitives dans la Gaule antérieurement à la domination romaine : 1° les *Aquitains* (qui habitaient l'espace triangulaire compris entre le cours de la Garonne et la moitié occidentale de la chaîne des Pyrénées) parlaient une langue qui se rapprochait fort de l'*ibère* ou de l'espagnol d'alors ; 2° les *Celtes* qui parlaient une autre langue très-distincte étaient principalement concentrés entre la Garonne et la Seine ; 3° les tribus *belges* ou *gauloises* qui parlaient une langue regardée comme distincte par César, mais certainement moins différente de la celtique que de l'aquitaine, occupaient tout l'espace de la rive droite de la Seine à la rive gauche du Rhin et à l'Océan.

La langue latine, en se répandant universellement sur la Gaule à partir de la conquête de César, avait recouvert ces idiomes primitifs, mais ne les avait pas détruits.

Dans les grandes villes, dans les centres et aux environs, dans le rayon de la puissance administrative et dans le cercle de la haute société gallo-romaine, on parlait latin ; dans les cantons écartés et hors des grandes voies romaines, les idiomes du pays, qu'on sait être si tenaces, devaient persister.

On parlait latin même dans les campagnes qui formaient le district rural des grandes villes, et les grandes populations de celles-ci entendaient également le latin. La politique impérieuse de Rome était d'imposer non seulement son joug, mais aussi sa langue aux peuples soumis; et comme le lui disait, en la célébrant, un Gallo-Romain et très-Romain du ve siècle, Rutilius Numatianus :

> Fecisti patriam diversis gentibus unam...
> Urbem fecisti quod prius orbis erat.

Pour atteindre à ce résultat, ou du moins pour en approcher, il était prescrit que la justice se rendît en latin; c'est en latin que se plaidaient les causes, et une loi expresse défendait au préteur de promulguer un décret en aucune autre langue qu'en langue latine. L'intérêt de chaque jour est le plus puissant maître des langues. A cette école, les paysans mêmes des Gaules apprirent presque partout à parler, à écorcher du moins le latin. La vanité s'en mêla aussi : « Les paysans gaulois, dit un auteur que nous citerons souvent (M. de Chevallet), firent alors pour le latin ce que font aujourd'hui pour le français les paysans de l'Alsace, de la Bretagne, et ceux de nos provinces méridionales qui, de jour en jour et de plus en plus, s'évertuent à comprendre et à parler notre langue littéraire. Tel d'entre eux qui, avec ses égaux, ne fait usage que du patois du pays, est très-mortifié et se montre parfois très-piqué, si quelqu'un d'une classe plus élevée vient à lui adresser la parole en ce même patois; c'est en effet lui dire tacitement : *Je juge à votre air et à vos manières que vous ne devez pas comprendre le langage des gens bien élevés.* » Dès la fin du ive siècle, le résultat était obtenu; l'homme du peuple n'avait plus besoin d'interprète, il parlait lui-même le latin; il en jargonnait assez pour se faire comprendre. Le passage de Sévère Sulpice, cité tout à l'heure, nous montre un homme d'assez humble condition, qui craint d'estropier le latin et qui s'en excuse; mais enfin estropier le latin, c'est le parler. On entendait, tant bien que mal, le beau latin, celui de la ville, et on en parlait un mauvais, un rustique. Sidoine Apollinaire, étant évêque, composa un discours en latin, très-travaillé et maniéré selon son usage, pour être récité devant la population réunie de Bourges où il avait été appelé comme médiateur entre les factions opposées qui se disputaient pour le choix d'un évêque. Sidoine nous avertit que, dans ce discours, il visa à être simple, familier, populaire : il fut pourtant académique malgré lui et précieux. Le discours fut prononcé, très-bien entendu de la population, et produisit son effet.

Cette intelligence, cette *demi*-intelligence du latin dura encore selon les lieux deux ou trois siècles, ou peut-être au delà. Au commencement du IXe siècle elle n'existait plus [1].

---

1. Au IXe siècle, les conciles de Tours (813), de Reims (813), et celui de Mayence (847), prescrivaient aux évêques et prédicateurs de prêcher aux populations, de leur traduire les homélies dans la langue du pays, pour que tous pussent comprendre : *Ut Episcopi sermones et homelias sanctorum Patrum, prout omnes intelligere possint, secundum proprietatem linguæ prædicare studeant; — quo facilius cuncti possint intelligere quæ dicuntur.* Ce

Quant au gaulois, selon le témoignage de Grégoire de Tours et de Fortunat, il ne se parlait déjà plus que dans quelques cantons au vi° siècle, et dès la fin du vii° il avait entièrement disparu. Le celtique proprement dit ne se parlait plus que dans une partie de la Bretagne.

Revenons au v° siècle, terme extrême de la langue latine encore pure.

Il y avait aussi dans les villes des restes dégénérés du théâtre antique, des espèces de *farces* ou *discours scéniques* en latin, qui ne nous sont guère connus que par les déclamations et les invectives des écrivains ecclésiastiques qui les proscrivent : — petits théâtres où le peuple gallo-romain se précipitait avec fureur. Il y avait également des *chants* ou *chansons* en latin, très-profanes, appliqués aux divers usages de la vie domestique (le pendant des *scholies* des Grecs); appropriés à la danse ou aux chœurs, aux noces, aux banquets.

Mais ces chansons, ces farces, étaient-elles en latin classique? il est plus que permis d'en douter. Ces populations gauloises, qui entendaient à la rigueur le latin raffiné de Sidoine, comment parlaient-elles le latin elles-mêmes? avec quelles altérations, avec quels solécismes?

A Rome même, vous le savez, il y avait une grande

---

facilius pourtant semblerait indiquer un reste d'intelligence du latin. — Charlemagne publia, dans cette même année 813, un capitulaire dont l'article XV portait: « Les prêtres doivent prêcher de manière que le simple peuple puisse comprendre: *ut juxta quod bene vulgaris populus intelligere possit, assidue fiat.* »

différence entre le latin fixé par la culture littéraire, le latin de Cicéron et de Pline le Jeune, et celui que parlait la populace des faubourgs, le peuple des campagnes. Rappelez-vous seulement les formes du latin chez Plaute, chez Térence, le latin de la conversation. On lit dans Plaute *dorsus* pour *dorsum*, *œvus* pour *œvum*, *arvus* pour *arvum*, *gutturem* pour *guttur*, *ipsus* pour *ipse*, *solæ* pour *soli*, *aliæ* pour *alii*, au datif féminin du singulier; on trouve dans Térence *servibo* pour *serviam*, *potesse* pour *posse*, *poteretur* pour *potiretur*, soit que la familiarité du style fît excuser chez ces comiques quelques négligences, soit qu'ils missent à dessein tel ou tel barbarisme grammatical dans la bouche de leurs personnages pour plus de vérité, pour faire rire. On sait par saint Augustin que de son temps le peuple disait *floriet* pour *florebit* et *ossum* pour *os*. On n'entrevoit qu'à de rares endroits et comme par de rares fissures ce latin vulgaire, qui filtre accidentellement à travers le latin écrit. Un passage du IXe livre de *l'Ane d'Or* d'Apulée nous rend bien sensibles ces infractions habituelles aux règles de la grammaire, qui devaient être d'usage dans le peuple. Un légionnaire romain rencontre un jardinier qui chassait un âne devant lui : « Où conduis-tu cet âne sans qu'il soit chargé? lui dit-il en très-bon latin : *Quorsum ducis vacuum asellum?* » Le jardinier ne comprend pas; le légionnaire renouvelle sa demande avec humeur; seulement, au lieu d'employer *quorsum*, il se sert de *ubi*, se rappelant sans doute quelles sont à cet égard les habitudes du langage populaire : *Ergo igitur œgre subjiciens miles :* UBI, *inquit, ducis asinum istum?* Il n'eut pas besoin cette fois de répéter la question, il fut compris à l'instant [1]. — Il nous manque, pour savoir en quoi consistaient précisément les altérations que le peuple romain lui-même faisait subir à la langue de Cicéron, et pour nous faire une juste idée du latin *vernaculaire*, de posséder quelques-unes de ces petites comédies populaires que l'on désignait sous le nom d'*Atellanes;* mais ce qu'on peut affirmer, c'est que, là comme partout, la multitude tronquait, altérait les formes des mots, les désinences caractéristiques destinées à en nuancer

[1]. La lettre suivante, que nous retrouvons dans le dossier de M. Sainte-Beuve, se rapporte à ce passage :

« Monsieur et cher collègue, je vous remercie d'abord de votre obligeante et gracieuse réponse. Puis, votre article devant un jour ou l'autre être réimprimé au grand profit de ceux qui aiment l'érudition curieuse unie à une fine critique, je m'encourage par cet espoir à vous signaler un passage où la *première main* (je la connais, cette première main, mais à quoi bon la nommer?) vous a trompé. Le texte d'Apulée qu'elle cite comme relatif à la dégradation du latin parmi les paysans n'a aucun rapport à cette langue. Apulée raconte (*Metam.*, IX, 39) qu'un soldat romain parlant à un jardinier grec et lui parlant latin ne fut pas compris, ce que voyant, il répéta sa question en grec (*græce*); et alors le paysan comprit à merveille. Dans tout cela, rien de ce qu'on y a vu. Quant à la différence de leçon *ubi* et *quorsum*, elle est apparemment un pur accident sous la plume d'Apulée. Sinon, Apulée seul est en défaut comme latiniste.

« Voilà, cher confrère, mon écot de philologie. Prenez-le pour ce qu'il vaut, c'est-à-dire pour fort peu de chose, mais attachez-y, je vous prie, le souvenir de mes sentiments bien dévoués.

« E. EGGER. »

« 21 décembre, 1858. »

la valeur grammaticale [1]; ou plutôt elle continuait de faire comme avaient fait ses pères, elle suivait les habitudes commodes et la voie large de l'idiome vulgaire, lequel était probablement antérieur à la création du latin savant, qui s'était plus ou moins modelé sur le grec. Il y avait là, en Italie et jusqu'à deux pas de Rome, comme un frère aîné demeuré rustique et manant, tandis qu'un frère cadet était devenu citadin, avocat, consulaire, et se piquait d'urbanité et d'élégance. Des érudits ont même voulu tirer directement l'italien de cette espèce de dialecte vulgaire du latin qu'aurait parlé le gros de l'ancienne population romaine. Et pour suivre la même image, l'humble aîné, toujours vivant, se serait présenté après le décès de l'illustre cadet et aurait simplement repris ses droits au patrimoine.

Si cela était vrai, même à Rome et aux portes de Rome, si, au premier siècle de notre ère, l'*osque* ou telle autre forme de langage italiote primitif étaient encore parlés dans des districts peu éloignés de la Ville éternelle, que devait-il donc arriver en Gaule, au cœur du pays, chez des populations qui avaient un fonds d'idiomes tout à fait différents de famille et réfractaires à la fusion? Toutefois, tant que la domination romaine y prévalut, c'est-à-dire jusqu'à la fin du

---

1. Toutes les remarques qui précèdent sont textuellement tirées de l'ouvrage de M. de Chevallet: *Origine et formation de la Langue française.*

iv° siècle, le latin rustique de la multitude, au moins sur les lignes principales, dut tendre plutôt à se rapprocher du latin grammatical et à s'y assimiler de plus en plus. Depuis la conquête des Romains jusqu'à celle des Barbares, a dit M. de Chevallet, ce fut la langue des hautes classes qui de plus en plus tendit à dominer dans les Gaules : au contraire, du moment que les invasions germaniques vinrent rompre le lien et délier le faisceau, ce fut le latin populaire qui prit le dessus ; ce latin rustique, débarrassé de l'autre, dut faire à sa guise et se donner des licences ; il se remit à faire ses *Bagaudes* et à battre la campagne [1].

Par le fait des invasions germaniques, trois nouveaux idiomes furent introduits en Gaule, le *gothique* au sud-ouest, le *burgunde* au sud-est, et le *francique* au nord. L'invasion des Huns n'avait été qu'un grand tumulte, un grand bruit, un torrent furieux qui fit une trouée, mais qui ne déposa rien. Ainsi, à la fin du v° siècle, il y eut jusqu'à sept ou huit langues

[1]. Soit que ce latin rustique (en Gaule) fût une suite, un développement, une variété de l'idiome populaire latin importé autrefois par les conquérants en même temps que la langue savante, et s'émancipant désormais sur tous les points à la fois, — auquel cas les langues romanes seraient elles-mêmes, comme on l'a voulu pour l'italien, une simple dérivation et un dégagement presque organique des idiomes populaires latins soumis à une quantité de circonstances locales accidentelles, et modifiés à l'infini ; — soit qu'il fût déjà une corruption, une dégradation du latin littéraire, un abominable mélange et un cahotement de barbarismes et de solécismes, ce qui aurait tout l'air d'avoir été, si l'on en jugeait par ce qui est ensuite advenu dans toutes ces contrées de langue

différentes dans la Gaule [1]. Le grec s'y était maintenu sur quelques points jusque vers la fin de la domination romaine. Deux siècles plus tard, les Arabes ayant conquis la Septimanie, et Narbonne étant devenu le siége de leur puissance, il s'y introduisit encore une langue nouvelle. La variété des dialectes et (comme dit Pasquier) des *ramages* particuliers devait être sans nombre.

C'est du ve au xe siècle que se fait le grand mélange, le travail sourd et comme le *broiement* d'où sortirent les idiomes modernes. Qui dira le mystère exact de cette formation? Il y a des choses qui ne s'écrivent point. Le propre de la langue rustique, vulgaire, populaire, est de se pratiquer sans s'écrire. A peine si on peut en saisir quelque indice, quelque vestige imprévu qui se glisse dans des productions et des monuments d'un autre ordre, et qui est ainsi arrivé par hasard jusqu'à nous.

Je ne saurais rien vous dire, messieurs, de plus précis à cet égard qu'une page de M. Fauriel, qui résume avec une exactitude approximative les divers temps de ce mouvement :

« On ne trouve plus, passé le vi^e siècle, aucun indice

romaine (on voit chez Muratori, que, de 712 à 744, on gravait ces mots sur un monument public: *Edificatus est hanc civorius sub tempore domino nostro Lioprando rege*).

1. L'*aquitain*, le *celtique*, le *belge*, le *gothique*, le *burgunde*, le *francique*, le *latin*, le *latin rustique*, etc.; en voilà huit de compte fait.

de l'usage du grec. Avant la fin du VIIIe, l'arabe avait été refoulé, avec la domination musulmane, au delà des Pyrénées. Dès le commencement du IXe, le latin avait cessé d'être parlé, et n'était plus que la langue du culte, des lois et de l'administration. Enfin, il y a toute apparence que, vers le même temps, les Visigoths et les Burgundes avaient renoncé à leurs idiomes teutoniques.

« Au Xe siècle, l'histoire ne trouve plus, dans les limites de la Gaule, que quatre différentes langues. Le *francique* était généralement parlé sur la rive gauche du Rhin, dans les portions de l'ancienne Belgique où la population franke s'était jetée en masse, et d'où elle avait banni la population gallo-romaine.

« Dans l'Armorique de César, alors nommée Bretagne, on continuait à faire usage du *celtique*, dès lors, ou bientôt après, désigné par le nom de *breton*.

« Dans les vallées des Pyrénées occidentales, persistait l'ancien idiome *aquitain*, qui avait pris le nom de *basque*, aussi bien que le peuple qui le parlait.

« Dans tout le reste du pays, les Gallo-Romains parlaient une langue en grande partie dérivée du latin, à laquelle les historiens donnent le nom de langue *romaine rustique*, ou simplement de langue *romaine*. C'était, comme nous le reconnaîtrons plus expressément par la suite (disait Fauriel), ce même idiome que j'ai distingué plus haut par la dénomination de *latin rustique*, et qui fut un peu plus tard nommé *langue romane*, ou *roman;* il se divisait en nombreux dialectes, dont les deux plus tranchés, aux deux extrémités du pays, formèrent, l'un le *français,* ou **roman du Nord;** l'autre, le *provençal,* ou **roman du Midi**[1]. »

Tel est l'état général des choses au moment où notre étude proprement dite commence.

Il y a quelques années, messieurs, je me serais contenté de vous dire que nous nous trouvons ici en présence de trois guides, très-savants et très-sûrs, dont j'aurais essayé de vous résumer les idées générales : — M. Raynouard d'une part, le fondateur de cette branche de philologie en France; — et, de l'autre, M. Fauriel, qui aurait pu le devenir, s'il n'avait été de ceux qui ajournent trop l'exécution de ce qu'ils projettent et de ce qu'ils savent à fond depuis longtemps, de ceux que possède le *démon de la procrastination,* comme disait Benjamin Constant. — M. Fauriel complète et corrige heureusement ce qu'il y a de systématique et quelquefois d'un peu *court,* d'un peu étroit et municipal dans les vues de M. Raynouard. — Nous aurions eu M. Ampère, enfin, troisième guide, qui suit volontiers M. Fauriel, le perfectionne et le précise sur quelques points, et auquel il n'a manqué que plus de patience pour donner à son arbre le temps de prendre racine, à son drapeau le temps d'être reconnu. Mais depuis lors, depuis une dizaine d'années

---

1. *Histoire de la Poésie provençale,* . I, p. 193-195.

surtout, cette étude de nos origines linguistiques et littéraires, qui est en cours de développement, n'a cessé de marcher : de laborieux et nombreux défricheurs n'ont cessé de publier des textes ; des esprits ingénieux ont multiplié les remarques, les conjectures, les rapprochements; enfin, des esprits philosophiques, tels que ne l'était pas Raynouard, tels que l'étaient déjà Fauriel et M. Ampère, mais plus hardis ou plus affermis que ces derniers, parce qu'ils venaient plus tard et sur un terrain mieux préparé, ont commencé à reconnaître et à établir assez positivement des lois. On prévoit aujourd'hui le moment où la connaissance de cette vieille langue, et de la littérature qu'elle porte avec elle, sera pleinement constituée ; où les grands faits seront mis en lumière, et où il n'y aura plus que des détails à ajouter dans des cadres fixes et selon des directions tracées ; on prévoit, dis-je, ce moment, on y touche. Laissez-moi aujourd'hui, après vous avoir amenés au point où nous avons à choisir entre les guides, vous parler de cette suite de travailleurs méritants, infatigables, qui n'ont cessé de se succéder, de se suppléer ou de se compléter depuis trente ans, et qui forment, à l'heure qu'il est, une vaillante phalange, composée et des praticiens de la vieille langue, qui y ont été rompus de bonne heure, sans avoir toutefois un égal souci, un soin suffisant des langues savantes, et des plus distingués philologues, hellénistes ou latinistes classiques, non pas déserteurs de l'antiquité, mais ralliés, bien qu'un peu tard, à la vieille étude nationale, et organisateurs d'emblée (grâce à leur procédé sévère, à leur méthode comparative) dans ces nouveaux champs d'exploration où, avant eux, il régnait bien de la confusion et du hasard. Je ne saurais prétendre sans doute à faire la part exacte des uns et des autres et à distribuer les rangs ; mais, par cela même que je caractériserai à peu près le rôle principal de chacun et le genre de service rendu, je vous aurai déjà donné bien des idées préalables et des aperçus du sujet que nous aurons à parcourir à leur suite dans les leçons prochaines. — Ce sera la seconde partie, le second *point* de cette première leçon.

II

J'ai dit que de la langue du XIIe siècle, on était venu sans interruption à la nôtre ; cela n'est pas tout à fait exact. Il y eut, vers le milieu du XIVe siècle, par suite des affreux malheurs de la guerre de Cent-Ans, une interruption véritable, une demi-dissolution de la monarchie, de la société, et, par une inévitable conséquence, il se fit une lacune, il se produisit un oubli, une défaillance dans les choses de l'esprit, dans les règles de la langue. Ces règles, qui essayaient de se fixer depuis deux siècles, furent négligées, oblitérées : les œuvres, — une grande moitié des œuvres qui avaient le plus occupé les imaginations populaires, sortirent de la mémoire et tombèrent en désuétude, — au moins sous la forme littéraire épique qu'elles avaient d'abord revêtue. Le moyen âge en France (si l'on donne ce nom à toute l'époque intermédiaire qui précède la Renaissance) achevait donc, dès l'entrée du xve siècle, de se traîner comme un vieillard à qui un grave accident a ôté plus qu'à demi la conscience de lui-même. Quand la Renaissance, plus retardée chez nous qu'en Italie, vint donner un tout autre cours aux idées, aux études, et communiquer un véritable rajeunissement aux esprits, l'imprimerie, qui s'inventait et se perfectionnait dans le même temps, se mit au service des grandes résurrections d'abord, grecque et latine, et seulement, pour le langage vulgaire, des productions nouvelles ou de celles de la veille encore et qui allaient devenir surannées ; mais elle ne s'adressa point aux œuvres déjà vieilles de deux ou trois siècles, et depuis cent ans déjà sorties de la mémoire des hommes. Un oubli profond les submergea.

Villon, Marot, à plus forte raison Ronsard, étaient, de fait, plus éloignés que nous du moyen âge, dans ce sens qu'ils y étaient plus étrangers. C'est qu'être plus voisin des choses et des hommes par la date, une fois qu'on vient à plus de cinquante ans de distance, cela ne signifie trop rien et que tout est également à rapprendre, à recommencer. Or, il arrivait précisément, au sortir du moyen âge, ce qu'on éprouve en redescendant des montagnes ; d'abord on ne voit derrière soi à l'horizon que les dernières pentes qui vous cachent les autres ; ce n'est qu'en s'éloignant qu'on retrouve peu à peu les diverses cimes et qu'elles s'échelonnent à mesure, dans leur vraie proportion. Ainsi le XII° et le XIII° siècles littéraires, dans leur chaîne principale, ont été longs à se bien détacher et à réapparaître. Il fallait qu'on fût arrivé à un endroit assez distant et d'où l'on eût toute liberté de voir et, de plus, qu'on eût l'idée de se retourner.

Quelques curieux pourtant, dans la seconde moitié ou vers la fin du XVI° siècle, eurent cette idée. Antoine Du Verdier et La Croix du Maine en leurs *Bibliothèques françaises*, Étienne Pasquier dans ses *Recherches*, Claude Fauchet dans ses *Origines*, s'avisèrent de s'inquiéter de ces vieux poëtes, de ces vieilles rimes et de ces vieux romans oubliés. Fauchet, notamment, dressa un catalogue de cent vingt-sept de ces poëtes français vivant avant l'année 1300. Il en parut le *Restaurateur* et le *Père*; c'est le titre que lui donnait en 1594 l'avocat Loisel, en lui dédiant un vieux poëme *de la Mort* attribué à Hélinand, qu'il publiait sans le bien comprendre. Mais ce mouvement de retour vers la vieille poésie ne se suivit point alors. Le XVII° siècle littéraire, qui s'inaugurait sous les auspices de Malherbe et de Balzac, avait trop à faire, trop à songer à ses propres œuvres, à sa propre gloire pour revenir ainsi en arrière ; il avait sa langue immortelle à épurer, à fixer : il eût craint de se gâter l'élocution et le goût en retournant à de vieux jargons. Il eût fait beau voir qu'un de ces jargons de province se fût rebellé contre Paris en se prétendant un dialecte ; on ne voulait pas plus d'un dialecte que Richelieu ou Louis XIV n'eussent voulu d'un baron féodal indépendant : on lui eût rabattu la tête. Il fallait que Racine, lisant de l'Amyot à Louis XIV, en ôtât subtilement tout ce qui sentait le gaulois, et y substituât couramment le mot le plus français. Tout le siècle, sauf une ou deux grandes exceptions (sauf Molière et La Fontaine), était comme Louis XIV. On était au régime de Vaugelas, au pôle le plus opposé aux dialectes et aux patois. Qu'ai-je parlé tout à l'heure de baron féodal ? quand règne la langue de la Cour, et que l'urbanité est maîtresse, les patois sont comme des parents pauvres que l'on consigne à la porte, que l'on fait chasser par ses gens, s'ils osent passer le seuil, et que l'on ne reconnaît plus. On laissait l'étude de la barbarie aux Du Cange, aux Baluze, aux érudits purs, aux feudistes. Un jour (et c'était pourtant avant l'heure la plus brillante du règne), Chapelain, homme instruit, sinon poëte, fut surpris par Ménage et Sarasin sur le roman de *Lancelot*, qu'il était en train de lire. Il n'eut pas le temps de le cacher ; et Ménage, le classique érudit, et qui s'occupait pourtant des Origines de la langue, lui en fit une belle querelle [1]. — Au XVIIIe siècle, Galland, Caylus,

---

1. Aussi Chapelain lui répondit-il, non sans esprit, qu'il était un ingrat et que l'envie ne lui avait pris à lui-même de jeter les yeux sur ce bouquin que pour y observer un peu le langage et le style

l'abbé Le Beuf, l'abbé Sallier, un peu Duclos, Lévesque de La Ravallière, des membres de l'Académie des Inscriptions, commencèrent à entrer petit à petit, par un point ou par un autre, dans cette étude de notre passé ; mais Sainte-Palaye surtout, Sainte-Palaye, initié par la lecture de Froissart à l'amour de notre vieille poésie, fut possédé d'une véritable passion du moyen âge français; il en eut l'enthousiasme, il eut comme une vision anticipée de tout ce qu'il renfermait de riche et de renouvelant. Il eut mieux qu'une vision, puisqu'il amassa pendant des années, avec un zèle méritoire, tous les éléments d'un vaste lexique ou *Glossaire* resté en grande partie inédit, et où l'on va puiser encore. Mais il faut voir avec quel dédain de spirituels et doctes amis de Sainte-Palaye jugeaient de cette passion, si singulière à leurs yeux, qu'il avait pour le moyen âge. De Brosses, le continuateur et restaurateur de Salluste, voyageant avec Sainte-Palaye en Italie en 1740, — avec le *gaulois* Sainte-Palaye, comme il l'appelle, — le montre tout impatient de *se faire exhiber* par Muratori, le savant bibliothécaire de Modène, *je ne sais quel recueil de vieux jongleurs provençaux*.

« L'heure de notre dîner faisant une lacune dans no-

de nos ancêtres : « Et je m'y déterminai principalement, ajouta-t-il, par l'espérance que j'eus d'y rencontrer un fonds d'importance pour le traité des Origines de notre langue que ce dédaigneux a entrepris. » (*De la Lecture des vieux romans*, par Chapelain, dans la *Continuation des Mémoires de Sallengre*, t. VI.)

tre journée, écrivait de Brosses, nous la donnâmes à la Bibliothèque et à Muratori. Nous trouvâmes ce bon vieillard avec ses quatre cheveux blancs et sa tête chauve, travaillant, malgré le froid extrême, sans feu et nu-tête dans cette galerie glaciale, au milieu d'un tas d'antiquités ou plutôt de vieilleries italiennes ; car en vérité je ne puis me résoudre à donner le nom d'*antiquités* à tout ce qui concerne ces vilains siècles d'ignorance. Je n'imagine pas que, hormis la théologie polémique, il y ait rien d'aussi rebutant que cette étude : il est heureux que quelques gens veuillent s'y adonner, et je loue fort les Du Cange et Muratori qui, se dévouant comme Curtius, se sont précipités dans ce gouffre ; mais je serais peu curieux de les imiter [1]. Sainte-Palaye, au contraire, s'extasiait de voir ensemble tant de paperasses du Xe siècle. Nous y fîmes diversion par quelques inscriptions romaines... »

Comme si ces inscriptions romaines, dans lesquelles on a souvent relevé des solécismes introduits par l'ignorance et l'habitude populaire (*cum conjugem suam*, etc.), ne menaient pas tout droit aux racines et origines de ces langues nouvelles, si recherchées par Sainte-Palaye. L'étude de ces dernières ne devait être, un jour, tout à fait constituée que lorsque le secret mépris et le di-

---

1. De Brosses s'est occupé de la formation *mécanique* des langues ; s'il s'était plus occupé de leur formation *historique*, de celle de la nôtre en particulier, il n'aurait pas écrit ces étranges paroles : « Assurément le français de Molière est plus éloigné de celui de Villehardouin qu'il ne l'est de l'italien de Goldoni. »

vorce entre les deux ordres d'érudits auraient cessé et auraient fait place à un effort commun, à un concours de direction et de méthode.

Cette méthode, cette critique, il ne faut pas l'attendre de ces premiers chercheurs, avant tout empressés et zélés. Ils amassent, ils rassemblent, ils inventorient les matériaux; ils n'ont aucune idée d'une règle, d'une philologie exacte, d'une philosophie de langue. Ce sont des textes tels quels, en gros, qu'ils reproduisent, qu'ils finissent par comprendre à force d'en copier, mais dans l'examen desquels ils n'apportent aucune vue philologique subtile et fine, ou supérieure. De Sainte-Palaye à Méon et même après, nous ne voyons que des *fouilleurs*, qu'on ne saurait en aucune sorte appeler des guides. Ils sont perdus dans leur sillon; ils ne portent pas leur regard au delà. Ils ne contrôlent jamais leur texte moyennant certains principes rationnels. Quand ils sont des *transcripteurs* exacts, on a ce qu'on peut en attendre de mieux. La comparaison des formes, les vues d'ensemble et de suite, l'idée de lois grammaticales nécessaires, le fil et la clef des étymologies précises, le sens naturel des permutations et altérations dans les mots, les analogies cachées, en un mot l'*organisation* de leur sujet d'étude, ils ne s'en doutent pas. Je les ai déjà appelés des praticiens; ils le sont en effet, et des *empiriques*.

M. Raynouard, le premier, mit fin à cette méthode désordonnée, qui n'en était pas une, qui n'était qu'une routine, et qui, en supposant un pêle-mêle inextricable, le continuait et le prolongeait. Dans son culte exclusif pour la langue romane du Midi, il ne put la croire sans règles et sans lois : il finit par les découvrir ; il les aurait plutôt, sans cela, inventées. Il inventa réellement l'idéal d'une *langue romane intermédiaire*, la même et commune chez tous les peuples de langues néo-latines, chez les Français, les Provençaux, les Italiens, les Espagnols, les Portugais, et qui se serait interposée, à l'origine, entre le latin et la langue propre à chacun de ces peuples. S'adressant à eux tous avec sa vivacité méridionale, il s'écriait :

« Français ! Espagnols ! Portugais ! Italiens ! et vous tous dont l'idiome vulgaire se rattache aux idiomes de ces peuples, vous êtes sans doute surpris et charmés des identités frappantes, des analogies incontestables que vous découvrez sans cesse entre vos langages particuliers. Permettez-moi de vous en expliquer la cause : *c'est qu'il a existé, il y a plus de dix siècles, une langue qui, née du latin corrompu, a servi de* TYPE COMMUN *à ces langages. Elle a conservé plus particulièrement ses formes primitives dans un idiome illustré par des poëtes qui furent nommés troubadours.* »

Il imagina donc qu'il y avait eu, au moment où la langue latine expirait, et où naissaient les idiomes modernes, une espèce de langue médiatrice, fille (un peu bâtarde) de l'une, mère très-légitime des autres, qui aurait eu ensuite son développement à part, et son plus direct, son plus précoce et son plus favori rejeton dans l'idiome des troubadours.

Ou, si vous me permettez une autre image, il y aurait eu, à un certain moment, vers le IX® siècle (et en ce qui est de la langue), un *grand lac commun universel*, couvrant toute l'Europe méridionale et presque toute la France ; et ce ne serait que par une sorte de *desséchement graduel* que se seraient formés ensuite les différents lacs séparés, c'est-à-dire les idiomes distincts.

Mais on ne voit aucune raison suffisante à cette grande uniformité première, et tout indique, au contraire, que la diversité, d'abord, dut être extrême, infinie ; que sur chaque point, dans chaque bassin, les choses ont dû se former d'après quelques conditions générales sans doute, mais aussi d'après les éléments particuliers préexistants et avec des différences que la raison indique, et que deux ou trois mots, une phrase grossière transmise par hasard, dans quelque chronique latine, et commentée à grand renfort de science, ne sauraient effacer ni démentir.

Que si, pour limiter la question au sujet qui surtout nous intéresse, on veut que les langues d'*oc* et d'*oïl* se soient fort rapprochées à l'origine et aient moins différé alors que dans la suite, ce n'a pu être qu'à la manière de deux sources qui, sortant d'un même marais (le latin corrompu), étaient naturellement plus voisines, au moment où elles en sortaient, que lorsqu'elles eurent parcouru un long chemin, chacune dans sa direction propre.

L'hypothèse de M. Raynouard est donc aujourd'hui ruinée; il demeure bien prouvé que la langue d'*oïl* est la sœur, et non la fille de la langue d'*oc*, et une sœur qui n'est nullement cadette. Chacune est sortie en même temps de la souche et a poussé de son côté. Mais ce qu'a fait Raynouard d'essentiellement utile par l'ensemble de ses travaux, par sa Grammaire, par son Lexique, ç'a été d'ouvrir (sinon d'accomplir), pour son idiome favori, le cercle des études méthodiques qu'il ne s'agissait plus que d'appliquer parallèlement à l'idiome de l'autre côté de la Loire. Le premier, il a reconnu et indiqué les règles grammaticales, restes et vestiges transformés de l'ancienne syntaxe latine, et qui se marquèrent également aux XIIe et XIIIe siècles dans la langue des trouvères. Il a fait voir la conformité des deux langues, et leur égale *industrie* à cet égard, dans ses *Observations philologiques et grammaticales sur le Roman de Rou*, publiées en 1829. Cette règle du *cas-sujet* et du *cas-régime* dans les noms, que Sainte-Palaye, malgré son immense lecture, n'avait pas soupçonnée, qu'ont niée ou infirmée tant qu'ils ont pu quelques érudits sceptiques, Daunou, Génin même en dernier lieu, et qui est aujourd'hui pleinement démontrée dans les meilleurs textes, c'est Raynouard qui l'a retrouvée le premier, et on peut dire (je donne ici le jugement de M. Littré) « que c'est un des plus grands services qui aient été rendus à l'étude de notre vieil idiome. Sans cette clef, tout est exception ou barbarie ; avec cette clef on découvre un système écourté sans doute si on le compare au latin, mais régulier et élégant [1]. » Un des plus habiles philologues qui ont traité de la langue d'oïl, et qui vient d'essayer, dans une savante Grammaire, d'en déterminer les diverses formes, en élevant, pour ainsi dire, les patois à la dignité de dialectes, et en montrant qu'ils ont été réellement tels pendant deux siècles, M. Burguy a voulu venger Raynouard des injustes dédains par lesquels les nouveaux venus remercient trop souvent leurs devanciers en chaque carrière. Dans le tome III de sa Grammaire (publié à Berlin, en 1856) il a dit :

« Je dois réclamer encore en faveur d'un autre de mes compatriotes (il vient de parler de Ménage), qu'on s'habitue aussi à traiter un peu de haut en bas, bien que tous ceux qui ont écrit sur les langues romanes aient puisé à pleines mains dans ses ouvrages : on voit que je veux parler de Raynouard. Nous avons beau jeu, nous autres, pour grouper les mots par ordre de famille, de racine, d'analogie ; nous ouvrons le riche *Lexique de la langue des Troubadours*, et quatre-vingt-dix-neuf fois sur cent, nous y trouvons tout ce qu'il nous faut, dans le plus bel arrangement du monde. Quelles que soient les erreurs auxquelles son système l'a en-

---

[1]. *Journal des Savants*, 1856, p. 415.

traîné, l'œuvre de Raynouard n'en est pas moins celle d'un homme d'un éminent talent, si l'on ne veut pas lui concéder le génie. »

Nous n'avons rien à ajouter après de tels suffrages. En résumé, Raynouard, dans son patriotisme méridional, a eu une prétention excessive, à la fois ingénieuse et bizarre, qui d'ailleurs, même lorsqu'elle est détruite, laisse subsister le mérite positif du reste de son travail, il faut payer les éclairs de génie, surtout de génie philologique, par ces singularités et ces outrances de système.

Fauriel, qui a rectifié Raynouard, qui l'a réfuté avec avantage sur plus d'un point, et qui était un esprit bien plus ouvert et plus philosophique (Raynouard était surtout doué d'une grande sagacité philologique pratique), a eu sa part de système aussi, ou du moins de prévention. Il a trop accordé peut-être aux grandes compositions provençales, qu'on n'a pas, ou dont on n'a qu'un petit nombre, et il a trop peu accordé certainement aux grandes compositions narratives des trouvères, qui se sont conservées. Dans maint cas douteux, pour cette branche de l'épopée, il a mis l'invention trop absolument du côté de ses troubadours, qui ont déjà pour eux la palme lyrique ; et, comme l'a dit Guillaume Schlegel, « il veut que la France méridionale, féconde en créations poétiques, ait toujours donné à ses voisins et qu'elle n'en ait jamais rien reçu. » Mais que de sagesse d'ailleurs ! quelle étendue ! quelle impartialité dans la discussion de ces questions d'origine ! quelle riche connaissance comparée des langues, quelle analyse ingénieuse et fine des procédés inhérents à l'esprit humain ! comme il a pensé à tout ! comme on sent que ce qu'il sait, il ne le sait pas d'hier ! La manière d'écrire et de composer de Fauriel lui a nui; il cherchait toujours, il n'en finissait jamais. Pour ces études de littérature de moyen âge, il s'était levé plus matin que tous, et il n'arriva que tard, après beaucoup d'autres. Le jour que Raynouard alla pour la première fois à la Bibliothèque impériale pour y compulser les manuscrits provençaux, ce fut Fauriel (il se trouvait là par hasard) qui lui montra à lire, à déchiffrer les premières lignes du premier manuscrit. Sismondi, qui s'occupait également des littératures du Midi, venu à Paris au commencement de l'année 1813, écrivait à un ami, le 26 de janvier :

« Ce matin, j'ai fait une visite à M. et madame Guizot... M. Guizot m'attendait pour me conduire chez Fauriel, qui est un ami de Benjamin (Constant). Fauriel travaille depuis trois ans à une histoire des troubadours et de leur influence sur le renouvellement des littératures du Midi. Il fait son travail en conscience, avec beaucoup de savoir, et en rassemblant d'immenses matériaux. Son livre pourrait être meilleur que le mien, *mais il a un défaut, c'est qu'il ne le fera pas ;* il n'a jamais rien publié, et il est incapable d'amener rien à terme. Le nombre de jeunes gens qui ont été ainsi doués par la fée

Guignon est considérable; ils ont de tout, invention, esprit, travail, mais ils ne savent pas circonscrire leurs forces ; ils veulent faire entrer l'univers entier dans chacune de ses parties, et meurent à la peine. Benjamin est de ce nombre ; il ne fera jamais rien qui soit digne de son esprit... »

J'ai voulu vous lire tout le passage, qui est piquant. Quoi qu'en dise Sismondi, Fauriel mena à terme quelques-uns de ses travaux; mais il ne les acheva point, en effet, à titre d'écrivain : ce fut comme professeur qu'après 1830 il fut mis en demeure par ses amis, par M. Guizot alors ministre et qui le connaissait si bien, de débiter de vive voix ou de lire par cahiers ce qu'il hésitait à considérer comme définitivement écrit et comme digne d'être imprimé en corps d'ouvrage. Depuis sa mort, ses excellents Cours sur Dante, sur la Littérature provençale, ont paru, et il est donné à tous aujourd'hui de puiser à cette science si vraie, si désintéressée, si profonde, où la sagacité et la circonspection se combattent ou concourent avec une honorable candeur.

Les résultats de l'enseignement de M. Fauriel sur ces origines des langues modernes, et en tant qu'ils s'appliquaient à la langue et à la littérature des trouvères, nous ont été présentés d'une manière plus nette et plus vive, par un des anciens maîtres de cette école, M. Ampère, qui a été, à quelques égards, un Fauriel plus jeune et plus dispos. M. Ampère a cru même que le moment était venu pour lui de donner, sous le titre d'*Histoire de la formation de la Langue française*, une espèce de grammaire de la langue d'oïl ; c'était un peu tôt, bien que Conrad d'Orell, de Zurich, eût déjà frayé la voie (1830). Des imperfections de détail, des inadvertances d'exécution qui ont été relevées par des critiques gens du métier [1], des généralisations trop hâtives, ne sauraient enlever à cette Histoire et au Cours professé par M. Ampère (dont une première partie seulement a été imprimée) le mérite qui tient à la justesse des vues et des directions, à l'ingénieuse fertilité des aperçus.

Cependant, les érudits français purs, j'appelle ainsi ceux qui ne se souciaient pas de travaux allemands, des principes généraux de linguistique, et de cette science de formation récente due aux travaux de Guillaume de Humboldt, de Jacob Grimm et de Franz Bopp, mais qui pratiquaient et maniaient les vieux textes et qu'animait le zèle louable de les produire, allaient leur train et étaient à l'œuvre ; avertis et éclairés par l'exemple de Raynouard, ils portaient désormais dans ces publications une exactitude et un désir de précision que les Méon et les Barbazan n'avaient pas connus. Les services que, depuis près de trente ans, n'ont cessé de rendre M. Paulin Paris, qui tient la tête dans cette

[1]. Il faut voir deux articles de M. Guessard dans la *Bibliothèque de l'École des Chartes*, t. II, p. 479, et t. III, p. 63. En lisant ces articles piquants et rigoureux, on comprendra toute la difficulté de l'entreprise.

armée de travailleurs, M. Francisque Michel, l'infatigable pionnier, qui, pour l'utilité, n'a pas eu son pareil, et bien d'autres, M. Jubinal, M. Trébutien, M. Monmerqué, M. Chabaille, qui surveilla d'abord les textes donnés par Crapelet, M. Le Roux de Lincy, M. de Martonne, M. Edward Le Glay, M. Arthur Dinaux [1]; en Belgique, M. de Reiffenberg, etc.[2], méritent la reconnaissance. Ils publièrent textes sur textes, chansons de Geste, chansons proprement dites, lais, fabliaux, miracles et mystères, tout un fonds de littérature longtemps perdu et ignoré, souvent agréable pour le lecteur instruit, et qui appelle surtout l'attention du critique et du philosophe. La règle que se sont imposée ces modernes éditeurs a été, en général, de reproduire fidèlement le manuscrit qu'ils avaient sous les yeux : règle excellente, mais provisoire. Ils ont laissé à d'autres le soin de discuter à loisir et de rectifier, s'il y a lieu, les textes. Or, il y a lieu souvent. Ce second travail est à faire, et ne sera possible (s'il l'est jamais) que lorsqu'on aura une grammaire et un dictionnaire complet de cette langue, si estropiée et si

1. Plus récemment, M. Tarbé à Reims, M. Luzarche à Tours. — M. Edélestand Du Méril, qui a d'autres titres que ceux d'éditeur, a droit d'avoir sa place à part.
2. Et même en Allemagne (car ces laborieux et doctes Allemands se retrouvent sur toutes les voies), M. Bekker a publié, à Berlin, quelques-uns de nos vieux romans de chevalerie. — M. Michelant est allé publier l'un des plus célèbres de ces vieux poëmes à Stuttgart. — En Angleterre, il faut citer, au moins, M. Thomas Wright, comme l'un de nos plus actifs auxiliaires.

mal figurée, même par les copistes du moyen âge.

L'École des Chartes, de laquelle sont sortis plus d'un de ceux que je viens de nommer, produisait de savants élèves qui, devenus maîtres à leur tour, ont porté dans ces questions de linguistique nationale un genre de critique bien essentielle pour contrebalancer les théories absolues des Allemands. Je ne nommerai que le plus spirituel et le plus sûr, M. Guessard, contradicteur net, armé, incisif, excellent redresseur du faux, et guide sur tous les points auxquels il a touché.

Un homme d'un esprit étendu et d'une noble ambition intellectuelle, Gustave Fallot, le premier chez nous, entreprit de donner à des études jusqu'alors partielles, éparses, fragmentaires, un ensemble, une constitution scientifique, et de les mettre en rapport par l'esprit et la méthode avec les travaux des illustres linguistes d'outre-Rhin. « En reprenant le sujet au point où l'avaient laissé M. Raynouard et M. d'Orell de Zurich, non-seulement il a complété, perfectionné, agrandi les recherches de ces deux savants philologues par une foule d'observations très-fines et très-justes, mais encore il a conçu et exécuté sur les dialectes français un travail dont personne avant lui ne paraît avoir eu l'idée[1]. » Il divisa la langue d'*oïl* et la rangea en trois principaux dialectes, le *picard*, le *normand* et le *bourguignon*. Cette classification naturelle, qui répond à des diver-

---

1. M. Guérard, notice sur G. Fallot.

sités fondamentales, et que Génin a eu la légèreté de railler, a servi de base, quinze ans plus tard, aux travaux si précis et si solides de M. Burguy.

« Gustave Fallot, dit ce savant grammairien (et je citerai le passage tout entier, comme exposant bien l'état actuel et dernier de la question), Gustave Fallot fut le premier qui essaya de débrouiller le chaos des formes dialectales de la langue des trouvères ; par malheur pour la science, la mort vint le surprendre au milieu de ses travaux, et son ouvrage resta imparfait. Néanmoins ses données sont en général fort exactes, et j'en ai souvent profité.

« Les règles grammaticales étaient les mêmes pour tous les dialectes de la langue d'*oïl :* tous, sans exception, étaient régis par la même grammaire.

« Après avoir posé cette règle générale, Fallot divise le vieux langage français en trois dialectes principaux, qu'il nomme non point du nom d'une province dans laquelle ils fussent exclusivement parlés, mais du nom de celle dans le langage de laquelle leurs caractères se trouvent le plus saillants, le mieux réunis et le plus complétement en relief : *normand, picard, bourguignon.*

« On a prétendu que cette division était beaucoup trop générale ; quant à moi (c'est M. Burguy qui parle), je n'ai rien trouvé qui pût justifier ce grave reproche. Fallot, ne l'oublions pas, avait l'intention d'écrire une grammaire générale des dialectes français et non pas d'un dialecte particulier ; il a donc été obligé de généraliser autant que possible, s'il ne voulait pas accumuler une masse de particularités locales et secondaires, qui auraient fait de son travail une indigeste composition. Sans doute, le dialecte de chaque province, de chaque canton même, mériterait un traité à part et en fournirait aisément la matière ; j'espère que le jour n'est pas éloigné où nous posséderons cette collection aussi intéressante qu'utile. Fallot avait reconnu que les caractères distinctifs du dialecte de telle province se retrouvaient, avec quelques différences secondaires, dans les dialectes de plusieurs autres ; il a fait de celui-là une espèce de type auquel il a rapporté les autres. Je me range à sa manière de voir, et j'ajoute avec lui que les limites des trois dialectes *picard*, *normand* et *bourguignon*, ne correspondaient point avec exactitude aux limites politiques des provinces dans lesquelles on les parlait. »

C'est là, après quinze ans d'intervalle et dans des études encore si mobiles, une confirmation remarquable, et qui montre que Fallot avait eu le coup d'œil supérieur. Ce jeune savant, mort en 1836 à l'âge de vingt-neuf ans, n'eut point la satisfaction de publier lui-même ses recherches : ce furent ses amis qui prirent ce soin et qui donnèrent son livre, resté inparfait, en 1839.

J'ai nommé Génin : il est un de ceux qui s'étaient le plus occupés, dans les dernières années, de ces questions de vieille langue ; il y portait du savoir, de l'esprit, de la passion, et il avait su piquer l'attention du public. Il faut dire que s'il a rencontré juste quelquefois, il s'est trompé souvent. Quand une fois une idée l'a saisi, il n'en démord plus. Il a parlé de Fallot comme d'un homme qui s'égare et fait fausse route ; il a raillé cette classification par patois, par dialectes. En général, Génin, dans ces questions de langue et d'érudition, aimait à prendre quelqu'un à partie, cela l'animait : *finge tibi adversarium quemdam.* Il ne manquait pas d'en rencontrer sur sa route. Nodier, par exemple, cet homme de tant de grâce et d'esprit, mais étranger aux vraies méthodes, et qui, « dans tout ce qui tient à l'étude des langues, s'est fait remarquer par de bonnes intentions plutôt que par de bons ouvrages » (la définition est de Génin), s'était écrié dans un accès d'enthousiasme pour le simple, comme en ont les littérateurs des époques blasées : « Les patois ont donc une grammaire aussi régulière, une terminologie aussi homogène, une syntaxe aussi arrêtée que le pur grec d'Isocrate et le pur latin de Cicéron. Moins sujets aux caprices de la mode, ils sont peut-être en général plus harmonieusement, plus rationnellement composés. » C'était une boutade. Génin la lui rendit et au delà, et, opposant boutade à boutade, se déclara contre les patois et en proclama l'étude inutile. Par une singulière contradiction, il combattait en même temps M. Ampère pour avoir tenté de reconnaître et d'établir des règles de syntaxe qui eussent tiré la vieille langue de cette condition irrégulière propre aux patois. Il dit quelque part que *le premier auteur du mal est M. Raynouard.* C'est le contrepied de ce qu'il fallait dire : M. Raynouard est le premier auteur et promoteur du bien qui s'est fait et qui se continue en cette branche de la linguistique. Génin pourtant a rendu des services ; il a contribué, par l'édition et la traduction qu'il en a données, et par l'encadrement un peu artificiel qu'il y a mis, à populariser parmi les lettrés la *Chanson de Roland.* Il lui a même créé, à force de bonne volonté, un auteur distinct, Théroulde, l'abbé Théroulde ou le père de cet abbé ; il en a presque fait quelqu'un. Mais c'est surtout dans ce qu'il dit de la langue pour les siècles suivants, pour la fin du XIVe et pour le XVe siècle, dans cet âge de la farce de *Pathelin*, qu'il a eu de bonnes observations de détail, et qu'il a ressaisi par endroits le fil de la tradition. Il a proposé, notamment, sur la prononciation de nos pères, tout un système ingénieux, tantôt plausible, tantôt contestable [1]. Dans son livre des *Récréations philologiques*, on trouve, dit M. Littré, « une érudition quelquefois paradoxale, souvent heureuse, toujours spirituelle. » En un mot, Génin a quelquefois raison avec esprit sur des points particuliers [2].

[1]. On est pourtant amené à penser que le *contestable* l'emporte dans ce système sur le *plausible*, quand on lit l'examen critique qu'en a fait M. Guessard dans la *Bibliothèque de l'École des Chartes*, 2e série, t. II, p. 189, 289.

[2]. L'honneur d'avoir, le premier, appliqué la critique littéraire

Il est temps de signaler le progrès qui s'est fait depuis Fallot dans ces intéressantes études. Je le rapporterai volontiers au nom de M. Littré, non pas que je veuille attribuer tout l'honneur ou même le principal honneur (jusqu'ici) à ce savant aussi équitable qu'éminent, qui, intervenu depuis une dizaine d'années seulement dans ces questions, repousserait un éloge excessif, mais parce qu'on lui doit d'avoir enfin un pont régulier établi entre la philologie d'outre-Rhin s'appliquant aux langues romanes et la pratique française. Il a, depuis quelques années, dans d'excellents, et parfois admirables articles (je ne crains pas de risquer le mot) du *Journal des Savants*, analysé les travaux des Diez, des Fuchs, et tout récemment ceux de M. Burguy, en y joignant ses propres vues et remarques. Il nous met à même de bien mesurer les pas qu'on a faits et ceux qui restent à faire, auxquels il est en voie autant que personne de contribuer.

Avec ces savants d'outre-Rhin, M. Littré a un rapport essentiel de ressemblance. Il pense avec la plu-

proprement dite à nos vieux monuments, étant compromis chez Génin par trop de paradoxes et de partis pris, on doit lui savoir gré surtout d'avoir amené deux excellents esprits, M. Magnin et M. Vitet, à s'occuper après lui des mêmes sujets et à y répandre, en le rectifiant, de justes, d'agréables lumières. Ce que ces deux hommes de goût ont écrit sur la *Chanson de Roland* laisse peu à dire à ceux qui viennent après. — M. Francis Wey, dans son *Histoire des révolutions du Langage français* (1848), avait très-bien parlé, avant Génin, de quelques épisodes où figure Roland soit dans a *Chanson de Roncevaux*, soit dans celle de *Gérard de Vienne*.

part d'entre eux que dans la transformation de l'ancien latin, dans ce renouvellement d'où sont nés les quatre idiomes vulgaires, *provençal, français, italien, espagnol*, il y a lieu de constater plus d'ordre et de régularité qu'on ne le soupçonne d'ordinaire. Dans ce grand choc que les invasions multipliées donnèrent à l'édifice de la langue latine comme à tout le reste, et qui semblait d'abord devoir tout confondre, il estime qu'après tout les influences destructives et dispersives ne prévalurent pas. Il aime à constater les ressemblances entre le *provençal*, le *français*, l'*italien*, l'*espagnol*, les tendances connexes de ces quatre langues. Toute part faite à la corruption, à l'ignorance, il préfère toutefois au mot de barbarie (pour exprimer ce qui s'est passé dans ce sourd et lent travail) les termes plus physiologiques de *décomposition* et de *recomposition*. Il compare encore ce grand phénomène aux formations géologiques : « Ce ne sont pas, dit-il, des amas çà et là disséminés par l'action turbulente et saccadée de mille courants variables, mais ce sont des dépôts lents et uniformes produits par l'action également lente et uniforme de vastes mers et de grands lacs. » Il cherche et retrouve la filiation jusque dans le désordre apparent ; il la dégage et la démontre souvent avec bonheur à travers tous les déguisements qui la masquent, et les irrégularités qui sautent aux yeux. Un avantage de cette méthode courageuse, inquisitive, c'est qu'en insistant pour ressaisir plus peut-être qu'on ne peut atteindre, on trouve certainement plus de choses que si tout d'abord on désespérait.

M. Diez, de Bonn, qui s'est dès l'origine occupé des troubadours, a produit surtout de beaux et consciencieux travaux sur l'étymologie des idiomes modernes néo-latins. Il appartient à cette école qui, cherchant dans une exacte comparaison des langues sorties du centre de l'Asie, des langues indo-européennes, les affinités fondamentales, a eu le mérite de tirer l'étymologie du vague domaine de la divination, et de l'asseoir sur des principes certains. Considérant par exemple un mot commun au français, au provençal, à l'italien, à l'espagnol, il s'attache à rendre compte des formes qu'il a prises, à suivre pas à pas chaque lettre qui entre dans la composition. « C'est une opération (observe M. Littré) analogue à l'analyse chimique de la substance mise dans le creuset et réduite en ses éléments; le chimiste doit retrouver le poids équivalent. Ici les éléments sont les lettres, et l'analyse est incomplète et partant incertaine, tant que les éléments n'ont pas été rigoureusement retrouvés. Cette exactitude n'est possible qu'à une condition, c'est que chaque langue aura un système qu'elle suivra, et que les permutations ne seront pas indéterminées d'une langue à une autre. Cela est en effet, et l'expérience le démontre. »

M. Diez excelle en cette sorte d'analyse linguistique délicate; M. Littré l'y suit de près et l'y rectifie souvent.

Il y a une loi : « L'accent en latin (vous le savez) est sur la pénultième quand cette pénultième est longue et l'ante-pénultième quand la pénultième est brève. Eh bien, cet accent latin a exercé la plus grande influence sur la formation de la langue française : il a *constamment* déterminé la conservation de la syllabe sur laquelle il portait, de sorte que les retranchements et les contractions ont agi sur les syllabes non accentuées dans le latin. »

Pour peu qu'on y réfléchisse, on voit que cela devait être. Quand on n'écrivait plus, quand on ignorait l'orthographe du mot, quand on ne démêlait plus bien les cas, les désinences, le mot s'est altéré, s'est déformé, s'est tronqué. Mais autour de quelle syllabe s'est-il ainsi contracté, *croqué* en quelque sorte (*corripere*), sinon autour de celle sur laquelle portait l'accent, l'âme du mot? Ainsi, du midi au nord, le mot *masculus*, par exemple, est devenu : en italien, *maschio ;* en espagnol, *macho ;* en provençal, *mascle ;* en français, *mâle ;* en wallon (c'est-à-dire dans l'extrême français du pays de Liége, faisant pointe entre l'allemand et le flamand), *mâie* [1].

Dans cet exemple parfait et en quelque sorte idéal (et par malheur tous les mots ne se prêtent pas à un tel rangement), on suit l'altération qui a eu lieu sur toute la ligne, au gré des prononciations, — j'allais dire des mâchoires — plus ou moins souples, faciles, lentes,

---

1. *Journal des Savants,* septembre 1857, p. 541.

paresseuses. A la fin, il ne reste plus que la syllabe accentuée qui a fait noyau.

Pourtant l'on rencontre quelques exceptions, c'est-à-dire quelques cas qui prouvent qu'au moment de la transformation, les populations accentuaient certains mots, déformés déjà, autrement que ne faisait la latinité : *rogitus* pour *rogatus*, *provitus* pour *probatus*, etc.

Car, en beaucoup de cas, les mots ne dérivent que médiatement du latin, et il a existé un mot qu'on peut appeler *bas-latin*, et qui sert d'intermédiaire. Mais M. Diez a grand soin de distinguer deux sortes de bas-latin : « L'un, qui appartient aux premiers siècles, alors que les langues populaires étaient plus voisines de la source latine : celui-là est une mine féconde. L'autre, dû aux notaires et aux moines, alors que les langues nouvelles commençaient à s'écrire, est dénué d'importance. » La haute période du bas-latin était une époque encore vivante.

Quand je parle de l'accent latin déterminant le point essentiel des mots dans le travail de transformation, il n'est pas question, bien entendu, des mots qui ne s'introduisirent que tard depuis la Renaissance, et qui sont copiés et pris du latin lu et non parlé. Ainsi, en français, on a fait de *minimus*, *minime*; d'*urbanitas*, *urbanité*; de *grandiloquentia*, *grandiloquence*; de *jubilare*, *jubiler*, etc. Ces mots-là sont des mots morts qu'on a calqués à plat sur le papier [1].

1. De *minimus*, accent étant sur *mi*, on avait fait dans l'ancien

« En mettant rigoureusement sur le terrain de la mutation des lettres et des formes l'étymologie des langues romanes, M Diez a travaillé à augmenter la précision des recherches et des résultats, et plus que jamais il faudra, dans les investigations qui auront ces langues pour objet, suivre maintenant son exemple [1]. »

Fuchs, qui a consacré un livre à l'étude de la transmission du latin aux langues romanes, a mis en avant une opinion, une doctrine qui, bien qu'elle semble d'abord excessive, a trouvé des partisans éclairés. Il pense « que les langues romanes sont une *évolution naturelle* du latin, qui s'est opérée à peu près comme si les Barbares n'étaient pas intervenus, et par la marche simultanée, bien que contraire, d'un latin classique qui s'éteignait, et d'un latin vulgaire qui se perfectionnait. Dans ce système, dont il a été le principal défenseur (je me sers de l'exposition qu'en a donnée M. Littré), on considère toutes les modifications qu'a subies la langue latine pour devenir langue romane comme un produit régulier de la loi de changement. En d'autres termes, ce n'est point le mélange et l'influence des Barbares qui ont causé des altérations ; ce

---

français *moime*, qui, dans le patois du Morvan, veut dire *le plus petit*; de *jubilare*, dans le patois du Berri, *jeûler*; de *ruminare*, non pas *ruminer*, mais *roinger*, d'où *ronger*. (*Journal des Savants* 1857, p. 681.)

1. Voir, dans le *Journal des Savants* d'avril, mai, août, septembre 1855, les articles de M. Littré.

n'est pas la décadence politique et intellectuelle de l'Empire qui a réagi sur le parler et y a introduit toutes sortes de fautes contre l'analogie; il n'y a eu dans ce grand phénomène ni vicieuse intervention de l'étranger, ni appauvrissement graduel des sources du savoir et de la grammaire : mais les germes analytiques qu'on peut voir poindre sous la forme synthétique de l'idiome latin se sont développés. Et pour tout dire, quand même l'Empire, au lieu de succomber sous l'effort de ses ennemis et d'être en proie à une longue invasion, eût continué à exister ou se fût dissous par la seule réaction des éléments contenus en son propre sein, le latin ne s'en serait pas moins transformé en langues romanes avec tous les caractères qu'elles possèdent. Ces langues sont pures dans leur transmission; elles ont suivi, ou plutôt le latin a suivi en elles une marche nécessaire et ascendante, qui l'appropriait au nouvel esprit des temps nouveaux. C'est devant cette influence qu'ont disparu les cas et le passif. Les différences ne sont pas des solécismes; l'analogie a été non faussée, mais étendue, et entre le latin et le roman, il ne faut admettre qu'un néologisme qui devint de jour en jour plus indispensable [1]. »

1. *Journal des Savants*, 1856, p. 232. — C'est la vue la plus opposée à celle d'autres érudits, qui cherchent la source du roman dans la seule *corruption* du latin et qui disent: « L'origine du roman remonte donc au premier barbarisme que les Gaulois ajoutèrent à la langue latine. » (Edélestand Du Méril, *Essai philosophique sur la formation de la langue française*, 1852, p. 135.)

Il y a au fond, et derrière ce système, tout un système philosophique de la perfectibilité de l'esprit humain, qui le domine et qui l'enhardit. — Mais même de ces systèmes excessifs, quand ils sont maniés et appliqués par des hommes de talent et de forte étude, il reste toujours de certains points acquis et de profitables dépouilles, comme de ces conquêtes poussées trop loin et dont on est forcé de rendre une partie, mais dont on garde quelque chose.

M. Burguy, le savant auteur de la *Grammaire de la Langue d'oïl*, s'est rangé (ce qui étonne un peu) à l'opinion de Fuchs. Cet habile grammairien pense, comme lui, que les langues romanes sont un développement *organique* du vieil idiome latin vulgaire. Pour preuve de l'étroite liaison qui existe entre les langues romanes et ce vieil idiome vulgaire latin dans le genre des substantifs, il cite les mots : *frons*, le front, masculin dans Plaute ; *pulvis*, la poudre, féminin dans Ennius ; *cupressus*, *laurus*, masculins dans Ennius. Ces genres, qui ont changé depuis dans le latin littéraire, se retrouvent les mêmes dans le francais. Ce sont là, il faut l'avouer, des analogies bien légères et bien lointaines.

M. Littré, tout en inclinant à la conclusion de M. Burguy, que « les langues romanes doivent être considérées comme un progrès sinon total, du moins partiel, par rapport à la langue latine, » n'accueille pas sans de grandes réserves cette idée d'évolution et cet idéal de pureté. Il fait la part irrécusable de la période de corruption, de dégradation, d'écrasement; mais aussi il admet un autre agent latent, progressif, analytique, conforme à la marche et à l'exigence croissante de l'esprit humain : « Ainsi, dit-il, dans ces langues *novo*-latines [1], qu'au premier abord on prend pour des types dégradés, on voit apparaître l'un des éléments les plus précieux pour la précision et la clarté, à savoir l'article. L'article manque en latin, et c'est certainement une imperfection réelle; mais il existe dans les langues romanes, chez qui c'est certainement aussi un perfectionnement. » Vous savez, messieurs, qu'à l'époque la plus brillante et la plus pure de la langue latine, Auguste était tellement préoccupé de la clarté et de la précision qu'il sentait bien que cette noble langue n'avait pas au même degré que la dignité ou la grâce, qu'il n'hésitait pas à ajouter des prépositions aux verbes, à répéter les conjonctions : « *Præcipuamque curam duxit, sensum animi quam apertissime exprimere : quod quo facilius efficeret, aut necubi lectorem vel auditorem obturbaret ac moraretur, neque præpositiones verbis addere, neque conjunctiones sæpius iterare dubitavit, quæ detractæ afferunt aliquid obscuritatis, etsi gratiam augent* [2]. » Les langues ro-

---

1. Et non pas *néo-latines*, qui est un mot hybride.
2. Suétone, *Octav. August.*, LXXXVI. M. Egger a remarqué qu'Auguste écrivait plus volontiers *includere in carmen* que *includere carmine*, et *impendere in aliquam rem* que *impendere alicui rei*.

manes, le vieux français en particulier, tout en défigurant à tant d'égards et en étant si prodigieusement loin de valoir la langue d'Auguste, s'acheminaient du moins à répondre, en fait de clarté et de précision, à la grande préoccupation d'Auguste.

Je ne fais que vous poser toutes ces questions, non pour vous les résoudre, non pour les discuter même en grand détail devant vous, mais pour vous avertir qu'elles sont posées, et pour que quelqu'un de vous, un jour peut-être, s'y applique et se fasse honneur à son tour dans ces études ingénieuses et sévères qui exigent, vous le voyez, la connaissance approfondie de la latinité, — de toutes les latinités. Je ne suis et ne puis être que le doigt qui indique le chemin.

M. Littré promet de donner, d'ici à un an ou deux, un Dictionnaire complet de la langue française, y compris la vieille langue : le *Glossaire* de Roquefort n'est qu'une ébauche dès longtemps insuffisante. Ce Dictionnaire, tel qu'on peut l'attendre de M. Littré, joint à la Grammaire de M. Burguy, fournira un nouveau point de départ et une nouvelle base solide aux travailleurs.

Je ne dois pas vous dissimuler que ces résultats assez imprévus, et plus précis qu'on n'était accoutumé à les obtenir et à les attendre en pareille matière, n'ont pas commencé à se produire sans soulever des objections parmi nos érudits. Un homme du plus grand mérite et des plus savants, qui l'est presque trop, tant il sait de choses à la fois, et que j'aurais déjà dû nommer, si je ne l'avais tenu en réserve pour ce moment, M. Edélestand Du Méril, qui a publié lui-même des ouvrages approfondis sur le moyen âge français et bas-latin, et qui a regardé de très-près à toutes ces questions d'origines, a exprimé des doutes, et soutenu que tenter d'appliquer à notre vieux français cette rigueur grammaticale, cette précision philologique, vouloir en traiter les textes manuscrits comme l'on a fait les livres venus de l'antiquité, c'était rapprocher des choses profondément dissemblables, c'était faire une *création rétroactive*, supposer aux monuments du vieux français une *pureté systématique* qui lui est le plus étrangère, et chercher, dans ce qui est de soi informe et variable à l'infini, un ordre et une règle qu'on peut y mettre à toute force, mais qui ne s'y trouvent point [1]. De telles objections, qui nous avertissent nous-mêmes de ne nous avancer en tout ceci qu'avec prudence, me feraient encore plus d'impression, je l'avoue, s'il ne me semblait qu'elles supposent entre d'aussi estimables hommes d'étude plus de dissidences qu'il n'en subsistera après éclaircissement, et je ne doute pas que les esprits sévères auxquels elles s'adressent ne soient disposés à tenir compte de tout ce qu'il y aura de fondé dans une opinion qui se fait plus contraire qu'elle ne peut l'être : car enfin on ne dit pas,

---

[1]. *Floire et Blanceflor*, Introduction, p. ccx-ccxxiv, 1856.

d'un côté, qu'il n'y a, du xi⁰ au xiii⁰ siècle, qu'une seule langue française uniforme, de même que, de l'autre côté, on ne peut pas vouloir dire qu'il y a autant de langues françaises différentes qu'il y a de manuscrits ou de clochers.

Quand je vois la Commission de l'Histoire littéraire de France composée comme elle l'est aujourd'hui, et les écoles diverses, les diverses qualités d'esprit si bien représentées en son sein, sous la présidence du respectable M. Victor Le Clerc, qui y est autre chose encore qu'un modérateur et arbitre, qui est un travailleur zélé et qui a su trouver pour les monuments de nos vieux âges une flamme égale à celle qu'il eut jadis pour Cicéron; quand je vois M. Paulin Paris à côté de M. Littré, j'ai bon espoir; il me semble que c'est d'un concours et non d'un conflit que sortira le progrès désiré, et que l'expérience, l'esprit philosophique, la méthode philologique et la pratique consommée des textes s'appuient de tous côtés, se corrigent et se complètent :

. . . . Alterius sic
Altera poscit opem res, et conjurat amice

Il ne me reste plus qu'à mentionner un livre tout récent, produit direct de l'érudition française, celui de M. de Chevallet, qui, reprenant la question au point où l'avait laissée Fallot, l'a traitée avec une méthode tout expérimentale, n'a épargné ni recherches ni comparaisons de toutes sortes, pour discerner les éléments du vieux français, élément *latin, celtique, germanique,* pour en établir le compte autant que possible et en fixer les proportions, pour faire l'histoire et dresser comme l'état civil des mots provenant des trois races ; et l'auteur s'y est consacré avec une telle ardeur, il s'est tellement prodigué de sa personne dans des voyages et des séjours en divers pays, partout où il espérait recueillir des vestiges utiles, qu'il s'y est à la lettre consumé : la mort l'a saisi comme Fallot à la fleur de l'âge, mais du moins après qu'il avait pu voir ce premier et considérable résultat de son effort conduit à bonne fin et couronné. Le livre de M. de Chevallet, plein de faits, de considérations prudentes, incontestables, me paraît être l'œuvre la plus complète d'un homme sorti de l'école française et formé à la méthode de M. Guessard.

J'ai voulu, messieurs, dans ce long exposé, vous donner une juste et pleine idée de l'importance du problème qui se présente d'abord à quiconque veut étudier la littérature française à son origine. Maintenant, ce problème, qui en est un, à proprement parler, de *haute chimie linguistique,* je ne le traiterai pas à fond devant vous. En fussé-je capable, ce ne serait point le lieu : car notre objet et notre devoir, bien que nous ne soyons point ici pour cueillir seulement des fleurs, et que nous ne craignions point de rechercher les racines, c'est avant tout de vous offrir et de vous faire goûter les fruits. Ces fruits de la littérature du

moyen âge, nous y atteindrons le plus tôt possible ;
après avoir passé par les rudiments indispensables
et nous être rendu compte, seulement pour la bien
comprendre, de la question primordiale et de formation, nous arriverons après deux ou trois journées,
nous nous arrêterons devant les premiers monuments,
et de ceux-ci nous passerons à d'autres, et ainsi de
suite sans plus cesser, en quête par-dessus tout de
l'excellent : car, encore une fois, nous sommes ici pour
professer la langue, la littérature cultivée, perfectionnée, celle qui ne reste pas à l'état acéphalique, anar-
chique, mais qui a une tête, qui, maîtresse d'elle-même,
se gouverne, réagit en tous sens et s'impose, qui enfin,
comme la race et comme l'esprit français qu'elle repré-
ente, a et gardera longtemps, nous l'espérons, son
inité, sa grandeur et son empire.

6 juillet 1860.

LE ROI JÉROME[1]

Un adieu suprême est dû au dernier représentant de la grande époque, au dernier né de la première génération des Napoléons, et qui vient de disparaître aussi le dernier. Le prince Jérôme rassemblait en lui et personnifiait tous les souvenirs, toutes les péripéties de ce siècle étonnant. Il n'avait que douze ans lorsque le héros de sa race se révélait en Italie comme le premier général des temps modernes; il n'en avait que seize lorsque la France saluait du nom de Consul le conquérant de l'Égypte et de l'Italie; il en avait vingt quand l'empereur prenait son rang en Europe, le front ceint de la double couronne : il fut enveloppé dans sa fortune. Dès l'enfance, il avait été l'objet de sa sollicitude et de ses tendresses. Mais les tendresses

---

[1]. De même qu'un article sur la mort de Béranger, recueilli depuis dans le tome XV des *Causeries du Lundi*, l'article suivant parut en *premier-Paris* et sans signature dans *le Moniteur universel*.

d'un héros ne ressemblent point à celles du reste des hommes : l'aigle n'encourage ses petits et ne les porte encore enfants sur son aile que pour les mieux accoutumer aux abîmes.

Être le frère d'un grand homme, d'un de ces génies de civilisation et de ces fondateurs qui créent tout autour d'eux et qui inaugurent leur race, est à la fois un grand honneur et un grand fardeau. Il faudrait savoir et se donner et se doubler en quelque sorte, élever son cœur en même temps qu'anéantir sa volonté propre, comprendre d'un seul coup d'œil toutes les destinées futures qui intervertissent l'ordre antérieur et s'y résigner en grandissant. Les plus nobles natures, quand elles sont déjà faites et formées, éprouvent de la difficulté à ce rôle complexe qui exige des qualités presque contraires. Le prince Jérôme, plus jeune, devait y entrer plus aisément. L'empereur le destinait d'abord au service de mer. Il y faisait depuis cinq ans son apprentissage, et il avait passé par les divers grades depuis celui d'aspirant, lorsque Napoléon, dans une lettre datée de Milan et adressée au ministre de la marine (29 mai 1805), disait de lui : « M. Jérôme est à la voile à bord de sa frégate; je vous « ai déjà fait connaître que vous rangiez sous son « commandement *l'Incorruptible* et *l'Uranie*. Il a de « l'esprit, du caractère, de la décision et assez de « connaissance générale du métier pour pouvoir se « servir du talent des autres. » Dans une autre lettre

du même jour, Napoléon écrivait à Jérôme lui-même :
« Mon frère, je vous envoie une lettre du ministre de
« la marine ; vous y verrez tout le bien que vous pou-
« vez faire à mes flottes par une bonne conduite. Il ne
« me manque point de vaisseaux, ni de matelots,
« ni d'un grand nombre d'officiers de zèle, mais il me
« manque des chefs qui aient du talent, du caractère
« et de l'énergie. »

Le désir, le besoin de Napoléon eût été de susciter quelque part, dans les rangs trop éclaircis de ses flottes, un grand homme de mer et du premier ordre, qui pût tenir en échec la puissance rivale dans cette moitié flottante de l'empire du monde ; mais un tel génie, à la fois supérieur et spécial, se rencontre quand il plaît à la nature, et ne se suscite pas. L'empereur ne trouvait de ce côté que du zèle, de l'habileté pratique, des talents partiels, des courages invincibles et à l'épreuve même des revers. Le prince Jérôme se signala honorablement. Capitaine de frégate, ayant ordre, en 1805, d'appareiller avec *la Pomone* et deux bricks pour se rendre dans les eaux d'Alger et y réclamer du Dey 250 Génois pris par les corsaires algériens et jetés dans les fers, il montra une énergie, une volonté devant laquelle la puissance barbaresque dut plier. Il ramena les Génois délivrés, et reçut le grade de capitaine de vaisseau.

Mais il fait preuve surtout de résolution et d'audace lorsqu'à bord du *Vétéran*, en route pour la Martinique, dans l'escadre de l'amiral Willaumez, séparé tout d'un coup de l'escadre par une tempête, rejeté vers les côtes de France, serré de près par l'amiral Keith, il se détermine à tout plutôt que d'admettre qu'il puisse amener son pavillon. Un matelot qui sait les parages s'offre pour essayer d'entrer *le Vétéran* dans le petit port de Concarneau. La côte est hérissée de récifs; jamais navire de ce tonnage n'a risqué pareille aventure. N'importe! le prince ordonne au pilote breton de prendre la barre du gouvernail et de mettre le cap sur Concarneau. On réussit, on entre, on a échappé par ce coup hardi à l'escadre anglaise qui se croyait assurée de sa capture. Et c'est ainsi que le prince Jérôme, à peine âgé de vingt-deux ans, acquérait l'estime des marins. L'empereur le nommait contre-amiral.

A la fin de 1806, il n'y avait plus de grandes choses à tenter sur mer : l'empire était tout du côté du continent, mais sur le continent tout entier. L'empereur décida que le nouveau contre-amiral passerait, avec le grade de général de brigade, dans l'armée de terre. Il lui confia 25,000 hommes de troupes bavaroises et wurtembergeoises, avec lesquelles le prince Jérôme s'empara de la Silésie, et rendit à la grande Armée, alors en Pologne, d'utiles services : « Le prince Jérôme, disait l'empereur dans un de ses bulletins, fait preuve d'une grande activité et montre les talents et la prudence qui ne sont d'ordinaire que les fruits d'une longue expérience. » — Le 14 mars 1807, Napoléon nommait son jeune frère général de division, et le 4 mai il écrivait au roi de Naples, Joseph : « Le prince Jérôme se conduit bien, j'en suis fort content, et je me trompe fort s'il n'y a pas en lui de quoi faire un homme de premier ordre. Vous pouvez croire cependant qu'il ne s'en doute guère, car toutes mes lettres sont des querelles. Il est adoré en Silésie. Je l'ai jeté exprès dans un commandement isolé et en chef, car je ne crois pas au proverbe que pour savoir commander il faut savoir obéir. »

La campagne de Prusse donna au prince Jérôme une occasion de prouver la bonté naturelle de son cœur. Ce fut lui qui introduisit dans le palais, dans la chambre de Napoléon, malgré les défenses, madame de Hazfeld dont le mari était en jugement et allait être condamné à mort : voir Napoléon, c'était obtenir la grâce.

Dans la recomposition de l'Europe qui fut la conséquence des derniers triomphes, Jérôme, âgé de vingt-trois ans, épousa, le 7 août 1807, la princesse Catherine de Wurtemberg, et fut roi de Westphalie. Il dota son royaume des institutions françaises, et gouverna avec une bienveillance, une modération qui lui concilièrent les cœurs. En 1809, quand la guerre se ralluma en Autriche et que l'Allemagne entière tressaillit, une insurrection se tenta en Westphalie, autour de Cassel; mais il la maîtrisa aisément, il la réprima sans trop de rigueur, et put ensuite prendre sa part assignée dans les combinaisons de cette formidable campagne.

En 1812, Napoléon songea à tirer parti de son zèle, de son dévouement, et à mettre ses talents de chef à l'épreuve, en lui confiant le commandement de toute l'aile droite de la grande Armée qui allait franchir le Niémen. Après les premières opérations dans lesquelles un illustre historien de ce temps a reconnu que le jeune prince « n'avait commis aucune faute, » un conflit fâcheux s'éleva, sur lequel ce n'est ni le moment ni le lieu d'insister. Le jeune général en chef, qui ne l'était plus, crut qu'il y allait de son honneur de roi de se démettre. Le même point d'honneur qui fait faire de grandes choses interdit quelquefois d'y participer.

Et ici, franchissant les années pénibles, on n'a qu'à noter le bon sens avec lequel le roi Jérôme apprécia la situation que lui faisaient les événements de 1813 : « Roi par les victoires des Français, disait-il, je ne saurais l'être encore après leurs désastres. » Mais ce serait faire injure à sa mémoire que de louer la fidélité avec laquelle il s'exécuta, sans prêter un seul instant l'oreille aux fallacieuses promesses par lesquelles on essayait de le détacher. « Lorsque le tronc est à bas, disait-il encore, les branches meurent. »

Revenu à Paris, subordonné à des déterminations supérieures, aux regrets de n'avoir point combattu une dernière fois devant la capitale dans la journée du

30 mars, il quitta la France à la première Restauration. Il était à Trieste lorsqu'il apprit le retour de l'île d'Elbe : il se déroba aussitôt à la surveillance dont il était l'objet, s'échappa sur une frégate napolitaine et arriva à Paris à temps pour entrer en campagne. Sa conduite, en cette année 1815, pour être bien simple, n'en mérite que plus d'être appréciée. Savoir être roi est chose difficile; savoir ne plus l'être après l'avoir été est chose plus difficile encore. Le prince Jérôme, par droiture de cœur, y réussit. A son retour en 1815, ce n'était plus un roi, ce n'était qu'un frère de l'empereur, un soldat de la France. Lui qu'on avait pu trouver trop susceptible en 1812, il accepte le commandement d'une division d'infanterie dans le 2e corps commandé par le comte Reille, et qui lui-même est sous le commandement de Ney. Il fait son devoir dans les terribles journées des Quatre-Bras et de Waterloo; blessé, il continue de lutter; il se bat simplement, vaillamment, dans ce bois accidenté d'Hougoumont dont chaque arbre est pris et repris avec tant d'acharnement pendant tout le jour; le soir, il rejoint l'héroïque et désespéré Capitaine dans le carré de la vieille garde, où l'âme guerrière de la France s'est comme réfugiée; et il entend cette parole qui, en un tout autre moment, eût réjoui son cœur : « Mon frère, je vous ai connu trop tard. »

On n'a pas à suivre le prince Jérôme dans les longues années de la proscription et de l'exil. On n'y relèvera que ce qu'y remarquait Napoléon lui-même, c'est-à-dire l'amour qu'il avait inspiré à sa noble épouse, et dont elle lui donna des preuves par son dévouement absolu. Ce sont là des témoignages qui parlent assez. Un caractère cependant bien fait pour frapper encore dans le prince Jérôme exilé, était ce qu'on peut appeler le caractère napoléonien. Le prince était déchu ; il n'avait qu'un titre et un nom d'emprunt qui le masquait ; il n'avait plus de patrie fixe, et pourtant il avait confiance. Il ne savait ni quand ni comment sa race serait rétablie, mais il savait que tôt ou tard elle aurait son jour, et que la France la rappellerait : il en avait comme la tranquille certitude.

La Providence a accompli ses vœux et comblé sa destinée en le rendant témoin des grandes choses qu'il attendait, dont il était fier et auxquelles il a noblement assisté. Il les décorait par sa présence. On le sentait bien, et la France, qui s'était accoutumée à voir dans ce dernier frère de Napoléon un survivant permanent d'une autre époque, aimait à le savoir là toujours. Ses funérailles ont été un spectacle auguste et un deuil public ; elles resteront un souvenir national.

1861.

LES POËTES FRANÇAIS[1]

L'idée d'une Anthologie française, d'un choix à faire dans le champ si vaste de notre poésie, est heureuse. Ceux qui l'avaient eue jusqu'ici ne l'avaient que très-imparfaitement mise à exécution. Sans vouloir blâmer nos prédécesseurs, on doit dire à leur décharge que le moment d'un semblable recueil n'était pas venu : comment choisir dans les œuvres de nos anciens poëtes, quand la plupart étaient ignorés, quand les textes n'étaient point mis en lumière, quand la langue du moyen âge ne se comprenait qu'à peine et qu'elle passait pour tout à fait grossière ? L'histoire de notre poésie était contenue dans une vingtaine de vers de Boileau : On commençait à Villon comme au premier anneau de la chaîne ; après Marot on traversait rapidement le XVIe siècle, comme si l'on avait marché sur des char-

---

1. Cette Étude a paru en tête de la publication de M. Eugène Crépet, *Les Poëtes français, Recueil des chefs-d'œuvre de la Poésie française depuis les origines jusqu'à nos jours avec une notice littéraire sur chaque poëte.*

bons ardents, et l'on atteignait d'un bond au désiré Malherbe, comme au sauveur qui dispensait de toute autre recherche : une recherche par delà Malherbe, c'était un péril.

Dans le présent recueil notre poésie reprend son cours naturel historique, trop souvent brisé ; car elle a eu sa perte du Rhône ; elle l'a eue, par malheur, plus d'une fois et sans jamais en sortir tout entière. Quatre époques importantes font la matière et le sujet des quatre volumes que l'on publie, et dans lesquels tous les genres de poésie sont représentés, excepté la poésie dramatique. Le moyen âge, dans tout son développement, jusqu'au XVI° siècle où il expire, remplit le premier volume ; le deuxième s'ouvre par Ronsard, lequel est véritablement le poëte inaugurateur de la Renaissance classique, et celui qui consomma la rupture avec la tradition du moyen âge, en la remplaçant par la tradition savante. Malherbe ne vient qu'à son rang dans ce volume ; car, s'il opéra une réforme, ce fut Ronsard qui fit la révolution. Boileau, le législateur de la poésie française régulière, préside à la seconde moitié du XVII° siècle et à tout le XVIII°, qui essaye bien, il est vrai, de se révolter à diverses reprises contre lui : Boileau ouvre donc le troisième volume ; mais le quatrième, qui appartient en entier aux modernes, présente à son frontispice le nom de Lamartine, de qui date, en effet, le renouvellement de notre muse moderne, son affranchissement éclatant, et par qui la lyre française a pour la première fois trouvé des cordes nouvelles, inouïes, *inaudita prius...*

Ces quatre divisions qui avaient, comme on voit, leur raison dans la nature des choses, ont dû être traitées un peu diversement. Le moyen âge, dans sa première partie, avec ses œuvres souvent anonymes ou au moins d'un caractère impersonnel, demandait à être exposé, à être analysé simplement, nettement, à être enseigné dans son fond même, au moment où l'on en présentait la fleur; et c'est ce qu'a fait tout d'abord la plume docte et sûre de M. Moland. Ses exposés précis, lumineux, sont plus que des notices; ce sont d'excellents chapitres d'une histoire littéraire qui est encore toute neuve. D'autres avec lui, M. Anatole de Montaiglon pour le xv° siècle, M. d'Héricault pour l'entrée du xvi° et même pour des branches et des séries antérieures, se sont partagé ce riche domaine et y ont porté leurs vues, leur courant d'études dès longtemps accumulées.

Il s'est créé depuis une douzaine d'années une jeune école d'érudits laborieux, appliqués, ardents, enthousiastes, qui se sont mis à fouiller, à défricher tous les cantons de notre ancienne littérature, à en creuser tous les replis, à rentrer jusque dans les portions les plus explorées et censées les plus connues, pour en extraire les moindres filons non encore exploités. Cette jeune école de travailleurs, plus épris de l'étude et de l'honneur que du profit, s'était groupée autour de l'estimable éditeur M. Jannet, dont la Bibliothèque elzévirienne restera comme un monument de cet effort de régénération littéraire érudite. Quelque chose du souffle de l'antique Pléiade avait passé sur eux tous. De même qu'alors chacun, selon le mot du vieil Étienne Pasquier, avait sa maîtresse qu'il célébrait et magnifiait par ses vers, chacun ici avait son auteur qu'il épousait, qu'il poussait de son mieux et faisait valoir avec feu, avec science. C'était une ruche active où il n'y avait pas de reine, et où chaque abeille s'espaçait dans son rayon. Oh! qu'il y ait eu dans l'ensemble de l'œuvre, et par suite même de cette division à l'infini, bien des noms surfaits, des auteurs enflés et poussés trop haut, je le sais trop bien, et un critique qui est obligé, comme je l'ai été souvent, d'embrasser dans toute son étendue le cadre entier de notre littérature, sent plus vivement qu'un autre ces disproportions, qui choquent moins quand on prend chaque sujet isolément. Et toutefois, que de services rendus par ce concert et cette émulation de travaux, par cette mise en œuvre incessante, par ces résurrections imprévues! et comme, en fin de compte, toutes contradictions vidées, on se trouvait avoir plus gagné, plus appris qu'on ne l'eût jamais fait en s'en tenant au procédé négatif, répulsif et commodément paresseux de l'ancienne école, dite l'école du goût! — Non pas au moins que je veuille sacrifier une école à l'autre : mon désir et mon vœu serait de les associer et de les combiner.

J'ai parlé de ces jeunes travailleurs, qui pendant quelques années firent groupe, parce qu'on en retrouve un bon nombre ici. L'homme d'intelligence et de sympathie littéraire élevée, qui a conçu l'idée de cette Anthologie et qui en a dirigé l'exécution, a pensé qu'entre ces deux écueils, le trop d'unité ou l'extrême diversité, il y avait pour une œuvre de ce genre bien plus d'inconvénients d'un côté que de l'autre. On n'a donc pas craint, à mesure qu'on avançait dans les siècles plus à découvert, d'assembler un nombre plus grand d'explorateurs et d'amateurs. On est allé, pour la récolte et la vendange, chercher les plus entendus et les mieux préparés sur chaque production du pays, sur chaque cru; on a demandé à chacun ce qu'on savait à l'avance de son goût, ce qu'il préférait, au risque de le voir un peu se délecter et abonder dans son propre sens. Ainsi s'est étendue indéfiniment la prairie des Muses; on n'a rien tiré au cordeau; quelques herbes folles ont pu, comme dans un champ naturel, se mêler agréablement aux fleurs. Ce n'est point ici dans le jardin régulier de Le Nôtre qu'on se promène, ce n'est pas non plus dans un jardin dit anglais; ne prenons point hors de chez nous nos images : c'est dans le jardin français de nos pères, dans le libre et riant enclos du *Roman de la Rose*, avec ses détours sinueux, ses doubles haies et ses labyrinthes.

Je ne puis, après tant de collaborateurs autorisés et curieux qui ont tout dit, qui ont dit plus et même autrement que je n'aurais su trouver pour mon compte sur chaque sujet en particulier, je ne puis faire ici qu'une chose : présenter une vue générale et, en me tenant au point de vue du goût, qui doit se combiner avec le point de vue historique et non s'y confondre, indiquer les belles saisons, les bons siècles, les vraiment heureux moments de cette poésie française qui a si souvent brisé avec son passé, qui s'est si peu souvenue d'elle-même, et à qui il était bon d'offrir une fois ses titres au complet, pour lui rendre tout son orgueil et son courage.

Dans un grand concours des poésies européennes, si on le suppose ouvert depuis le moyen âge, quel serait, quel aurait été le rang de la Poésie française, tant dédaignée de quelques-uns de nos voisins? Sans nous faire juges nous-mêmes dans notre propre cause, il nous semble que, rien qu'à y regarder simplement, il est plus d'un siècle, souverain pour elle, où elle aurait eu incontestablement le prix, où elle aurait, d'un consentement unanime, gagné la couronne; et, lors même qu'elle est primée par de plus grandes et de plus hautes productions étrangères, elle a encore de quoi consoler et honorer sa défaite par bien des grâces qui sont à elle et à elle seule.

Le moyen âge, on le sait et on l'ose dire aujourd'hui, fut pour elle une grande époque; je le répète après tant d'autres, mais avec une conviction d'autant plus profonde que j'y ai été amené avec lenteur et presque à mon corps défendant. Chaque esprit a, pour ainsi dire, son climat natal; le mien était plutôt celui des époques civilisées, cultivées, dans le sens classique et de la Renaissance. J'ai dû me forcer un peu pour remonter plus haut et m'enfoncer dans des régions d'apparence inculte et âpre. Je continue sans doute de faire mes réserves, et je demeure récalcitrant ou, si l'on veut, classique sur quelques points; mais en lisant certaines Chansons de geste, en étant obligé par profession de les étudier, de les analyser et de les démontrer à d'autres, comment n'en pas venir à en apprécier la matière, à en admirer le jet et la séve? La *Chanson de Roland* d'abord, si grandiose dans sa rudesse, si héroïque de souffle, si impériale et nationale, si admirablement fraternelle dans l'union des deux amis, si sincèrement magnanime par elle-même, et à laquelle il n'a manqué qu'un digne metteur en œuvre, un meilleur Turold; le Roman de *Raoul de Cambrai*, que je place à côté, non pour l'imagination, mais pour le cachet historique sévère, franchement féodal, et pour l'intérêt sérieux du sujet. Il s'agit de l'effort qu'un jeune vassal et frère d'armes a à faire pour se détacher du seigneur envers qui il s'est lié, même quand ce seigneur est brutal, emporté, cruel, et qu'il veut mener son jeune vassal au pillage et à la guerre contre les proches parents de celui-ci. Quel cours de droit féodal nous en apprendrait davantage sur la sainteté du lien de vassal à seigneur-lige? Avec quelle peine, par quels degrés de déchirement douloureux le loyal jeune homme en vient, d'offense en offense, à se décider à rompre, jusqu'au duel final et vengeur auquel il est contraint! avec quel scrupule! et comme il est attentif à mettre jusqu'à la fin ses motifs d'excuse, ses raisons trop légitimes en pleine évidence, à avoir pour lui l'opinion et le cri public de ses anciens et de ses pairs! Au milieu de la grossièreté des mœurs, nous comprenons par là l'une des délicatesses de l'honneur féodal; nous en sentons les nuances, et nous mesurons la force du nœud mieux que nous ne l'aurions pu par toutes les définitions; nous saisissons aussi des accents de nature profonde et d'humanité : ces hommes à la rude écorce et au cœur de chêne avaient des fibres tendres et savaient pleurer. Quel dommage, s'écrie-t-on malgré soi au milieu de son hommage sincère, que la langue ici fasse défaut (j'en demande pardon à nos amis plus enthousiastes ou mieux édifiés)! Pourquoi faut-il que le texte, du moins, soit si sauvage, si mal digéré, et qu'un poëte définitif n'ait pas mis la dernière main à une si belle matière!

Il y a, entre autres, une mémorable scène, c'est quand Bernier, le loyal vassal, qui a retrouvé sa mère religieuse dans un couvent de ce même pays du Vermandois qu'on va ravager, est tout d'un coup surpris par l'incendie de l'abbaye, à laquelle Raoul, le fougueux baron, avait pourtant la veille accordé la paix; mais un incident survenu a retourné soudainement sa volonté aveugle et enflammé sa colère ; il a commandé qu'on mît le feu, et il a été trop bien obéi :

> Brûlent les cellules, s'effondrent les planchers ;
> Les vins s'épandent, s'enfoncent les celliers ;
> Les jambons brûlent et tombent les lardiers ;
> Le sain-doux fait le grand feu redoubler ;
> Il (le feu) s'attache aux tours et au maître-clocher ;
> Force est bien aux couvertures de trébucher ;
> Entre deux murs est si grand le brasier,
> Que toutes cent (les nonnains) brûlent écrasées ;
> Marcens y brûle, qui fut mère à Bernier,
> Et Clamados, la fille au duc Renier...
> De pitié pleurent les hardis chevaliers.
> Quand Bernier voit la chose si empirer,
> Tel deuil en a qu'il pense perdre le sens :
> Là on l'eût vu saisir son écu ;
> L'épée nue, (il) est venu au moutier ;
> A travers l'huis vit la flamme rayonner.
> De tant que peut un homme un dard lancer,
> Pas un ne peut vers le feu approcher.
> Bernier regarde tout près d'un pilier ;
> Là vit sa mère étendue et couchée,
> Sa tendre face étendue et couchée ;
> Sur sa poitrine vit brûler son psautier.

Et il s'écrie avec désespoir : *Il est trop tard! elle n'a plus besoin de secours :*

> Ah ! douce mère, vous me baisâtes hier
> En moi avez très-mauvais héritier,
> Je ne vous puis secourir ni aider, etc.

Nous qui sommes dès l'enfance accoutumés à admirer les grands incendies admirablement décrits, cet incendie de Troie et du palais de Priam qui se réfléchit aux flancs de l'Ida, aux flots de la mer de Sigée, et qui est comme un fanal éclairant glorieusement à nos yeux toutes les hauteurs de l'Antiquité classique :

. . . . Jam Deiphobi dedit ampla ruinam,
Volcano superante, domus; jam proximus ardet
Ucalegon; Sigea igni freta lata relucent;

mettons-y du nôtre, cette fois, puisqu'il s'agit des nôtres; soyons humains et indulgents; laissons-nous toucher par cet affreux incendie d'une abbaye en Vermandois. Il est décrit comme l'a pu faire le trouvère de Laon : grâce pour nos jambons et nos lardiers! Mais si l'on se reporte au fond de la situation, que de pathétique, que de passions et d'émotions naturelles en présence, dans ce déchirant spectacle! Cette mère qui avait obtenu merci, la veille, et promesse de sauvegarde pour son abbaye; ce serment violé; ce double sacrilége commis par un féroce baron sur des nonnes innocentes; ce fils pieux enchaîné par l'honneur à son seigneur indigne; approuvé, la veille encore, pour son effort de loyauté, par sa mère, et qui voit brûler cette mère qu'il vient seulement de retrouver, d'embrasser, — qui arrive trop tard pour la sauver, et qui, pour consommation dernière, voit *son psautier brûler sur sa poitrine;* image admirable et sainte! le livre de prières d'une mère! Si un Dante français avait décrit cette scène en une cinquantaine de vers, simples, énergiques, frappés, elle serait dans toutes les mémoires, et chacun saurait ce vers touchant :

Sur sa poitrine vit brûler son psautier.

Prenons du moins ce tableau comme il est, pareil aux

tableaux des plus anciens maîtres en peinture : il y manque le dessin ; il y manque la couleur, la perspective ; il y manque tout ce que vous voudrez : — il n'y manque pas *l'expression*, d'autant plus sensible qu'elle y est toute seule et plus naïve. Ce sont là des traits à retenir et à emporter avec nous de notre moyen âge épique.

La mort de Bègues ou Bégon, dans la Chanson des *Loherains*, est une grande scène de chevalerie première. Toute cette histoire suprême de Bégon, partant de son château, sur la marche de Gascogne, où lui, homme du Nord, il s'ennuie, et s'arrachant de sa belle et riante famille pour s'en aller mourir dans une forêt, près de Valenciennes, au pied d'un tremble, de la main d'un misérable archer, est d'une haute fierté et d'un effet des plus dramatiques. On a là un fort bel et fort distinct épisode de la vie féodale dans les premiers siècles : une scène de famille d'abord, dans le grand salon du château; un départ pour un lointain voyage, d'après un vague désir, sur une idée brute et simple de chasseur en quête d'un merveilleux exploit, d'un monstrueux sanglier; — une chasse en pleine forêt; une grande et noble figure de gentilhomme, de *franc* homme, séparé de sa suite, debout sous un arbre, le pied sur sa bête tuée, son cheval à ses côtés, ses chiens couchés devant lui, son cor d'ivoire au col, et là se défendant contre une bande de gens de rien enhardis par l'espoir du butin et d'une riche proie. Ce noble Lorrain, à la haute taille, au visage balafré et resté beau, au geste dominant, à la parole courtoise, est bien un ancêtre des illustres Guises, de celui qui à la veille d'être massacré, répondait aux donneurs d'avis : « On n'oserait! » Il y a là un tableau à faire, il y a un tableau tout fait, et le vieux trouvère, cette fois, a été peintre.

Mais le poëte n'est que passager. Le propre de ces vieux récits, en général, est de se dessiner comme de soi et de marcher indépendamment presque d'un guide, d'un ouvrier, d'un poëte. Les poëtes connus viendront dans l'âge suivant ; mais le plus souvent, au lieu de s'appliquer à de dignes et sévères sujets, ils s'amuseront alors à des inventions purement romanesques, aux romans dits d'*aventures*. Quand l'art ou la main-d'œuvre se perfectionne, on est déjà en décadence ou en déclin pour l'inspiration et le choix des sujets.

Lorsqu'aujourd'hui l'on repasse avec quelque attention sur ces anciens âges, sur cette verte époque première du XIIIe siècle, où la palme épique, si flétrie depuis et si morte, appartenait à la France, on se prend à regretter amèrement que cette séve vigoureuse ait été perdue, ait été comme non avenue, qu'elle n'ait eu en rien son effet et sa vertu de nutrition dans la végétation finale du grand arbre ! Car tout cela (il faut bien nous le dire) s'est perdu, s'est dissipé, s'est oublié, et il n'en est rien entré dans la formation définitive, je ne dis pas de la langue, mais certainement de la poésie française. Prenons les plus beaux rameaux de notre poésie classique depuis Malherbe ; rien, absolument rien n'y est passé, rien ne s'y reconnaît de cette verte séve qui tenait aux racines mêmes de la vieille France.

J'ai entendu regretter que lorsque cette poésie française rajeunissante essaya, vers les années 1820-1830, de remonter par delà Malherbe, de regarder à son passé, de se rattacher aux ancêtres et de ressaisir un souffle de la Renaissance ou du moyen âge, nos poëtes modernes aient négligé ces vieux monuments, et ne s'y soient pas directement inspirés et ralliés, au lieu de se borner à des poëtes du XVI° siècle, à Ronsard et à ses contemporains de la Pléiade, et de s'arrêter ainsi à mi-chemin, — au quart du chemin.

Jamais on n'a pensé à s'inspirer de Ronsard et de ses contemporains poëtes, mais seulement à leur emprunter quelques expressions heureuses, quelques couleurs neuves et fraîches, et des formes habiles de rhythme. Certes, si on les avait alors connues, il y aurait eu mieux à faire avec ces vieilles épopées. Il en sort un souffle parfois puissant, il y court une source d'âpre fraîcheur, et aussi elles renferment bien des traits saillants de vérité pittoresque, pris sur nature, des beautés éparses, franches, et dont un grand poëte s'attachant à peindre et à ressusciter le moyen âge eût fait son profit.

Par exemple, dans la *Chanson de Roland*, ces chevaux si las, si recrus le soir d'une bataille, qu'ils mangent l'herbe *couchés par terre et étendus*.

Dans *Raoul de Cambrai*, au commencement et le matin d'une bataille, ces barons qui chevauchent si serrés que, si l'on jetait un gant sur les heaumes, il ne tomberait pas à terre *d'une grande lieue*. « Sur les croupes des destriers gris de fer reposent les têtes de ceux qui suivent. » — Il faudrait voir dans l'*Iliade* (chant XVI, vers 212 et suivants) la manière, également admirable, dont Homère exprime la jointure serrée des rangs des guerriers ; et, dans la course des chars (*Iliade*, XXIII, 380), comment l'un des coureurs presse si fort son devancier, que les chevaux de l'un ont l'air à tout moment de monter dans le char de l'autre : « Et le dos et les larges épaules d'Eumèle sont toutes moites de l'haleine de ces coursiers, qui posent sur lui leur tête en volant. » La même réalité, rendue avec une vérité expresse, a donné les mêmes images.

Et dans l'épisode de la mort de Bégon, ces limiers fidèles qui s'acharnent éperdument au cadavre de leur maître, léchant ses plaies, brayant, hurlant et menant grand deuil ; ce qui fait dire aux assistants attendris : « Il faut que ce soit un bien gentil homme, puisque ses chiens l'aimaient tant ! »

Voilà de belles et sincères images, bien guerrières, bien féodales : il n'a manqué qu'un poëte pour les recueillir et les enchâsser dans un ferme tissu.

Et les traits moraux non plus ne manquent pas. Ainsi, dans la bouche de Bégon, qui, tout fort et redouté qu'il est en Gascogne, ne s'y sent pas chez lui, cette belle réponse à ceux qui lui vantent et lui énumèrent ses richesses :

> Le cœur d'un homme vaut tout l'or d'un pays.

Beau vers, belle pensée, qui a dû naître bien des fois au cœur d'un baron féodal isolé, gardien d'une marche, d'une frontière, investi d'un fief éloigné où il n'était pas avec des gens de sa race, où il se sentait dépaysé et sans racines; vers qui respire tout l'esprit de la féodalité, c'est-à-dire de la *féalité* au seigneur, du dévouement absolu, et qui exprime au vif la moralité cordiale de ces temps : c'est un vers *d'or*.

La matière épique y est donc, dans ces vieux poëmes, et très-abondante, à moitié brute, à moitié travaillée, mais des plus riches. On y marche sur de beaux endroits, sur des images de prix. Un poëte moderne, amoureux du moyen âge, aurait pu les encadrer comme l'eût fait Walter Scott, comme Gœthe l'a fait pour le *Roman de Renart*. Au lieu de se créer un moyen âge de fantaisie et presque tout d'imagination, on aurait pu, par une érudition précise combinée avec une vue d'imagination ferme et nette, sauver, ressaisir, reproduire et remettre en circulation bien des beautés caractéristiques, sobres et mâles.

On l'a tenté depuis, mais trop tard. Il est à jamais à regretter que la connaissance précise de nos vieux textes n'ait pas coïncidé avec le premier essor de notre poésie moderne refleurissante il y a trente-cinq ans. Car, je le répète, au lieu d'un moyen âge inventé, improvisé, et mi-parti de vision ou de système, on aurait eu un fond solide et des éléments poétiques vrais. Mais l'excuse est dans les dates mêmes : comment, de 1825 à 1830, les poëtes, même les plus doués de seconde vue, auraient-ils pu savoir et lire couramment ce que les érudits alors déchiffraient, épelaient à peine, et qui ne devait sortir que quelques années plus tard de la poussière des bibliothèques?

Le duel d'Olivier et de Roland dans l'île du Rhône est un autre admirable épisode, qu'il faut détacher d'un poëme (*Girard de Viane*) où manque l'art comme dans presque tous les poëmes de ce temps. L'épisode était fait pour tenter l'un de nos puissants poëtes romantiques, et, bien que tard, il y a eu rencontre sur ce point. On a vu là une autre espèce de duel en champ clos entre un glorieux moderne et l'ancien trouvère. C'est à ceux qui liront *le Duel d'Olivier et de Roland* dans ce recueil, et qui compareront avec *le Mariage de Roland* dans *la Légende des Siècles* à prononcer et à donner la palme. M'est-il permis de dire que je crois qu'après examen attentif personne n'hésitera? Et M. Victor Hugo lui-même, qui aime si sincèrement le moyen âge, et qui est habitué à être si souvent vainqueur dans l'arène lyrique, ne m'en voudra certainement pas si j'estime que, pour cette fois, sur le terrain d'une épopée limitée, l'avantage reste du côté du vieux trouvère sans renom, Bertrand de Bar-le-Duc, à qui échoit cet honneur insigne dans le concours ouvert à l'improviste après six cents ans. Quel astrologue lisant dans l'avenir aurait pu lui promettre une pareille chance?

C'était un si beau siècle et si fécond pour la poésie française que ce XIIIe siècle (car c'est en général au XIIIe qu'il faut se reporter, sans fixer d'ailleurs de date trop précise) qu'à côté et au-dessous de cette vaste et forte végétation épique, il y eut là, dans un tout autre genre, une moisson naturelle et non moins ample qui se produisit spontanément; il y eut une branche, — que dis-je? tout un verger riche et fertile, et qui ploie sous l'abondance des fruits, fruits de toute sorte, mais bien gaulois de séve et de saveur. Je veux parler des Fabliaux, qui ont eu assez longtemps le pas sur les grands poëmes primitifs dans la mémoire d'une postérité légère; poésie légère aussi et à l'avenant, qui n'en est pas une et qui est même le contraire de la poésie proprement dite, puisqu'elle est toute de bon sens, de gaieté, de moquerie, de gausserie, d'expérience pratique et de malice; poésie qui n'est plus du tout celle des grands et des nobles, des fiers Garin et des Bégon; où plus rien ne respire du génie des Francs d'Austrasie; de laquelle parlaient avec dédain les grands trouvères, les trouvères sérieux, et qui n'en était que plus populaire; tout à l'usage des vilains, des bourgeois, des marchands et des écoliers.

Mais admirez le hasard des choses et leur ironie!
tandis que les grands poëmes chevaleresques et les
nobles sujets qu'ils traitaient se sont perdus avec le
temps, ont été oubliés et n'ont laissé de souvenir que
ce qu'il en fallait pour être parodiés, tandis que la
grande et hautaine branche des Chansons de geste s'est
desséchée et a péri, la branche plus humble des Fabliaux, et plus voisine de terre, n'a cessé de verdoyer,
de bourgeonner et de fleurir; ces vieux récits n'ont cessé
de vivre, de se réciter, de se transmettre, et les auteurs
connus, qui ont eu l'honneur de nous les conserver en
les variant à leur guise, n'ont fait le plus souvent qu'hériter des inconnus qui leur en ont fourni la matière et
soufflé l'esprit. Un de nos maîtres[1] l'a dit : « Ce qui
était chez nous au moyen âge comme l'héritage commun de tout un peuple, est devenu (en passant surtout
chez les Italiens, chez Boccace et ses continuateurs) la
propriété de quelques noms restés célèbres. » Qu'importe? Il n'y a pas eu interruption. La Fontaine empruntait et reprenait à Boccace ce que Boccace, qui
était fils d'une Parisienne, avait emprunté à nos vieux
conteurs. Le conte, après avoir fait le voyage d'Italie,
repassait en France et n'en paraissait que meilleur; la
circulation ne cessait pas. Et, même sans sortir de chez
nous, du moyen âge à ce temps-ci, de Rutebeuf à Béranger, par Villon, Rabelais, Marguerite de Navarre,

---

1. M. J. Victor Le Clerc.

Bonaventure Des Périers, etc., la veine est visible et continue; la race gauloise est demeurée en ce sens fidèle à elle-même, — plus fidèle dans ces choses de la malice et du rire que dans la poésie élevée et généreuse.

Que si du XIIIe siècle nous passons à l'âge suivant, nous trouvons un déclin notable dans la poésie. L'avénement et le succès disproportionné du *Roman de la Rose*, quelque indulgence et quelque estime qu'on ait pour certains détails énergiques ou gracieux de cette œuvre bizarre, marquent une déviation, une fausse route, malheureusement décisive, dans le courant de l'imagination poétique. L'ingénieux et le concerté remplacent la verve naturelle et brisent la bonne veine en des milliers de petits canaux artificiels et de compartiments scolastiques. Mais au XIVe siècle on a, pour se consoler de ce faux triomphe allégorique, une autre allégorie bien supérieure, la vraie satire transparente, emblématique à peine et toute parlante, sous le couvert du *Roman de Renart*, dont les meilleures branches et les plus légères remontent au XIIIe siècle, mais dont l'entier accomplissement et le couronnement hardi appartiennent au siècle suivant. Il semble que dans le *Renart* on pourrait distinguer ce qui est d'avant et d'après Philippe-le-Bel. C'est pourtant au XIIIe siècle seulement, ce siècle de génie, de véritable et universelle invention, qu'il convient, ne l'oublions pas, de rapporter les plus jolies branches et rapsodies de cette libre épopée satirique, celles qui ont encore naïveté et grâce dans l'ironie, une sorte de candeur, et en qui ne percent pas trop outrageusement l'allégorie et la satire tout intentionnelle qui sera l'esprit du *Renart* final. Car le caractère du *Renart* finissant, comme celui du *Roman de la Rose* à sa conclusion, est le cynisme et l'impudeur. Tout est robuste au moyen âge; la corruption elle-même y est plus épaisse qu'ailleurs.

Quoi qu'il en soit de ces meilleures veines entremêlées et persistantes, et de quelques honorables exceptions qui retardent sur le siècle, telles que la *Chronique rimée de Du Guesclin* et *le Combat des Trente*, ce fragment épique du plus rude et du plus grand caractère, ce poëme d'honneur qui nous rappelle le ton de la *Chanson de Roland*, la décadence durant tout le xive siècle se continue et, qui pis est, elle s'ignore, elle s'applaudit, elle foisonne et se diversifie à plaisir en toute sorte de subtilités et de fausses gentillesses. L'imagination poétique française est prise désormais et enchevêtrée dans le réseau d'une logique étroite et pédantesque. De menus genres, d'un agrément fragile et bien vite épuisé, ne font qu'éparpiller la méthode et le goût compassé du *Roman de la Rose;* et un génie individuel, passionné ou tendre, ne vient pas y porter le correctif, y mettre son cachet à part, et les relever ou les consacrer. — Je prends Froissart : il semble que ce ne soit pas au sujet de Froissart qu'on doive exprimer un regret ; il avait en effet sa vocation expresse de chro-

niqueur pittoresque, et il l'a merveilleusement remplie.
Cependant je n'ai pu lire Froissart poëte sans éprouver
un regret, qui aura tout lieu de se renouveler quand
j'en serai un peu après à Alain Chartier, ou même à
Charles d'Orléans dans le xv° siècle : c'est que, de
même que dans le genre épique, narratif, sévère, loyal,
enflammé, nous n'avons pas eu notre Homère; — de
même que, pour le genre satirique sérieux, amer, élevé,
traversé de sublimes tendresses, nous n'avons pas eu un
Dante, un poëte qui correspondît à Dante pour le génie,
et qui gravât pour l'immortalité; — de même, dans le
genre tendre, amoureux, dans la poésie courte, légère,
élégiaque, nous n'avons pas eu un Passionné délicat et
accompli, qui ait produit, dans l'esprit de cette fin
ornée et perlée du moyen âge, de ces immortelles
chansons et ballades, telles que celles de Pétrarque.
Les mignardises de Froissart n'y répondent pas ; il a la
mélancolie joyeuse et flamande. Mais, encore une fois,
il faut prendre les dédommagements où on les trouve :
la poésie de Froissart est dans sa chronique, dans le
pittoresque qu'il y a déployé et où il excelle. Combien
de fois en France la plus grande poésie, à une époque
donnée, a-t-elle ainsi passé avec armes et bagages, et
à la rime près, du côté de la prose !

Eustache Morel, dit Deschamps, mort après 1403,
à plus de 90 ans, et qui fleurissait dans la seconde
moitié du xiv° siècle, poëte moral, didactique, gno-
mique, patriotique, est un de ceux qu'on a essayé de

faire valoir dans ces derniers temps. On a vu en lui
« le type, le représentant de la poésie bourgeoise et
nationale au xive siècle, comme Rutebeuf était le type
du poëte populaire et vagabond, du jongleur de talent
au xiiie. » On lui a prêté un peu plus de physionomie
qu'il n'en a eu peut-être, selon le spirituel et périlleux
conseil de M. Macaulay, qui est fort suivi aujourd'hui :
« Les meilleurs portraits, a dit ce grand peintre historique, sont peut-être ceux dans lesquels il y a un
léger mélange de charge... Quelque chose est perdu
pour l'exactitude, mais beaucoup est gagné pour
l'effet... Les lignes moins importantes sont négligées,
mais les grands traits caractéristiques s'impriment
pour toujours dans l'esprit. » C'est ainsi qu'on rac-
commode après des siècles et qu'on refait bien des
personnages. Au milieu de vers graves, moraux, un
peu ennuyeux, il y a, je le sais, de fort jolies choses
dans Eustache Deschamps, notamment un Virelai bien
gai et bien chantant : Eustache Deschamps n'a pas
toujours eu 90 ans en poésie. Pourtant, quand on l'a
beaucoup lu ou feuilleté, il faut convenir qu'il fait
désirer Villon.

Ce sont des orateurs et des moralistes plutôt que
des poëtes qu'Alain Chartier et Christine de Pisan.
L'esprit du règne de Charles V, réagissant en littérature et en poésie, avait créé toute une école ayant
son cachet à part de science, de prudence, d'enseignement et de conseil. Tous les auteurs qui se rattachent

à l'esprit du règne de Charles V, soit pour le célébrer, soit pour le regretter, sont des écrivains de sagesse et de restauration, des écrivains conservateurs. La vraie poésie n'a guère à faire avec eux.

Le xve siècle n'est pas à mépriser à tous égards pour la poésie. Si l'inévitable décadence, si la vieillesse du moyen âge se poursuit, elle est parfois bien ornée, et elle cache ses rides sous des fleurs. Comment ne prendrions-nous pas plaisir un moment au gracieux recueil de Charles d'Orléans, à ses vivacités de désir, à ses regrets d'une mélancolie encore riante, à ses plaintes doucement philosophiques? On noterait, sous cette forme gauloise de rondeau et dans plus d'un refrain heureux, quelques-uns des mêmes accents qui nous charment dans les odes épicuriennes d'Horace : charmant esprit que le sien, délicat, vif, naturel, léger, rendant avec fraîcheur toutes les impressions de jeunesse, de printemps, d'amour, de joie, — puis d'ennui, de déclin, d'hiver, de vieillesse! il mérite tous les éloges qu'on est accoutumé à lui donner depuis l'abbé Sallier, — moins celui de l'originalité. Il n'est que le plus gracieux et le plus parfait des menus trouvères de son temps, dans le goût à la mode.

Tout à côté, un autre prince poëte, le bon roi René, nous présente, dans l'exubérance et l'anachronisme déjà sensible de certains de ses goûts, une espèce de caricature amusante et toute débonnaire du moyen âge finissant. On le voit en rassembler avec passion et manie les richesses et déjà les reliques, si bien qu'on pourrait le définir avec exactitude le premier en date des antiquaires. Pour mesurer toute l'étendue de la chute depuis le haut moyen âge jusqu'au dernier tiers du XV° siècle, on n'a qu'à se rappeler le point de départ, cette noble figure du Lohérain Bégon le balafré, debout, adossé à son arbre et le pied sur son sanglier tué, entouré de ses chiens, défendant sa vie contre de misérables forestiers ; et, comme pendant, cet autre Lorrain manqué, le bon René, se promenant à Aix dans sa *cheminée* pour se réchauffer au soleil, — dans sa *cheminée*, c'est-à-dire sur un étroit parapet exposé au midi et abrité de tous les autres côtés (*aprici senes*). — Voilà le contraste, et il ne saurait être plus frappant, entre la force adulte et virile de ce puissant régime féodal et son extrême caducité et sénilité. Le roi René, c'est le moyen âge traduit déjà en opéra-comique.

Pour avoir affaire à ce qui vit, il faut en revenir à Villon. — Villon était-il un novateur ? innova-t-il dans la forme ? créa-t-il un genre de poésie ? a-t-il eu l'idée d'une réaction littéraire, comme nous dirions aujourd'hui ? Ce qui est certain, c'est qu'il possédait un talent original ; c'est qu'au milieu des polissonneries et des tours pendables où il se gaudissait et où il était maître, il avait l'étincelle sacrée. Quelques pièces de lui se liront toujours. Il a trouvé pour quelques-uns de ces regrets naturels qui reviennent sans cesse, sur la beauté évanouie, sur la fuite des ans, l'expression la meilleure et définitive, une expression vraie, charmante, légère, et qui chante à jamais au cœur et à l'oreille de celui qui l'a une fois entendue. Il a des éclairs de mélancolie, — rien que des éclairs, n'exagérons pas. La critique de nos jours a trouvé à s'évertuer sur Villon; en général, elle aime les auteurs à moitié obscurs, elle n'est pas fâchée d'avoir à pêcher en eau trouble. Les critiques, s'ils n'y prennent garde, sont de plus en plus portés à admirer dans un auteur moins encore ce qui y est que ce qu'ils y mettent. Ne mettons dans Villon rien de plus qu'il n'y a, et il y aura encore assez pour le maintenir à son rang. Trop loué et surtout loué à faux par Boileau, ce qui reste vrai, c'est que lorsque l'on remonte à la poésie du moyen âge (non pas lorsqu'on en descend en la prenant dès l'origine, mais lorsqu'on y remonte degré par degré), Villon est l'anneau le plus lointain auquel les modernes trouvent à se rattacher un peu commodément. L'abbé Sallier, au XVIII° siècle, en découvrant Charles d'Orléans, en remettant en lumière les poésies de ce prince poëte, essaya de le substituer à Villon et de le porter au trône de la poésie du XV° siècle. Cette opinion avait fait du chemin depuis; mais je crois qu'elle ne résiste pas à l'examen et que Villon gardera son rang, qui est le premier.

Pour tenir tête à Villon, Charles d'Orléans a un premier défaut : il est trop clair, et il n'y a pas moyen de lui prêter plus qu'il n'a. Et puis (à parler sans épigramme) Charles d'Orléans nous offre en effet, à travers son onde cristalline, les plus jolis poissons à écailles d'argent, mais c'est dans un bassin ou dans un bocal. Villon est une source franche, épaisse, abondante, très-boueuse, mais poissonneuse et fertile.

On n'a pas eu, dans ce recueil, à s'occuper du théâtre et de la poésie dramatique, sans quoi c'eût été, au XVᵉ siècle, la branche de poésie à laquelle il eût fallu le plus emprunter. Le XVᵉ siècle est le triomphe du Mystère et de la Farce, et il y a des chefs-d'œuvre dans ce dernier genre. On veut faire, je le sais, de la farce de *Patelin* quelque chose de beaucoup plus ancien ; mais c'est au XVᵉ siècle que la représentation de *Patelin* a dû devenir fréquente et populaire. De Villon à *Patelin* il n'y a que la main, comme on dit ; on sent qu'on a affaire à des poëtes qui exploitent un même fonds de friponnerie et de gaieté. *Le Franc-Archer de Bagnolet,* une autre perle de ces petits théâtres, une parade très-spirituelle à un seul personnage, a été attribué à Villon.

Après Villon, la poésie française, engagée dans de fausses voies, reprend et poursuit son train de laborieuse décadence. Les formes compliquées de cette poésie mènent très-vite à une sorte de grimoire. Les savants critiques qui ont essayé de frayer un sentier et de tracer une voie dans la presse des détestables rimeurs et rhétoriqueurs qui encombrent la fin du XVᵉ siècle ont bien du mérite, et il ne faut pas moins que leur autorité pour que je me sente la force de les y suivre. Pour moi, je l'avoue, je me sauve de ce mauvais pas (fin du XV® siècle) dès que je le puis, et à travers ronces et broussailles, j'arrive tant bien que mal à Marot ; trop heureux d'atteindre enfin un lieu de repos et de plaisance où je respire.

Ce serait être injuste cependant que de ne pas reconnaître dans le règne de Louis XII une saison propice de malice gauloise enhardie et de satire politique assez piquante. Tout en concevant le dédain qu'auront tout à l'heure les hommes de la Renaissance, et nourris des pures grâces d'Aristophane, pour cette poésie domestique de coin du feu et de cuisine, poésie de ménage et digne du voisinage des Halles, nous ne devons pas le partager. Gringoire notamment, aux beaux jours de sa jeunesse, paraît avoir été un très-spirituel vaudevilliste, et dans un temps où le genre était neuf et supposait plus d'invention qu'aujourd'hui.

En lisant les vers de Marot, on a pour la première fois, ce me semble, le sentiment bien vif et bien net qu'on est sorti des amphigouris de la vieille langue, si mal employée par les derniers rimeurs, qu'on est sorti des broussailles gauloises ; nous sommes en France, en terre et en langue françaises, et en plein esprit français, non plus rustique, non plus écolier, non plus bourgeois, mais de Cour et de bonne compagnie. La bonne compagnie est née avec Marot, François Ier et sa sœur Marguerite, avec la Renaissance ; il y aura encore bien à faire pour la perfectionner, mais elle existe et ne cessera plus. C'est bien de François I*er*, de l'avénement du jeune roi vainqueur à Marignan, que date chez nous la vraie Renaissance, cette espèce d'aurore soudaine qui se leva sur les esprits et les intelligences, sur le goût public. Des nuages arrivèrent bien vite et s'amassèrent pour gâter la suite d'un si beau matin ; mais, à travers tout, il en paraît de loin de beaux rayons encore, et nulle part ce premier jet d'une lumière nette et vive n'est plus sensible que dans les poésies de l'aimable Clément. Poëte d'esprit plutôt que de génie et de grand talent, mais tout plein de grâce et de gentillesse, qui n'a point la passion, mais qui n'est pas dénué de sensibilité, il a des manières à lui de conter et de dire, il a le *tour* ; c'est déjà l'homme aimable, l'honnête homme obligé de plaire et d'amuser, et qui s'en acquitte d'un air dégagé, tout à fait galamment. Qu'on relise ses deux ou trois charmantes Épîtres, il n'y a pas d'ode, d'épopée, de grands et sublimes vers qui puissent empêcher cela d'être agréable et joli, et de plaire à des Français. Aussi c'est un point lumineux, c'est un renouveau dans notre poésie que l'heure où parut Marot. Il y eut groupe, il y eut action et influence visible autour de lui, et il brille dans le cercle de la royale et indulgente Marguerite, au milieu d'émules et de disciples qui lui ressemblent, les Bonaventure Des Périers, les Brodeau.

Ce qui manquait à Marot et à sa gentille école, c'est

la force, la vigueur, la couleur, l'élévation, la grande imagination. Le *Roman de la Rose*, je l'ai dit, avait jeté l'esprit français dans une route de traverse, où il était empêché depuis près de deux siècles. Cet esprit poétique s'était embarrassé, de gaieté de cœur et jusqu'à épuisement, dans une forme artificielle, dans un labyrinthe de subtilités d'où il avait toutes les peines du monde à se tirer, et d'où il ne se tirait même pas, s'il n'avait reçu un *heurt* violent et un vigoureux coup de coude venu d'ailleurs. Malgré l'épuration sensible qui s'était faite dans la poésie française depuis Marot, et l'aisance aimable qu'il y avait introduite, on n'était point encore sorti de la fausse voie qui avait ramené notre langue à une sorte d'enfance, à une puérilité laborieuse. Pour remettre les choses de l'esprit, dans notre idiome vulgaire, en digne et haute posture, il était besoin d'un sursaut, d'un assaut, d'un coup de main vaillant dont Marot et ses amis n'étaient pas capables, d'un coup de collier vigoureux; car c'est ainsi que j'envisage, c'est par ces termes expressifs que j'aime à caractériser la Poétique de Du Bellay et de Ronsard, Poétique toute de circonstance, mais qui fut d'une extrême utilité. La littérature et la poésie française avait perdu la voie haute et directe du moyen âge; elle avait donné à gauche dans un labyrinthe et un fouillis scolastique; il fallait une grande machine un peu artificielle pour la remettre dans une large voie classique régulière, pour la reporter *en masse* dans une carrière pleine et ouverte, qui pût avoir une bonne issue.

C'est à ce point de vue qu'il convient, pour être juste, de considérer l'œuvre de Ronsard et de ses principaux amis. M. Guizot a très-bien dit, et au sujet même de ce généreux poëte si méprisé par Malherbe : « Les hommes qui font les Révolutions sont toujours méprisés par ceux qui en profitent. » Il fut très-aisé ensuite, à ceux qui rabattirent de l'effort premier de Ronsard, de faire fi de lui et de lui reprocher la violence même de cet effort devenu, après lui et grâce à lui, inutile.

Au lendemain de Marot et dans le court intervalle qui le sépare de Ronsard et de Du Bellay, une nouvelle décadence d'école (car les écoles se succèdent vite en France) se faisait déjà sentir. Il se tentait de rudes efforts incomplets, insuffisants, de la part de Maurice Sève, et dans la petite et docte école de Lyon, pour atteindre aux parties élevées de la poésie : on avait perdu les qualités premières sans acquérir, pour cela, les autres. Louise Labé ne triomphait de ces duretés de ses maîtres et modèles que par deux ou trois éclairs d'une admirable flamme.

Ronsard et Du Bellay firent donc ce qui était à faire, et virent où il fallait planter le drapeau. On peut, entre le programme tracé au début par Du Bellay et le résultat final, entre ce qui a été promis et ce qui a été tenu, établir une balance très-inégale et se prévaloir de la différence ; il n'en est pas moins vrai que des qualités essentielles et neuves furent conférées à la langue poétique; de beaux et charmants exemples furent donnés. Ce qui est le plus à priser de Ronsard et de Du Bellay, c'est surtout ce que j'appelle leur seconde manière. Du Bellay, dans son séjour à Rome, et déjà découragé, a fait d'excellentes et de savoureuses poésies; Ronsard déjà lassé, et sur une corde un peu détendue, a trouvé ses meilleurs accents; il a composé après 1555 mainte pièce qui échappe presque entièrement à tous les reproches que l'on continue de lui adresser et qu'il ne mérita qu'à ses débuts. Et même vieux et cassé avant l'âge, il ne cessa d'avoir, jusqu'au bout, de ces retours et de ses assauts de verve qu'il a rendus avec feu.

Le dernier mot sur Ronsard a été dit, et par ceux mêmes qui l'appréciaient encore d'assez près. « Ce n'est pas un poëte bien entier, c'est le commencement et la matière d'un poëte, » a dit Balzac. — « Ce n'est qu'un maçon de poésie; il n'en fut jamais architecte, » a dit Chapelain. — « Il n'avait pas tort, a dit Fénelon, de tenter quelque voie nouvelle pour enrichir notre langue, pour enhardir notre poésie et pour dénouer notre versification naissante. » Son tort, ce fut de tenter trop de choses d'un seul coup : « on ne doit pas faire deux pas à la fois. » Mais, tout cela dit et accordé, que de beaux et bons endroits, quel riche fonds d'expressions et même de pensées pour quiconque aime à se renouveler dans les vieilles lectures! Pellisson, qui s'était mis un jour à la relire, disait qu'il ne s'en était point repenti, « y ayant trouvé, ajoutait-il, une infinité de choses qui valent bien mieux, à mon avis, que *la politesse stérile et rampante* de ceux qui sont venus depuis. » Ronsard et ses amis ont droit en particulier à notre reconnaissance, à nous qui avons tenté une œuvre qui n'était pas sans quelque rapport avec la leur, et on ne dépassera pas d'un mot la stricte vérité lorsqu'on dira :

« En échouant manifestement sur bien des points, ils avaient réussi sur d'autres, beaucoup plus qu'on n'a daigné s'en souvenir et le reconnaître depuis. Traducteurs libres et imitateurs des Anciens (car ce fut leur principale fonction), ils n'ont pas été surpassés dans quelques parties de cette œuvre; ils avaient *trempé* la langue poétique, en avaient *coloré* la diction, en avaient *assoupli* la marche, relevé le ton et multiplié les développements. Il est à déplorer que ces qualités acquises et conquises par tant d'efforts n'aient pu se transmettre insensiblement par voie de tradition et d'hérédité, qu'il y ait eu bientôt après perte, interruption, ruine, et qu'il ait fallu bien plus tard, de nos jours, un autre effort et une exhumation tout artificielle pour les retrouver et y revenir en étendant la main par-dessus deux siècles. »

Cependant l'école de Ronsard avait fait son temps, avait suivi et accompli son cours; elle avait eu très-vite ses trois saisons, et après Des Portes, avec Bertaut et Du Perron, elle finissait par s'allanguir. Des Portes a, en effet, du Quinault pour la tendresse et la mollesse des accents ; il est à la fois le Racine et le Quinault de cette école si hâtive de Ronsard. Les guerres civiles survenant avaient coupé encore une fois le train des choses et mis la tradition en défaut. Une nouvelle impulsion se faisait attendre, lorsque Malherbe parut. Je crois qu'un Malherbe était nécessaire, quoique Régnier s'en soit très-bien passé ; je crois qu'il était urgent qu'un nouveau chef d'école redonnât un coup d'archet décisif, et marquât sévèrement la mesure. Il n'en est pas moins à regretter que l'élément négatif, répulsif du passé, soit entré pour une si grande part dans la disposition du réformateur. En France, le procédé invariable de chaque école poétique à son début est de rompre net avec celle qui précède, de réagir contre et de n'en pas vouloir hériter.

Régnier, au reste (et on ne l'en saurait louer), fut aussi négatif de l'avenir que Malherbe l'était du passé. Neveu de Des Portes, il se croyait de son école et de celle de Ronsard : il était surtout de la famille de Rabelais, de Villon et des bons vieux Gaulois, — de cette famille modifiée toutefois et fortifiée par le régime et la nourriture de Ronsard. Grâce à ces qualités complexes et naturelles, Régnier nous représente l'un des moments, une *époque* de notre poésie. Omettre Régnier ou ne le nommer qu'en courant, ce serait négliger une des formes les plus pleines et les plus essentielles de notre langue poétique. De nos jours, la réaction anticlassique l'a porté très-haut; il a profité de tout ce que, dans un temps, on a prétendu retirer à Boileau et aux réguliers. S'étant mis en opposition déclarée avec Malherbe, et s'étant fait le défenseur des vieux poëtes, il est devenu le premier nom auquel s'est rattaché volontiers le mouvement moderne quand on est allé rechercher ces vieux chefs par-dessus la tête de Malherbe.

Il ne faut rien s'exagérer. Toutes les satires de Régnier sont bien loin d'être égales en mérite, en intérêt. Il y a de la rondeur, de bons vers (oh! des vers charmants), de bonnes tirades, une veine riche, une séve courante, mais aussi bien des solutions de continuité, bien des inégalités, bien des troubles de diction; après quelque chose de neuf et de vif, il rentre tout à coup dans le lieu commun, dans la copie des Anciens; il divague. Deux de ses satires, pour nous, se détachent entre toutes : l'une littéraire, l'autre morale; la satire contre Malherbe et celle de *Macette*. La satire toute littéraire à l'adresse de Malherbe est excellente, non en totalité, mais dans toute sa partie critique. Sachons pourtant qu'en parlant si plaisamment de Malherbe et en traçant le portrait du poëte-grammairien auquel il oppose celui d'un libre et naïf génie, c'est-à-dire le sien propre, Régnier jugeait bien plus son adversaire d'après ses propos que sur ses écrits et ses œuvres mêmes. Malherbe avait très-peu publié du vivant de

Régnier. Celui-ci n'a pas vécu assez pour connaître le vrai, le grand et royal Malherbe, pour assister à son entier développement et à son triomphe. Hélas! il faut tout dire : tandis que, Régnier mourait de débauche à moins de quarante ans, Malherbe, lui, ne cessait de grandir, de mûrir, de rajeunir jusqu'à l'âge de soixante-douze ans, alors que, terminant une de ses plus belles odes, il pouvait s'écrier dans un juste orgueil :

> Je suis vaincu du Temps, je cède à ses outrages :
> Mon esprit seulement, exempt de sa rigueur,
> A de quoi témoigner, en ses derniers ouvrages,
> Sa première vigueur.
>
> Les puissantes faveurs dont Parnasse m'honore
> Non loin de mon berceau commencèrent leur cours ;
> Je les possédai jeune, et les possède encore
> A la fin de mes jours.

Voilà ce qui est à opposer au portait si séduisant, si chaud de verve, et si charmant de nonchaloir, que Régnier a tracé de lui-même. Pour nous, ne sacrifions ni Malherbe à Régnier, ni Régnier à Malherbe. Régnier, vis-à-vis de Malherbe, n'a rien perdu, mais il ne gagne pas tout. Ce sont deux théories, deux tempéraments en présence : d'une part, la théorie de la veine libre et du premier jet, du laisser-aller, de la verve pure et simple quand elle vient et comme elle vient (Régnier ou Alfred de Musset) ; et d'autre part, celle de la verve contenue, élaborée, resserrée et fortifiée par l'art (Malherbe ou André Chénier). Selon Malherbe, il ne suffit pas de cueillir à pleines mains et de ramasser dans un pré de belles fleurs, il faut savoir encore les *tresser*.

Mais dans la satire de *Macette*, contre la Dévote hypocrite, Régnier a fait un chef-d'œuvre. Cette pièce, admirable d'un bout à l'autre, prouve tout ce qu'avec du travail et une conduite meilleure de son talent il aurait pu être, et le rang qu'il pouvait tenir entre les plus mâles génies. Tout coup porte; ce sont à tout moment des vers nés proverbes, et qui, s'ils ne l'étaient déjà, le sont aussitôt devenus; le texte en est semé. Il y coule une verve ardente, généreuse, une verve sans fin. Le poëte a atteint la plénitude de son style. C'est tout à fait le ton de Molière avec plus de pureté, et sans rien de ces étrangetés qui nous déroutent ailleurs chez Régnier et nous font perdre la trace. C'est son *Tartufe*, à lui, et son *École des Femmes* à la fois. On a par là l'idée de tout ce que Régnier aurait pu faire. C'est le meilleur exemple de cette poésie de pure race, franche du collier, gauloise de suc et de séve, qui s'est trop perdue. Rien n'est plus propre à nous faire comprendre ce qu'aurait été la poésie française, si elle avait su échapper au trop de politesse du XVIIe siècle, et si, avant de tant chercher à se clarifier au risque de s'affaiblir, elle avait pu arriver, dans un tel génie, ou dans des génies tournés vers d'autres genres, à son entière maturité.

Régnier, pas plus que d'autres génies nés gaulois,

n'était incapable de tendresse, bien qu'il n'y ait pas abondé habituellement; mais, comme Villon, il a eu des accents rares et sentis, ses éclairs de mélancolie d'autant plus à remarquer et plus touchants: ainsi dans ces Stances qui ont pour refrain ce vers plaintif retourné et modulé sur tous les tons:

> Hélas! répondez moi, qu'est-elle devenue?

C'est singulier à dire d'un poëte aussi libertin que l'était Régnier; mais dans l'accent ému et pénétré de ces Stances, il y a de l'Orphée qui a perdu son Eurydice.

Je m'arrête, n'ayant voulu que louer Régnier de ses fiertés de style, de ses aimables nonchalances, de tous ses dons heureux, sans faire de son éloge une injure à Malherbe. Regrettons ces séparations de beaux génies, ne les aggravons pas! Concilions-les du moins dans notre critique ouverte, équitable, nous gardant de les imiter dans leur mutuelle injustice, et de rendre, à notre tour, la pareille au rigoureux Malherbe pour s'être donné le tort de rebuter une telle poésie et de s'aliéner un tel *compère!*

Ce regret exprimé, nous n'avons plus qu'à suivre: Malherbe et ses disciples immédiats, Racan, Maynard, tous deux élevés dans la crainte du maître, et par lui initiés à tout leur talent, forment un groupe bien complet en soi, et introduisent un bien beau moment, le plus classique dans le passé, pour notre poésie lyrique. Quelques-unes de leurs odes, en très-petit nombre, il est vrai, mais exquises en qualité, nous offrent réunies toutes les conditions de la muse lyrique modérée, harmonie, douceur, élégance, maturité, la perfection enfin.

Ces deux rivaux d'Horace, héritiers de sa lyre,

a dit La Fontaine, parlant de Malherbe et de Racan ; il l'aurait pu dire également de Maynard, à moins qu'on n'aime mieux croire que Maynard a eu cet insigne bonheur de faire une ode et quelques stances plus fortes que son talent.

Il n'y a que des instants dans la poésie. Le bel esprit et le faux goût des salons régnants avaient dès longtemps corrompu cette veine unique et si heureuse, quand le règne de Louis XIV s'inaugura. D'autres genres plus amples, plus majestueux, plus sévères, occupèrent la scène et éclipsèrent cette poésie qui va s'inspirer plus librement à l'écart, au gré de la fantaisie et du rêve. Ce n'est point en présence des grands monuments de l'art qu'on s'amuse à se baisser pour cueillir des fleurs. Ceux pourtant à qui la grâce est surtout chère et paraît *plus belle encore que la beauté*, ne sauraient se plaindre du trop de grandeur et de pompe de ce règne auguste, quand ils ont La Fontaine pour faire toute la semaine, s'ils le veulent, l'école buissonnière, et Racine pour maître de chant, aux jours solennels, avec les chœurs d'*Esther* et d'*Athalie*.

Après Louis XIV les monuments cessent; nous recommençons à errer et à butiner. — La polémique qui s'est élevée, il y a plus de trente ans, au sujet de Jean-Baptiste Rousseau, de celui que des classiques de seconde main s'obstinaient à nommer *le grand Lyrique*, est dès longtemps épuisée; il est facile aujourd'hui d'être juste et de ne lui dénier aucun de ses mérites. Il était assurément un bon, un habile ouvrier lyrique; il a de belles strophes, des parties d'éclat et d'harmonie, il a du talent; mais tout cela sonne creux et sent le plaqué. Par je ne sais quel secret défaut de l'imagination ou du cœur, il nous laisse froids, même là où il a le mieux réussi. Il a parfois le labeur heureux; mais il ne charme pas, il ne ravit jamais. Il est des poëtes dont la personne achève les œuvres inégales et incomplètes; la personne de Rousseau réfutait et contrariait plutôt les siennes en ce qu'elles ont de noble et d'élevé. Triste, ingrat, jaloux, même vénéneux, on ne trouvait rien en lui qui répondît à l'enthousiasme factice dont il animait quelques-unes de ses élucubrations lyriques. Villon, Marot, Ronsard, Malherbe, ont tous eu une grande action personnelle, et dans le sens de leur poésie; Rousseau n'en a eu aucune, et, sans son exil, il l'aurait eue plutôt en sens inverse.

C'était le contraire pour Voltaire, le seul vrai, le seul grand poëte du XVIIIe siècle. Son imagination est toujours présente. Chez Voltaire, les œuvres font défaut souvent; mais tant que la personne est là, là aussi est le poëte. Il l'est dans tout ce qui vient de source et qui sort involontairement de sa plume, pièces légères, satires, boutades, débuts de chants, vers saillants nés proverbes, qui lui échappent en tout sujet, et qui courent le monde. Il l'est, poëte, dans la conversation, par le jet petillant de l'esprit, par l'étincelle perpétuelle, par le tour vif et charmant qu'il donne à toute chose. Mais quand il n'est pas soutenu par ce jet immédiat, dès qu'il compose, il faiblit ; le style fait défaut ; dans l'épopée et dans la tragédie, il s'est contenté de ce qui suffisait à son temps, c'est-à-dire à la moins poétique des époques.

Ce XVIIIe siècle, si spirituel en effet, et malgré une ou deux rares exceptions, pèche tout à fait par le style en poésie : en général, il ne s'en doute pas. Un petit exemple, entre beaucoup d'autres, m'a frappé et me servira à rendre ma pensée. La jolie épigramme ou élégie de Claudien, *le Vieillard à Vérone*, a été imitée par quatre poëtes, à quatre moments de la langue : par Mellin de Saint-Gelais, par Ronsard, par Racan, et enfin par le chevalier de Boufflers. Examinez et comparez ; vous avez tout un concours. Chez Mellin de Saint-Gelais, c'est à la fois délayé et rude ; il n'y a guère qu'un ou deux bons vers ; le traducteur ne lutte pas d'expression, il n'essaye pas ; sa langue n'est pas faite, son instrument n'est pas sûr ; l'art est absent ; il ne fait, en quelque sorte, que *dégrossir* son Ancien. Chez Ronsard, on sent du mieux ; il suit son texte de plus près, il serait de force à lutter, et il l'a fait avantageusement ailleurs; mais cette fois, tout considéré, il n'a que médiocrement réussi. Celui qui réussit, c'est Racan, qui développe et déploie l'épigramme ancienne, et en fait tout un tableau étendu, équivalent ou supérieur, avec une touche aisée d'originalité et comme une large teinte de soleil couchant répandue sur l'ensemble. Que si, après cela, on passe à Boufflers, à cet abbé-chevalier, qui était en son temps un auteur de vers à la mode, comme Mellin de Saint-Gelais l'était dans le sien, on croit revenir en arrière, ou plutôt on se sent déjà en décadence. Lisez, si vous êtes curieux. Voici le début:

> Heureux qui dans son champ, demeurant à l'écart,
> Sans crainte, sans désirs, sans éclat, sans envie,
> *Dans l'uniformité* passa toute sa vie,
> Et que le même toit vit enfant et vieillard.

> Jadis il a *bondi* sur ce même rivage,
> Où son corps *épuisé* se *repose* aujourd'hui ;
> Il *folâtrait* dans son jeune âge
> *Sur* ce même bâton qui devient son appui...

Est-ce assez prosaïque et sec? Est-ce assez inexact de ton? Les expressions ne correspondent pas entre elles; l'analogie est violée; on ne *folâtre* pas *sur un bâton*. il faudrait *chevauchait, cavalcadait*. A Mellin de Saint-Gelais, il semble qu'il n'y avait pas encore de style poétique d'un tissu ferme et suivi; et, à Boufflers, il semble qu'il n'y en a plus. — Je sais qu'à côté de

Boufflers on m'opposera le gracieux, l'élégant Parny, réputé racinien en son temps dans l'élégie amoureuse ; mais, de ma remarque, l'essentiel et le principal restent vrais.

Au XVIIIe siècle, il n'y a de tout à fait poëte que Voltaire dans la poésie railleuse et légère, et ensuite André Chénier dans la poésie sérieuse et renouvelée.

Il serait trop aisé de louer les modernes devant les modernes, et je n'en ferai rien. On aura d'ailleurs, dans ce recueil, assez de preuves de la richesse de la dernière Flore française ; les plus grands noms, les plus connus, ont été ceux qu'on a le moins mis à contribution ; c'est dans les autres, chez les seconds (*poetæ minores*), qu'on a le plus abondamment puisé. Rien ne montre mieux à quel point le mouvement poétique du XIXe siècle a été général, spontané, fécond ; toutes natures, aussitôt averties, ont donné ce qui était en elles. Quelques-uns des critiques qui ont travaillé au choix, et qui en ont pris l'occasion de juger, sont poëtes eux-mêmes : on a ainsi une image des théories et des œuvres à la fois. On a cru pouvoir laisser chacun aller assez librement à sa sympathie, à sa prédilection : en telle matière un peu de fantaisie ne messied pas. L'amour de la poésie et de tout ce qui a la flamme, la haine du prosaïsme et de tout ce qui est commun, ont paru le meilleur des liens et donner au livre une suffisante unité. Voilà donc la récolte faite ; les greniers sont pleins ; les vergers sont dépouillés ; glaneurs et moissonneurs sont assis à regarder, comme sur la fin d'une journée de labeur. Jouissons tous ensemble de la saison passée, mais que ce soit encore pour en tirer bon conseil, et en vue de la saison à venir.

Poésie du XIXe siècle qui fus l'espérance et l'orgueil de notre jeunesse, qui fus notre plus chère ambition aux heures brillantes, qui depuis as fait bien souvent notre soin, notre sollicitude, notre tristesse même et notre mécompte, nous n'avons pas en définitive à rougir de toi ! Ce ne sont pas seulement les plus grands qui ont excellé dans quelques-unes de tes parties les plus hautes et les plus heureusement renouvelées, ce sont des poëtes moindres, mais poëtes encore par le cœur, par la fantaisie, par l'art, par une vocation sincère ! Que de fleurs on verra ici, moissonnées ou glanées dans ce riche domaine de récente et dernière culture, et par la main de ceux même qui en ont quelquefois fait naître ! Mais le danger, depuis quelques années, est celui-ci : les maîtres ont fait des disciples, ne nous en plaignons pas, mais les disciples sont nés trop au hasard. Tous ont voulu toute chose ; nul n'a douté de rien. Il en est résulté que les novices et les inexperts se mettant à l'œuvre sans se douter de la difficulté de l'art, toutes les manières ont été imitées presque à la fois et bien souvent confondues. Les distinctions délicates, mais essentielles, qui séparent les genres, qui limitent et déterminent les styles, ont été méconnues et mêlées. Les fils les plus divers ont été brouillés dans une même trame. Le prosaïque, avec son amalgame, est ainsi rentré dans la poésie. Ce style poétique si éclatant, si savant naguère, si ferme aux bons endroits sous la main des jeunes maîtres, s'est trouvé compromis de nouveau et remis en question, au moment même où il venait d'être reformé et recréé. La tradition, même si courte, a déjà fait défaut. J'ai souvent regretté qu'une Poétique large et moderne, tenant compte de tout dans le passé, ne définissant que ce qui est possible et laissant le reste au génie, ne fût pas venue à temps consacrer quelques préceptes, poser quelques interdictions, rappeler les vrais et immortels exemples. Et ce qui vaudrait mieux que toutes les Poétiques, ce serait un exemple nouveau et vivant. La Nature seule peut créer le génie : à celui qui doit venir et en qui nous avons espérance, nous dirions : « Il n'y a plus de théories factices, de défenses étroites et convenues ; le champ entier de la langue et de la poésie est ouvert devant vous, depuis l'âpre simplicité des premiers trouvères jusqu'à l'habile hardiesse des plus modernes, depuis la *Chanson de Roland* jusqu'à Musset : langue de Villon, langue de Ronsard, langue de Régnier, langue de Voltaire, quand il est en verve, langue de Chénier (je ne parle pas des vivants), tout cela est votre bien, votre instrument ; le clavier est immense. Couleur, vérité, expression, elle est partout où vous la voudrez prendre. Votre palette est la plus riche, la plus diverse, la plus variée ; vous n'avez qu'à puiser au gré de vos inspirations, suivant votre habileté et votre audace ; mais vous ne confondrez rien, vous unirez tout ; vous fondrez tout à la flamme de votre génie ; vous remettrez chaque chose à son point dans la trame du bel art, ô grand poëte qui naîtrez ! »

2 février 1862.

LES FILS [1]

M. Saint-Marc Girardin, cet agréable badin, nous raille aujourd'hui dans le *Journal des Débats* sur ce que nous avons dit de l'hérédité des esprits en littérature [2]. Mais il a légèrement travesti notre pensée pour la mieux réfuter. Nous n'avons jamais dit que le fils d'un écrivain, d'un poëte célèbre, s'il a lui-même du mérite et du talent, ne pût légitimement hériter et profiter de la part d'honneur et de faveur acquise par un illustre père; et il est surtout très-bien à lui de soutenir le nom en sachant varier le mérite. Il y a longtemps que M. de Fontanes a dit, avant M. Saint-Marc Girardin, et en recommandant un jeune patricien d'une haute espérance : « C'est un si beau talent dans un si beau nom ! » Nous admettons donc très-bien que l'on sache

---

1. Extrait du journal *le Constitutionnel*.
2. Dans un article, intitulé: *Des prochaines élections de l'Académie* (20 janvier 1862), et recueilli depuis dans les *Nouveaux Lundis*, tome I.

gré à M. Legouvé d'être le fils de l'auteur du *Mérite des Femmes*, et que même M. Alexandre Dumas fils profite du renom de son père. Je ferai seulement remarquer à M. Saint-Marc Girardin qu'il s'agissait, dans ce que j'ai dit, de l'Académie française, et que leur renom n'a guère jusqu'ici profité à aucun des deux Dumas. Je les cite, puisqu'il les cite. Il s'agissait uniquement, dans le cas particulier, de savoir si le prince de Broglie a un talent si extraordinaire qu'il doive aspirer à une nomination en quelque sorte extraordinaire et d'exception, qui le fasse siéger à l'Académie à côté du duc, son père; s'il y a lieu, en un mot, à un cumul dans une même famille. Je ne crois pas, n'en déplaise à M. Saint-Marc Girardin, que s'il s'agissait de deux hommes de lettres sans nom aristocratique, et à mérite égal, la question même se posât à ses yeux. Je fais la part des talents, des vertus, de l'autorité morale, et je dis qu'un de Broglie à l'Académie, c'est bien, c'est très-bien ; mais c'est assez. Deux de Broglie à la fois, c'est trop. *Est-ce clair ?*

M. Saint-Marc Girardin a voulu nous donner une leçon de goût, nous la lui rendons. Il y a quelqu'un en tout ceci qui a manqué de tact et de discrétion tout le premier et ce n'est pas nous.

19 septembre 1862.

LA DIANA[1]

J'ai regretté l'autre jour, je l'avoue, de ne pas être un peu de l'opposition, afin d'être plus en droit de dire ce que je pensais après avoir lu l'excellent et spirituel discours que M. le comte de Persigny a prononcé à Montbrison ; mais enfin de ce qu'on a l'honneur d'être, par goût et par choix, le serviteur et l'ami des gens, ce n'est pas une raison pour éviter de dire d'eux le bien que l'on pense. Ici, nous avons été devancé par tout le monde, par tous nos confrères de la presse, et nous nous en félicitons. Ce discours, prononcé le 29 août dernier, à la séance d'inauguration solennelle d'une Société historique locale et accueilli avec une sympathie si marquée par toute la population d'un département et d'une province, est de nature à faire naître plusieurs réflexions.

Je ne sépare pas le discours de tous les actes qui l'ont précédé, du rôle actif, bienveillant, vigilant, que

1. Article publié par *le Constitutionnel*.

M. de Persigny n'a cessé de remplir depuis des années dans le département de la Loire, dans ce vieux pays du Forez qui est le sien et où il s'est acquis une popularité, une amitié de toutes les classes, qui ne cherche que les occasions de se manifester. Voilà, me disais-je en parcourant le recueil local où l'on a réuni les touchants témoignages rendus à M. de Persigny dans ses visites à Saint-Étienne et à Montbrison, et qui sortent tout à fait du ton officiel, voilà une province qui vit, qui échappe au reproche qu'on a souvent adressé à notre centralisation administrative, d'ailleurs si utile, de n'être qu'un mécanisme, un ensemble de rouages, et de laisser en dehors le cœur et l'âme des populations. Les provinces autrefois vivaient, mais elles se cantonnaient aussi ; elles se séparaient volontiers du centre : ici en voilà une qui subsiste ou qui revit avec un fonds de souvenirs, d'affections, et qui cependant ne fronde pas. Le vieux cœur se remet à battre à travers les mailles du réseau moderne et ne cherche pas à le briser. On a pourtant souffert dans ce pays de Saint-Étienne autant et plus que dans d'autres depuis deux années ; l'industrie y a traversé une pénible crise ; mais on a eu la force de souffrir sans s'irriter, sans accuser le gouvernement qu'on savait attentif et plein de sollicitude les plaintes étaient patientes, elles sentaient qu'elles arrivaient en lieu sûr, et personne n'eût dit ce mot injuste : *Ah ! si l'empereur le savait !* Cette confiance, cette union, cette fusion des diverses classes dans un même intérêt, dans un même sentiment, offre un spectacle qui fait du bien. La France est une belle patrie ; elle a de ces jours où tous les cœurs n'ont qu'un seul vœu, qu'un cri éclatant ; ce sont des journées héroïques, populaires, militaires, même civiles, où l'on se retrouve, où tout se confond ; dates immortelles, véritables époques dans notre histoire ! elles consolent de bien des intervalles. Mais aussi dans ces intervalles, que de misères, que de tiraillements, que d'inconséquences, que de velléités chétives, que de bouderies contre ce qui existe, que de taquineries de méchants enfants (et il y en a dans le nombre qui devraient être sages, car ils sont grands et même célèbres), et combien ils seraient attrapés tout les premiers si un mauvais Génie les prenait au mot ! En ces tristes journées on est tenté de se demander vraiment si l'on est une nation forte, sérieuse, ayant le caractère fait. Oh ! si l'on pouvait sur tous les points de la France, à commencer par nous-mêmes au centre, inspirer un esprit d'union qui ne soit point de servilité, mais d'affection à une chose commune, à une seule et même chose qui soit nôtre, et qu'on n'aspire qu'à améliorer, à perfectionner, oh ! comme alors la France serait belle et forte, non-seulement dans ces grands jours qui ne sont qu'à elle dans l'histoire et par où elle éclate au monde, mais aussi dans ce *tous les jours* qui est bien de quelque prix dans la vie des peuples et dans celle des individus.

Que chacun y travaille selon ses forces, à sa portée, ou sur plusieurs points ou sur un seul. Il faut rendre à M. de Persigny cette justice qu'il a dans le cœur ce je ne sais quoi d'élevé qui répond bien à un tel sentiment, qui y sollicite et peut y rallier même des adversaires, qui va chercher en chacun ce qui est vibrant, et que le sentiment napoléonien historique et dynastique tel qu'il le conçoit dans son esprit et dans son culte, tel qu'on l'a entendu maintes fois l'exprimer avec une originalité saisissante (toute part faite à un auguste initiateur), est à la fois ami de la démocratie, sauveur et rajeunisseur des hautes classes, animateur de la classe moyenne industrielle en qui il tend à infuser une chaleur de foi politique inaccoutumée.

En revenant au discours du Forez, on retrouve là dans la piquante théorie de la noblesse qui, à la bien entendre, n'est plus un privilége et doit se répartir à divers degrés entre tous les individus d'un même pays, une variante ingénieuse pour exprimer ce sentiment patriotique d'union. Il n'y a plus de démocratie absolue; il n'y a plus d'aristocratie retranchée : nous tous, enfants d'un même pays, nous nous divisons inégalement et à l'infini en deux classes qui se modifient, se pénètrent et travaillent à se refondre chaque jour en vertu d'un va-et-vient aussi naturel que l'est dans le corps la circulation du sang ; parents riches et parents pauvres, voilà toute la différence. Puisse une explication si généreuse courir et se propager ! Et c'est ainsi que dans cette salle des anciens États du Forez, sauvée, grâce à lui, de la ruine et consacrée désormais à la Société historique de Montbrison, sous ces voûtes et entre ces murailles toutes chargées d'armoiries et d'emblèmes, M. de Persigny a fait que chacun pût y jeter les yeux sans trop d'orgueil et sans trop d'envie.

Mais il y a dans ce discours une autre idée toute pratique, et qui mérite qu'on la mette en vue et en saillie ; c'est ce que j'appellerai l'idée de centralisation historique provinciale : réunir dans un seul et même local tout ce qui se rapporte à l'histoire de la province sous forme graphique, c'est-à-dire tout ce qui est écrit ou tout ce qui peut se dessiner ; et pour être plus précis, j'emprunterai les termes de M. de Persigny lui-même : « fonder une sorte de cabinet historiographique où soient réunies toutes les sources d'informations ; par exemple, une bibliothèque de tous les livres ou manuscrits qui peuvent concerner le pays ; une seconde bibliothèque de tous les ouvrages faits par des compatriotes ; un recueil des sceaux et médailles de la province, ou fac-simile de ces objets; une collection de cartes géographiques et topographiques du pays, de plans, dessins, vues, portraits des grands hommes ; des albums photographiques pour la reproduction des monuments archéologiques ; un cabinet de titres, chartes, actes authentiques, originaux ou copiés, et surtout un catalogue suffisamment détaillé de tous les documents qui peuvent intéresser la province, dans les collections publiques ou particulières, dans les archives, bibliothèques, musées et cabinets de Paris, des départements et de l'étranger. »

Voilà l'idée dans son originalité, et elle peut trouver son application ailleurs. Je sais bien que quelque chose d'analogue ou d'approchant doit exister déjà grâce aux différentes Académies de province, aux Sociétés d'émulation, etc.; mais il n'y a rien de complet en ce genre; la dispersion, la dissémination est toujours ce qui nuit aux études provinciales. Le ministre de l'Instruction publique a, par une fondation heureuse, réuni depuis quelques années, les travaux des diverses Sociétés provinciales et les a fait en quelque sorte comparaître à son ministère pour être, après examen en commission et rapport, analysés ou mentionnés dans la *Revue des Sociétés savantes* : une solennité annuelle rassemble à Paris sous sa présidence et met en contact, dans une sorte de congrès, les membres de ces Sociétés qui correspondent utilement avec son ministère. Mais ici le point de vue est autre; c'est en province même et sur les lieux qu'on a voulu fonder un centre approprié d'études et de recherches pour l'histoire locale. M. de Persigny qui, il y a neuf ans, présentait à la signature de l'empereur un plan d'*inventaire* sommaire de toutes les Archives de l'Empire et organisait ce travail qui n'a cessé depuis de se poursuivre et qui vient de produire ses premiers résultats imprimés, a compris où est le point de la difficulté et suggéré un moyen qui peut être d'un utile exemple. La *Diana*, organisée comme elle va l'être, et d'après le plan indiqué, méritera de devenir une société modèle. Tout ce qu'on pourra réunir de livres, de manuscrits, on le réunira, et, pour ces derniers, à défaut des originaux qui appartiennent le plus souvent à des dépôts publics ou de copies longues à faire et inutiles, on aura du moins les indications précises, immédiates. Il ne s'agit pas de faire double emploi avec la Bibliothèque de la ville et avec les Archives départementales, mais de *faire lien*.

Un des obstacles, il est bon de le savoir, que rencontrent quelquefois les jeunes gens studieux de la province, lorsqu'ils désirent prendre connaissance des richesses enfouies que contiennent, je ne dis pas les Archives (les voilà à jour), mais les Bibliothèques locales, c'est, le croirait-on? la jalousie du bibliothécaire. Ce que je vais dire n'est pas un conte : je sais telle grande ville de province, siége de Facultés, dont la Bibliothèque possède un manuscrit d'Alfieri; un jeune homme demande à le consulter : le bibliothécaire, gardien du trésor, s'effraie à cette seule demande : « Je puis bien vous le montrer, répond-il; prenez le chiffre du format, le nombre de pages, si vous le voulez; parcourez-le même, mais je ne puis vous en laisser copier une ligne. » Et pendant tout le temps que le manuscrit était en main, le malheureux homme en peine était là tournant, rôdant autour du pauvre curieux qui se sentait lui-même sur les épines de se voir ainsi épié. Évidemment l'avare avait peur qu'on ne le volât en retenant par cœur quelque chose. De tels bibliothécaires heureusement sont assez rares en province ; combien j'en connais, en revanche, d'obligeants, d'hospitaliers, de communicatifs ! Mais quelques-uns, cela est trop vrai pourtant, se sont accoutumés à croire que ce dont ils ont la garde est à eux ; ils se proposent toujours d'en faire pour leur propre compte une publication qui ne vient jamais; vrais eunuques du sérail,

Ne faisant rien, nuisant à qui veut faire.

Il importe de tirer de leurs griffes ce qu'ils retiennent comme secrets d'État. Ce qu'un individu a peine à faire, une société composée des notables du pays le fera aisément. Toutes les clefs tourneront d'elles-mêmes, toutes les portes s'ouvriront.

Une idée utile et toute pratique, une chaleureuse et patriotique étincelle, c'est ce que nous nous sommes plu à relever dans un discours, spirituel assurément, mais qui n'aurait pas été remarqué à ce degré s'il n'avait été l'expression de convictions senties, et s'il n'était venu à la suite et en compagnie d'actions nées du cœur.

22 décembre 1865.

CHATEAUBRIAND

ATALA, RENÉ, LE DERNIER ABENCERAGE [1].

Le volume qui contient *Atala*, *René* et *le Dernier Abencerage*, renferme à peu près tout le génie de Chateaubriand artiste : si l'on y joignait, entre *René* et *le Dernier Abencerage*, la confession d'Eudore, extraite des *Martyrs* et contenant l'épisode de Velléda, on aurait toute son œuvre d'art en abrégé, exquise. Il n'y manquerait rien. On y embrasserait dans un seul coup d'œil les premiers essais gigantesques, excessifs, un peu extravagants, d'un talent pittoresque et passionné, tout neuf, sa perfection presque aussitôt, sa saison toute classique dans *René* et dans Eudore, sa manière parfaite encore, mais déjà un peu sèche et roide, dans l'*Abencerage*.

[1]. Avant-propos dicté un matin par M. Sainte-Beuve pour l'édition de ces trois ouvrages en un volume dans la Collection Michel Lévy.

On a fait bien des critiques d'*Atala*, et dans le temps même où elle parut et depuis. Toutes ou presque toutes sont justes. Ce petit roman qui ne devait être primitivement qu'un épisode de la grande épopée des *Natchez* en a les défauts. Je dis *roman* et j'ai tort. Dans la pensée de l'artiste, c'était moins un *roman* qu'un *poëme*, un poëme moitié descriptif, moitié dramatique, renchérissant sur les anciens, sur les modernes, sur le poëme de *Paul et Virginie*, le dernier en date. L'auteur voulait présenter un tableau du trouble de la passion chez des natures sauvages et primitives, placées au sein d'un désert inconnu et non encore décrit. Il voulait, de plus, mettre cette passion en contraste et aux prises, à la fin, avec le calme de la religion, — de la religion qui, telle qu'il l'allait peindre, devenait une nouveauté aussi, une résurrection et comme une découverte. Qu'il y ait eu de l'arrangement et de la symétrie jusque dans le désordonné des peintures; que les paysages soient tout composites, et ne se retrouvent nulle part, avec tout cet assemblage imaginatif, dans la nature même et dans la réalité; qu'à côté de ces impossibilités d'histoire naturelle, il y ait des anachronismes non moins visibles dans les sentiments; qu'il y ait des effets forcés et voulus; que, sous prétexte d'innovation, l'auteur moderne ait sans cesse des réminiscences de l'Antiquité; qu'il parodie souvent Homère et Théocrite en les déguisant à la sauvage, tout cela est vrai; et il est vrai encore que les caractères de ses deux personnages principaux ne sont pas consistants et qu'ils assemblent des qualités contraires, inconciliables, tenant à des âges de civilisation très-différents. Le christianisme, on l'a dit, est plaqué dans le personnage d'Atala; il n'y a pas en elle cette fusion insensible qui fait le charme; il y a du tatouage. Que sais-je encore? Mais quand on a dit tout cela, on n'a rien prouvé; le talent de l'auteur, dans ce qu'il a précisément de neuf, de puissant et de grand, ne laisse pas de vous prendre, de vous remuer étrangement et de triompher. Qu'on relise d'une part cet adorable livre de *Paul et Virginie;* qu'on relise ensuite *Atala!* on est enlevé malgré soi, entraîné, enivré. Je l'ai dit ailleurs: « malgré tout, Atala garde non pas son charme (c'est un mot trop doux et que j'aime mieux laisser à Virginie), mais son ascendant troublant; au milieu de toutes les réserves qu'une saine critique oppose, la flamme divine y a passé par les lèvres de Chactas ou de l'auteur, qu'importe? Il y a de la grandeur même dans la convulsion. L'orage du cœur y vibre et y réveille les échos les plus secrets. On y sent le philtre, le poison qui, une fois connu, ne se guérit pas; on emporte avec soi la flèche empoisonnée du désert. »

M. Joubert, l'ami intime, l'ami du cœur et du génie de M. de Chateaubriand, écrivait à madame de Beaumont, inquiète et craintive, à la veille de la publication d'*Atala* (mars 1801), cette lettre qui est restée le jugement définitif et qu'enregistre la postérité:

« Je ne partage point vos craintes, car ce qui est beau

ne peut manquer de plaire; et il y a dans cet ouvrage une Vénus, céleste pour les uns, terrestre pour les autres, mais se faisant sentir à tous.

« Ce livre-ci n'est point un livre comme un autre. Son prix ne dépend point de sa matière qui sera cependant regardée par les uns comme son mérite, et par les autres comme son défaut; il ne dépend pas même de sa forme, objet plus important, et où les bons juges trouveront peut-être à reprendre, mais ne trouveront rien à désirer. Pourquoi? parce que, pour être content, le goût n'a pas besoin de trouver la perfection. *Il y a un charme, un talisman qui tient aux doigts de l'ouvrier. Il l'aura mis partout, parce qu'il a tout manié*, et partout où sera ce charme, cette empreinte, ce caractère, là sera aussi un plaisir dont l'esprit sera satisfait. Je voudrais avoir le temps de vous expliquer tout cela, et de vous le faire sentir, pour chasser vos poltronneries; mais je n'ai qu'un moment à vous donner aujourd'hui, et je ne veux pas différer de vous dire combien vous êtes peu raisonnable dans vos défiances. Le livre est fait, et, par conséquent, le moment critique est passé. *Il réussira, parce qu'il est de l'Enchanteur.* S'il y a laissé des gaucheries, c'est à vous que je m'en prendrai; mais vous m'avez paru si rassurée sur ce point, que je n'ai aucune inquiétude. Au surplus, eût-il cent mille défauts, il a tant de beautés qu'il réussira : voilà mon mot. J'irai vous le dire incessamment. »

Après *Atala*, *René*. Ici la perfection est atteinte; la

mesure est trouvée. Un souffle égal, soutenu, harmonieux, anime chaque phrase, chaque couplet de cette confession mélancolique. L'auteur, en retraçant dans la figure de *René* son propre portrait de jeunesse, son portrait idéalisé, a par là même présenté comme un type de la maladie morale des imaginations à cette époque et pour les générations qui ont suivi. Toutes les contradictions qui se rencontrent dans le caractère de René se retrouvaient également, à quelques variantes près, dans celui de bien des jeunes gens d'alors, surtout quand la lecture de *René* les en eut avertis. Tel est l'effet magique de ces petits chefs-d'œuvre venus à leur moment : ils sont comme un miroir où chacun se reconnaît et apprend, pour ainsi dire, à se nommer; on se fût cherché sans cela vaguement, bien longtemps encore, sans se bien comprendre; mais voilà qu'on se regarde à l'improviste dans un autre, dans le grand artiste de la génération dont on est, et l'on s'écrie tout à coup : *C'est moi, c'est bien moi!* René est bien le fils d'un siècle qui a tout examiné, tout mis en question; mais le fils ne s'en tient pas au testament du père, il veut recommencer la vie et ne sait comment; une intelligence avancée, consommée, qui a tout décomposé de bonne heure et tout analysé, se trouve chez lui en désaccord flagrant avec une imagination réveillée et puissante, avec un cœur avide, désenchanté et inassouvi. Auparavant l'on ne désirait que ce que l'on connaissait : c'était comme une vérité établie, proverbiale : *Ignoti nulla cupido*, disait Ovide.

On ne peut désirer ce qu'on ne connaît pas,

répétait à son tour Voltaire. Mais René ne s'en tient pas là ; il recommence précisément où Voltaire finit : il fait mentir l'observation morale positive : lui, il désirera surtout ce qu'il ignore. Sans être saint, il fait comme les saints, il aspire à l'impossible. René a toutes les ambitions, toutes les velléités ou les extrémités d'ambition ; il les épuise : qu'il traverse les choses ou qu'il les effeure, il se dégoûte vite, il pénètre le néant de tout, il s'ennuie, et cet ennui n'est peut-être au fond, à le bien prendre, que l'amour de la gloire littéraire et poétique à laquelle il croit plus qu'à tout le reste et qui ne le satisfera pourtant pas, quand il l'aura obtenue. Le roman qui est propre à *René*, cette passion d'une sœur pour un frère, n'est fort heureusement qu'un cas particulier ; mais chaque jeune homme qui a du René en soi trouve moyen, à son heure, de s'exagérer son cas particulier de passion et de s'en faire quelque chose d'étrange, quelque chose d'unique. La religion de René, qui n'est que dans l'imagination et qui ne régénère pas le cœur, ressemble fort aussi à celle qui a régné dans le premier tiers de ce siècle ; on en était aux regrets du passé et à ne plus le maudire ; on n'avait plus pourtant la force ou la faiblesse de croire, on aspirait à un avenir incertain dont on ne se formait pas l'idée, et l'on se berçait ainsi, avec soupirs et gémissements, sur un nuage de sentiments contradictoires qui ne donnaient aucun fonds à la vie, aucun point d'appui à l'action. Le petit livre de *René* garde l'honneur d'avoir, le premier, et du premier coup, trouvé une expression nette et précise à ce qui semblait indéfinissable ; il a même donné cette expression tellement noble, flatteuse et séduisante, qu'il a pu sembler dangereux à son heure. Ce danger-là est passé depuis longtemps.

Le Dernier Abencerage, enfin, qui marque chez l'auteur une manière plus avancée, paraîtra sans doute aujourd'hui concerté, antithétique, un peu guindé. La confession d'Eudore, dans une lecture graduelle, dans un cours de littérature pratique (comme je le conçois), devrait précéder ; on y verrait le René agrandi, développé, hellénisé par une transposition ingénieuse et savante : on y admirerait Chateaubriand au complet dans son charme et sa splendeur. *Le Dernier Abencerage* ne viendrait qu'après : il est, avant tout, d'une grande distinction d'élégance. L'auteur a cherché, sous ces beaux noms étrangers et chevaleresques, à consacrer et à immortaliser une flamme rapide de passion qu'il avait lui-même ressentie et exhalée à son passage dans ce délicieux Alhambra. Mais trop pressé déjà par le temps, trop appelé et tenté par la politique et par ses passions dévorantes, il se hâta de dresser le monument de son souvenir ; il fit ses personnages un peu roides; il les drapa : au lieu de donner le ton cette fois, il semble avoir suivi lui-même le goût des peintres de l'Empire. C'est du bon et très-bon Malek-Adel, mais Aben-Hamet y fait penser.

25 juin 1867.

A PROPOS
DES
BIBLIOTHÈQUES POPULAIRES

Le discours que je fais imprimer [1], pour être tout à fait compris, a besoin d'être rapproché d'un incident antérieur.

Dans la séance du Sénat du 29 mars 1867, à la fin de la discussion sur la loi relative à l'enseignement primaire, M. le comte de Ségur d'Aguesseau crut devoir présenter des observations d'un intérêt général, disait-il. Dans ce discours, il dénonçait d'un ton de conviction profonde le danger moral qui, selon lui, menaçait la société. Il croyait voir un plan arrêté chez les ennemis de l'ordre, un dessein d'arriver à détruire tout frein moral et religieux. De considérations en considérations, et revenant sur le passé, il reprocha au Gouvernement de n'avoir pas toujours donné le bon

[1]. Discours prononcé au Sénat et déjà publié en une brochure in-8° (Michel Lévy).

exemple, — de ne point le donner notamment en ce qui est des travaux publics, pour lesquels on n'observe pas les jours de repos, dimanches et fêtes. Il continua en ces termes (et ici je ne fais que donner l'extrait même du *Moniteur*) :

« Le bon exemple ne serait peut-être pas suivi, hélas ! mais au moins vous n'auriez pas le reproche à vous faire d'avoir favorisé ce courant de matérialisme, d'athéisme, qui emporte les masses et leur inspire une profonde indifférence pour les lois religieuses les plus sages et les plus saintes. Un autre reproche que j'ai à faire, ce sont certaines nominations scandaleuses. Je regrette que M. Rouland ne soit pas présent, car c'est lui qui...

« *Plusieurs sénateurs.* Mais M. Rouland est ici. (On rit.)

M. LE COMTE DE SÉGUR D'AGUESSEAU. Je suis bien aise que M. Rouland soit présent pour dire devant lui que, malgré les bonnes intentions qu'il a manifestées l'année dernière, à l'occasion d'une pétition relative aux protestants, malgré toutes ses bonnes dispositions, il restera toujours dans sa conscience le remords d'avoir fait une certaine nomination qui a produit un grand scandale ! (Rumeurs.)

« M. SAINTE-BEUVE (*se levant et interrompant l'orateur*) :

« Je proteste contre des imputations personnelles

qui sortent de la question, et qui s'adressent à des hommes honorables.

« M. LE PRÉSIDENT. M. Sainte-Beuve, n'interrompez pas.

« M. SAINTE-BEUVE (*continuant*). Si c'est à M. Renan que l'honorable M. de Ségur d'Aguesseau prétend faire allusion, je proteste contre une accusation portée contre un homme de conviction et de talent dont j'ai l'honneur d'être l'ami. (A l'ordre ! à l'ordre !)

« M. LE PRÉSIDENT. Je n'ai pas remarqué de personnalités dans ce qu'a dit M. de Ségur d'Aguesseau. Il a parlé de certaines doctrines, mais il n'a nommé personne.

« *Voix nombreuses*. A l'ordre l'interrupteur !

« M. LE BARON DE CHAPUIS-MONTLAVILLE. Il n'est pas possible de ne pas éprouver une affliction profonde lorsqu'on voit, dans une certaine littérature moderne dont on vient louer les auteurs, fouler aux pieds les lois de l'ordre éternel, attaquer la religion, base de l'ordre social. (Très-bien ! très-bien !)

« Il n'est pas permis de venir ici faire l'éloge de ces hommes qui portent l'incendie dans la société, en répandant dans les masses des doctrines d'athéisme et d'irréligion. C'est là un danger social contre lequel doivent se réunir toutes les forces des hommes de bien. Nous protestons contre ces doctrines funestes de toute l'énergie de nos convictions. (Nouvelle et vive approbation.)

« L'immoralité coule à pleins bords, et c'est à nous plus particulièrement qu'il appartient de signaler au Gouvernement les moyens d'y porter remède. Pour mon compte, je n'y manquerai pas, c'est un devoir.

« *De toutes parts.* Très-bien! très-bien!

« M. Sainte-Beuve se lève de nouveau.

« Les cris : A l'ordre ! partent de tous les points de l'assemblée.

« M. Sainte-Beuve (*avec énergie*). M. de Ségur d'Aguesseau a parlé de deux choses. Il y a un courant d'immoralité et d'obscénité que personne ne défend et qu'on réprouve avec mépris ; mais il y a aussi des opinions philosophiques honorables et respectables que je défends au nom de la liberté de penser et que je ne laisserai jamais attaquer et calomnier sans protestation. (A l'ordre ! à l'ordre !)

« M. Lacaze. Vous n'êtes pas ici pour cela.

M. de Maupas. Vous serez alors tout seul dans le Sénat pour défendre de pareilles doctrines.

« *Un sénateur.* Tous les honnêtes gens doivent protester contre de telles paroles.

De toutes parts. Assurément.

« M. le comte de Grossolles-Flamarens. C'est la première fois que, dans cette enceinte, l'athéisme trouve un défenseur.

« M. Le Verrier. Nous ne demandons pas qu'on attaque ces opinions, mais pour les respecter, jamais !

« M. le maréchal Canrobert (*vivement et en s'adres-*

sant à M. Sainte-Beuve). Ce n'est pas dans cette assemblée qu'on peut faire l'apologie de celui qui a nié la divinité du Christ, et qui s'est posé comme l'ennemi acharné de la religion de nos pères qui est encore celle de la très-grande majorité des Français. Quant à moi, en laissant à chacun la liberté d'apprécier à son point de vue le livre de cet écrivain, je proteste formellement contre les doctrines qui y sont émises, et je suis persuadé que ma voix aura ici beaucoup d'échos. (Très-bien! très-bien! — Mouvement bruyant et prolongé d'approbation.)

« M. DE MAUPAS. L'occasion est bonne pour le Sénat de protester énergiquement contre une pareille œuvre et contre les tendances antireligieuses et immorales dont elle a fait l'apologie. (Oui! oui! — Très-bien!)

« M. FERDINAND BARROT *et plusieurs sénateurs*. Revenons à la loi sur l'instruction primaire, — l'ordre du jour.

« M. SAINTE-BEUVE prononce quelques mots qui n'arrivent pas jusqu'à nous. (A l'ordre! à l'ordre!)

« M. LE PRÉSIDENT. Si vous persistez dans vos interruptions, je serai obligé, monsieur Sainte-Beuve, de vous rappeler à l'ordre.

« Vous soulevez, vous le voyez, des incidents qui sont de nature à troubler le calme habituel des délibérations du Sénat. Personne n'avait songé à M. Renan; c'est vous qui, en le nommant, l'avez mis en cause.

« Renoncez, croyez-moi, à prolonger ce regrettable incident.

« *De toutes parts.* Très-bien ! très-bien !

« M. DE MENTQUE. Je demande formellement que l'orateur revienne à la question, c'est-à-dire à la discussion de la loi; il est plus que temps que l'incident soit clos.

« M. ROULAND. Laissez parler l'orateur, on répondra.

« M. LE PRÉSIDENT. Ne prolongez pas cet incident, monsieur Rouland.

« (Plusieurs membres se lèvent et semblent se disposer à prendre la parole.)

« M. SUIN. Nous demandons qu'on revienne à la question.

« *Voix diverses.* Oui ! oui ! — A la loi. — Parlez, monsieur de Ségur, continuez.

« M. LE PRÉSIDENT. J'invite l'orateur à continuer son discours, mais en se renfermant dans la question, ainsi que le désire le Sénat.

« (Le calme se rétablit peu à peu.) »

Le lendemain de cette séance, après la lecture du *Moniteur*, j'adressai à M. le Président Troplong la lettre suivante :

« Ce 30 mars 1867.

« Monsieur le Président,

« Le respect que j'ai pour vous et, laissez-moi ajouter, l'affection que m'inspire votre personne ne m'interdisent point cependant de vous faire remarquer que lorsque, hier, M. de Ségur d'Aguesseau a parlé d'une nomination scandaleuse, il n'a parlé et pu parler que de M. Renan, comme lui-même en est convenu aussitôt après, à moi parlant. Il n'est donc point exact de dire que personne n'avait songé à M. Renan ; car il était clairement et expressément désigné. Je n'ai donc point inventé à plaisir une personnalité : elle était dans les paroles de M. de Ségur. J'aurais pu, en effet, faire semblant de ne point l'apercevoir, et cela eût été plus conforme aux habitudes et aux usages. Il est, — je le sens trop d'après l'épreuve d'hier, — il est des points sur lesquels je ne m'accoutumerai jamais à retenir ma pensée, toutes les fois que je la croirai d'accord avec le vrai, avec le juste, et aussi avec le bien de l'Empire qui n'a nul intérêt à pencher tout d'un côté, et qui, sorti de la Révolution, ne saurait renier aucune philosophie sérieuse. Nous avons fort reculé, monsieur le Président, sur le Sénat du premier Empire, qui comptait parmi ses membres La Place, La Grange, Sieyès, Volney, Cabanis, Tracy... Ne serait-il donc plus permis d'être de la religion philosophique de ces hommes? Vous, si éclairé, je vous en fais juge.

« Agréez, monsieur le Président, l'hommage de mes respects, mais je ne puis dire de mes regrets.

« SAINTE-BEUVE. »

Je ne me crois pas en droit de produire la réponse textuelle de M. le Président du Sénat : qu'il me suffise de dire qu'elle était non-seulement extrêmement polie, mais bienveillante, et que M. le Président Troplong m'assurait que, lorsque ces questions de doctrine se représenteraient par leur côté légal et politique, je serais autorisé à faire entendre ma voix à mon tour et à mon rang de parole.

Près de trois mois se passèrent durant lesquels l'état de ma santé me retint chez moi, et il n'y eut d'ailleurs au Sénat dans cet intervalle, que des discussions d'un intérêt étranger à la question précédemment soulevée. Mais, dans la séance du vendredi 21 juin, M. le sénateur Suin fit un rapport sur une pétition de cent deux habitants de Saint-Étienne, se plaignant du choix que l'on avait fait de certains ouvrages pour former deux bibliothèques populaires sous le patronage de l'autorité municipale. M. le rapporteur, après quelques considérations générales sur l'instruction des classes laborieuses et sur l'institution des bibliothèques populaires, disait : « Au lieu de vous donner un exposé des faits, nous abrégerons en vous lisant la pétition : elle est courte et rédigée en termes si modérés et si convenables que vous aurez désiré la connaître. » Or, cette pétition, dont il donna lecture, contenait une liste d'auteurs et d'ouvrages fort mélangés, tous également présentés comme répréhensibles. Le rapporteur en proposait le renvoi au ministre de l'instruction publique. La discussion de cette pétition et du Rapport ayant été ajournée et fixée pour la séance du mardi 25 juin, M. Sainte-Beuve eut la parole au début et prononça le discours suivant :

Messieurs,

Il faut que ce soit le sentiment bien vif d'un devoir à remplir qui m'amène ici, — qui m'y ramène malgré un état de santé très-peu satisfaisant, et quoique je sache à l'avance que la faveur du Sénat, qu'il m'a publiquement retirée dans une circonstance regrettable et mémorable, — je veux dire regrettable pour d'autres que pour moi, — quoique cette faveur, dis-je, ne doive point m'être rendue au sujet des quelques observations que j'ai aujourd'hui à lui soumettre. Mais je croirais manquer à ce que je dois à ma qualité d'homme de lettres et aussi à mon office de sénateur, si je ne disais tout haut ce que je pense sur une question où il est fait appel directement à nos convictions les plus vives et les plus profondes.

Messieurs, quand j'ai eu l'honneur d'être appelé à siéger dans cette enceinte par un effet de la bonté toute particulière de l'Empereur, je m'étais dit que je n'aurais guère qu'à profiter et à m'instruire en écoutant sur tant de questions dont la pratique et l'étude me sont étrangères les hommes les plus expérimentés, les esprits les plus mûris, et qui occupent le sommet dans toutes les branches de l'administration et dans tous les ordres de l'État. Que si j'avais, par hasard, à intervenir quelquefois et bien rarement, pensais-je, ce ne serait guère que s'il était question de littérature, c'est-à-dire de ce que je connais bien; s'il s'agissait de défendre les intérêts de mes confrères du dehors, de rendre hautement justice à tant d'efforts laborieux, malheureusement trop dispersés, et de répondre peut-être à quelques accusations comme on est tenté d'en élever trop légèrement, à chaque époque, contre la littérature de son temps. Je me disais cela, messieurs. Or ce cas, que j'avais prévu, se présente jusqu'à un certain point en ce moment, et c'est ce qui, malgré mon goût pour le silence, m'oblige à le rompre et à parler.

Et cependant parler, je le sens, est bien difficile; venir contredire dans sa forme, dans sa tendance et dans ses conclusions, le Rapport que vous avez entendu dans la séance de vendredi et qui est l'ouvrage d'un savant collègue, d'un esprit pratique et positif, que je respecte tout particulièrement et qui m'a toujours montré de la bienveillance, ce n'est pas chose aisée, et il n'est pas agréable, je vous l'assure, de paraître prendre en main, ne fût-ce même qu'incidemment, une cause qui est déclarée détestable, funeste, perverse; de paraître le moins du monde s'associer à ce qu'on a appelé les *efforts des méchants*.

Je ne viendrai pas, messieurs, traiter le cas particulier qui a fait l'objet et l'occasion de la pétition : je ferai seulement remarquer la gravité des déterminations auxquelles vous convie votre rapporteur et les conséquences, selon moi, très-fâcheuses, qui en découleraient.

Nous vivons à une époque fort mêlée en tout genre, où les opinions les plus sincères peuvent être diamétralement opposées sur les questions les plus importantes ; où le vrai, dans tout ce qui n'est pas matière de science, se distingue malaisément du faux, et où, même en se bornant à ce qui est de l'utilité politique, on peut hésiter entre différentes voies et différents moyens.

Que l'on vienne, dans une bibliothèque populaire, distribuer à des lecteurs inexpérimentés des aliments ou malsains, ou trop forts et d'une digestion intellectuelle difficile, ce n'est pas, vous le sentez bien, ce que je m'efforcerai de justifier; mais ce qui me paraît d'autre part excessif, injustifiable, c'est qu'on prenne occasion de ce qui peut être un fait controversable ou blâmable, pour venir afficher une sorte de jugement public et officiel d'ouvrages et de noms livrés à la dispute des hommes, établir contre eux une sorte de sentence définitive et sans appel, les frapper d'une note odieuse de censure, et instituer dans notre libre France une sorte d'*Index* des livres condamnés, comme à Rome. (*Protestations.*)

Encore une fois, la question, messieurs, n'est point tout simplement de savoir s'il faut apporter de la mesure et de la convenance dans les choix des bibliothèques populaires. Si le Rapport s'était tenu dans ces termes, il ne saurait y avoir qu'un avis et une pensée de conciliation et de concorde chez tous les bons esprits. Mais le Rapport n'a point fait cela : le Rapport a pris fait et cause pour une pétition ; il a pris feu ; il a accepté une liste dénoncée, telle quelle, il l'a produite, il l'a mise à son compte, — au compte du Sénat ; il l'a jugée et condamnée en masse ; il n'a apporté aucune réserve, aucun adoucissement, que dis-je ? il a aggravé la dénonciation des pétitionnaires par son commentaire propre : des noms honorables ou glorieux, confondus avec d'autres, y encourent une réprobation entière et sommaire, une véritable flétrissure publique, sans discussion.

Oh ! ici, ma conscience d'écrivain et d'homme qui se croit le droit d'examen et de libre opinion se révolte, et prenant votre liste même, monsieur et respectable confrère, monsieur Suin, je la relève et je dis :

Dans cette suite de livres que vous confondez sous une même dénomination infamante, je trouve Voltaire tout d'abord, le premier (et il est bien juste qu'il soit le premier) ; je le trouve pour son *Dictionnaire philosophique*, qui n'a le tort que de dire bien souvent trop haut et trop nettement ce que chacun pense tout bas, ce que l'hypocrisie incrédule de notre époque essaye de se dissimuler encore. Je trouve *Zadig* et *Candide*, que nous avons tous lus, messieurs (tous ceux du moins qui ont eu le loisir de lire), deux romans philosophiques qui ont paru à beaucoup de bons esprits les productions d'une raison charmante encore, lors même qu'elle est le plus amère. Ce n'est pas que je ne sois étonné tout le premier d'avoir à discuter ces livres devant vous. Ce sont livres, croyez-moi, qui ne veulent pas être lus et jugés en habit brodé, messieurs les sénateurs, pas plus que Rabelais. Croyez-moi, parlons-en peu ici; ce n'est pas le lieu. — Et pourquoi en parlez-vous vous-même? me dira-t-on. — J'en parle parce qu'ils sont déférés devant vous, parce qu'on a saisi le Sénat d'une liste où ils sont nommément incriminés. Le Rapport (chose inouïe, inusitée parmi vous), le Rapport a épousé la pétition ; — il est la pétition même.

Je trouve sur la même liste Jean-Jacques Rousseau pour ses *Confessions*, une œuvre de courage, où se mêle sans doute une veine de folie ou de misanthropie bizarre, mais production à jamais chère à la classe moyenne et au peuple, dont elle a osé représenter pour la première fois les misères, les durs commencements, les mœurs habituelles, les désirs et les rêves de bonheur, les joies simples, les promenades au sein de la nature, sans en séparer jamais l'espérance en Dieu; car, à celui-là, vous ne lui refuserez pas, je le pense, de croire en Dieu, d'y croire à sa manière, qui, à l'heure qu'il est, est celle de bien des gens. (*Mouvement.*) Faute de mieux, convenez-en, croire en Dieu comme Jean-Jacques Rousseau, c'est déjà quelque chose.

Sur votre liste, que trouvé-je encore? Proudhon. Celui-là, il est voué, je le sais, aux dieux infernaux. C'est ailleurs, dans un autre lieu qu'ici, devant des auditeurs ou des lecteurs plus désintéressés et plus attentifs, que j'ai essayé et que j'essayerai encore d'expliquer comme il convient quelques-unes de ses violences et de ses extrémités de parole : penseur ardent et opiniâtre, dialecticien puissant, satirique vigoureux et souvent éloquent, qui ne marchandait pas les vérités, même aux siens, rude honnête homme mort à la peine. Quant à ses idées, les politiques et les économistes savent aujourd'hui qu'il y a beaucoup à en profiter et à y prendre. On peut être homme du peuple, homme de travail, et s'instruire en le lisant.

Et d'ailleurs on n'a pas eu la main heureuse : ce livre de lui, enveloppé et incriminé dans la liste, les *Confessions d'un Révolutionnaire* sont, de l'aveu même des adversaires, son meilleur livre, son plus beau. C'est chose reconnue aujourd'hui.

Et sur cette appellation de *socialisme*, qui suscite à l'aveugle chez des esprits prévenus tant d'animadversion et de colère, je ferai une simple remarque. J'ai beaucoup lu et médité les écrits du prisonnier de Ham, et il m'a été impossible de ne pas reconnaître en lui un socialiste éminent. Extraire ce qu'il y a de bon dans le socialisme pour le soustraire à la Révolution et pour le faire entrer dans l'ordre régulier de la société, m'a toujours paru une partie essentielle et originale de la tâche dévolue au second Empire.

Je vais réveiller des tempêtes, je passerai vite. Mais Michelet, homme vivant, mais Renan, de quel droit, vous, personnages publics, corps de l'État, fussiez-vous l'ancien Sénat dit conservateur, de quel droit venez-vous leur imprimer une tache au front? Savez-vous que cet homme, dont le nom met hors des gonds les plus sages, est le plus distingué de sa génération? L'empereur, oui, messieurs, l'empereur (car je ne me lasse pas de me couvrir de cette autorité, la plus haute comme la plus libérale de son régime), honore de son estime M. Renan, comme il honore de son amitié George Sand. (*Mouvement.*)

M. DE CHABRIER. Est-ce que l'empereur vous a chargé de parler en son nom?

M. SAINTE-BEUVE. Ah! celle-ci, vous faites large sa part : vous la proscrivez pour toutes ses œuvres. Elle mérite en effet cette ample radiation par l'éclat et l'étendue de son talent. Mais je vous demanderais, messieurs, si nous étions ici une Académie en même temps qu'un Sénat, si nous étions un corps littéraire, ayant qualité pour examiner de près ces choses, de quel droit vous empêcheriez de lire Mlle *de la Quintinie*, quand vous aurez permis de lire, même avec estampille, la

Sibylle de M. Octave Feuillet dont cette Mlle *de la Quintinie* est la réfutation? Si vous étiez une Académie, je vous demanderais encore si, entre tant d'œuvres qui vous effrayent, vous ne pourriez faire une exception, au moins pour ce chef-d'œuvre, *la Mare au Diable*, pour *la Petite Fadette*, pour toute une branche de romans champêtres, purs et irréprochables. Mais le Rapport frappe de haut : il n'a pas daigné entrer dans ces nuances.

Il m'est arrivé plus d'une fois, messieurs, en assistant à certaines de vos discussions, de former un regret et un vœu : ce vœu, ce serait de voir plus souvent dans cette enceinte un prince si remarquable par les dons de l'intelligence, si riche de connaissances qu'il accroît de jour en jour, d'un esprit vraiment démocratique, doué d'éloquence, d'une capacité multiple et prompte que tous ceux qui ont eu l'honneur de l'approcher admirent, et qui, pour tout dire d'un mot, est digne de sa race. J'aimerais à le voir quelquefois, à l'entendre établir et revendiquer ici quelques-uns des principes de la société nouvelle, dût-on l'écouter en frémissant... Mais ce n'est point de cela qu'il s'agit en ce moment ; j'aimerais, dis-je, que le prince Napoléon fût présent, car ce serait à lui plus qu'à personne qu'il appartiendrait de venger le grand écrivain, le grand peintre, la femme cordiale et bienfaisante dont il est l'ami.

Balzac aussi figure sur la liste maudite : il y passe

tout entier avec toute son œuvre. L'auteur d'*Eugénie Grandet* n'est pas excepté, pas plus que l'auteur de *la Mare au Diable*. Voilà un Rapport bien inflexible et bien draconien. Nicole un jour, écrivant au nom de Port-Royal, appela tous les romanciers et les auteurs de théâtres des *empoisonneurs publics*. On sait avec quelle finesse acérée Racine répondit à l'injure dans laquelle il se voyait compris. Ce n'est point au Sénat, messieurs, qu'il convient de parler comme les théologiens. Et laissez-moi vous rappeler un souvenir à propos de Balzac. J'assistais à ses funérailles ; elles étaient magnifiques, solennelles. Un des ministres de ce temps-là, — le ministre des affaires étrangères, si je ne me trompe, — s'était fait honneur d'y venir, et il tenait l'un des cordons. Ce ministre d'alors est encore ministre aujourd'hui. C'est l'homme éclairé et ami des choses de l'esprit qui préside à la justice et aux cultes : c'est M. Baroche. Si j'étais de M. le Rapporteur, je proposerais de lui renvoyer la pétition pour qu'il ait à stimuler le zèle de MM. les procureurs généraux dans l'interprétation d'un certain article de loi et à les lancer à la chasse des romanciers célèbres.

Il me semble que les vices du système qu'on vous propose sortent de toutes parts. Vous mettez à *l'index* ministériel Lanfrey pour son *Histoire des Papes :* mettrez-vous donc à *l'Index* également tous ces sots livres imbus d'une doctrine ultramontaine que repoussait la religion de Bossuet et qu'on accepte couramment aujourd'hui, — qu'on a l'air d'accepter, — car on est devenu d'une pusillanimité étrange ? J'en prends à témoin mon savant collègue M. Bonjean, qui traite si pertinemment de ces matières.

Dans l'ardeur de votre zèle inquisitorial, vous confondez avec des écrits, peut-être méprisables en effet (je ne les ai pas tous lus), le noble Jean Reynaud et sa philosophie religieuse, sa soif d'immortalité, sa vie future dans les astres. Chimère de savant, soit ; mais, chimère pour chimère, celle-là en vaut bien d'autres.

Je ne suis pas payé pour défendre M. Pelletan : il a été de tout temps pour moi un adversaire, peut-être un ennemi[1]. Mais y pensez-vous bien ? Quoi ! cet écrivain, pour ses livres mêmes, est agréé du peuple ; il est à Paris l'élu du suffrage universel, il est député et membre du Corps qui dans la Constitution est corrélatif au vôtre ; et vous allez, en raison même de ses livres, lui imprimer une note qui le ferait réélire cent fois pour une s'il ne devait pas être réélu sans cela ! (*Rumeurs.*)

1. La réponse de M. Eugène Pelletan à M. Sainte-Beuve ne se fit pas attendre, et nous avons déjà eu occasion de la faire connaître dans les *Lettres à la Princesse*, page 86 : « Non, je ne suis pas votre ennemi ; pourquoi le serais-je ? J'ai été votre adversaire quelquefois, je l'avoue, avec une amertume qui a peut-être son excuse dans la tristesse des temps que nous venons de traverser. Mais vous avez vengé devant le Sénat la liberté de pensée avec trop de courage, ai-je besoin d'ajouter avec trop de talent, pour que ce ne soit pas un devoir à tout esprit libéral de vous en témoigner sa reconnaissance. »

Un sénateur. Ce n'est pas la question.

M. Sainte-Beuve. Élu pour ses ouvrages par le peuple à Paris, vous allez déclarer qu'il ne doit point trouver place dans une bibliothèque pour le peuple à Saint-Étienne ? Est-ce raisonnable ? Est-ce prudent ? Où est la sagesse ? Et puis (car on ne peut pas tout dire), ce livre de lui qu'on incrimine, *la Nouvelle Babylone*, mais l'avez-vous lu ? C'est un livre de morale, de satire austère, puritaine, presque farouche, contre les corruptions, contre les dépravations, contre les plaisirs ; mais dans ce livre, M. Pelletan est un Tertullien stoïcien. Qu'avez-vous donc à le proscrire ? Vous ne l'avez pas lu ; c'est un livre de morale chagrine et excessive ; lui, c'est un Juvénal ; je ne parle pas du talent, mais je réponds au moins de la sévérité et de l'âpreté. C'est donc sur son nom que vous le proscrivez ?

M. le Président. Comme l'auteur de tout livre :

Il est esclave-né de quiconque l'achète [1].

[1]. Cette interruption fut relevée le lendemain dans les journaux par M. Pelletan. M. Ernest Hamel a fait remarquer, dans son *Histoire du second empire*, que M. Sainte-Beuve avait omis d'y répondre à la séance. Il ne l'aurait pu, quand même il l'aurait voulu, car il n'y prêta un peu d'attention qu'en la lisant dans *le Moniteur*. Seulement, avec la connaissance qu'il avait de l'esprit de M. Troplong, il n'y attribua pas le sens qu'elle paraît avoir. A son avis, ce n'était qu'un centon maladroit et intempestif que le président du Sénat avait jeté dans la discussion, comme il aurait dit, dans un autre moment, et avec aussi peu d'à-propos, s'il s'était agi par exemple de censurer un auteur dramatique :

C'est un droit qu'à la porte on achète en entrant.

M. Sainte-Beuve. Ai-je épuisé la liste[1]? Je ne sais, mais vous me mettez en goût d'interdiction, messieurs de la Commission : eh bien, je vais vous signaler une lacune ; votre liste, si longue qu'elle soit, est incomplète : messieurs, il y manque Molière, il y manque *Tartufe*.

Encore un coup, messieurs, n'entrez point dans cette voie : ne sonnez point le tocsin pour si peu. On veut de nos jours que tout le monde sache lire. M. le ministre de l'instruction publique y pousse de toutes ses forces, et je l'en loue. Mais est-ce que vous croyez

---

[1]. Dans ce résumé rapide, il m'est arrivé d'oublier, je ne sais comment, le livre de M. Dargaud : *Histoire de la Liberté religieuse en France*. Or ce livre, dénoncé par les pétitionnaires de Saint-Étienne, a eu l'honneur d'être couronné par l'Académie française en 1861 et de partager avec un ouvrage de M. Géruzez le grand prix de la fondation Gobert pour cette année-là. M. Villemain, secrétaire perpétuel de l'Académie française, dans son Rapport lu en séance publique, en parlait comme il suit : « L'un (des deux ouvrages couronnés), l'*Histoire de la Liberté religieuse en France et de ses fondateurs*, par M. Dargaud, étude passionnée, d'une imagination vive, mais d'un esprit honnête qui veut être impartial, décrit les événements et les hommes des guerres civiles de France, au seizième siècle. Les recherches de l'auteur sont attentives ; ses jugements, intègres ; sa prédilection, ardente pour tout effort de justice et d'humanité, pour tout noble caractère, dans quelque parti qu'il se trouve. Il a par moments de justes sévérités pour Coligny, comme de justes admirations pour le premier des Guises. Ce qu'il sent avec force, il l'exprime souvent avec excès. La vérité de l'émotion ne prévient pas en lui l'effort du langage ; mais il a de l'âme et du talent ; il peint de traits énergiques, sans être assez simples, le chancelier de L'Hôpital, et il ajoute encore à l'admiration pour Henri IV. » Si quelque chose peut servir à marquer l'esprit et l'intention qui ont dicté la pétition de Saint-Étienne, c'est la proscription d'un tel livre, tout en l'honneur de la tolérance.

que vous allez tailler au peuple ses lectures, lui mesurer ses bouchées, lui dire : *Tu liras ceci et tu ne liras pas cela ?* Mais une telle défense, de votre part, mettrait un attrait de plus et comme une prime à tous les livres que vous interdiriez.

Défenseurs de l'ordre social, laissez-moi, laissez quelqu'un qui a vécu longtemps en dehors de votre sphère vous le dire en toute franchise : c'est une étrange erreur, c'est une faute que de partager ainsi le monde politique ou littéraire en bons et en méchants, de ranger et d'aligner ainsi tous ses ennemis, ceux qu'on qualifie tels et qui souvent ne le sont pas ; qui réclament l'un une réforme, l'autre une autre ; qui n'attaquent pas tout indistinctement ; qui demandent souvent des choses justes au fond et légitimes, et qui seront admises dans un temps plus ou moins prochain. Prenez-y garde ! ces calomniés de la veille deviennent les honnêtes gens du lendemain et ceux que la société porte le plus haut et préconise. (Légers murmures.) Malheur alors à qui les a persécutés ou honnis ! Agir à leur égard de la sorte, les associer et les accoler à d'indignes voisins pour les confondre dans un même anathème, c'est se faire tort, c'est se préparer de grands mécomptes, et, si le mot était plus noble, je dirais, de grands *pieds-de-nez* dans l'avenir. (Oh ! oh ! — Chuchotements.) On fera un jour l'histoire de nos opinions, messieurs, et de tout ceci. Il ne faut pas plus d'une de ces grosses méprises pour rendre un nom, d'ailleurs honorable, ridicule à jamais devant toute une postérité.

Messieurs, vous qui êtes des politiques, veuillez encore vous dire ceci : L'Empire, que nous aimons tous et que nous maintenons, n'a aucun intérêt à pencher tout d'un côté. Et pourtant, à voir ce qui se passe habituellement dans les hautes sphères, dans la haute société, dans les salons, — et il me semble que nous sommes ici, à bien des titres, dans le plus grave et le plus respecté des salons, — on croirait véritablement qu'il n'y a en politique qu'un centre droit, qu'un côté droit, et que tout ce qui était autrefois la gauche, — la gauche constitutionnelle, — est supprimé. J'élargis un peu, en ce moment, le cercle de la discussion ; mais je suis en plein dans la question générale, au cœur de cette question. Dieu merci ! nous vivons sous un régime qui a la base la plus large que régime ait jamais eue en France, et qui ne saurait vouloir rétrécir la croissance de la raison moderne dans ses développements les plus légitimes. C'est donc être fidèle, selon moi, à l'esprit de la Constitution, dont nous sommes les gardiens, que de ne pas laisser s'autoriser dans cette enceinte cette apparente unanimité de réprobation contre tout ce qui sent le libre examen, quand il se contient, en s'exprimant, dans les termes d'une discussion sérieuse, non injurieuse. Je ne comprendrais pas que sous le règne d'un Napoléon [1], c'est-à-

---

1. La pensée de Napoléon Ier sur ce point est nettement ex-

dire d'un souverain qui est jaloux sans doute de garantir tous les intérêts moraux, d'abriter toutes les craintes même et les délicatesses des consciences, mais aussi de réserver tous les droits sérieux et légitimes issus de la Révolution, il y eût un accord aussi surprenant contre cette classe plus ou moins nombreuse qu'on n'appelle qu'en se signant les *libres penseurs*, et dont tout le crime consiste à chercher à se rendre compte en matière de doctrines. Le propre et l'honneur de l'Empire est de maintenir la balance égale et de ne verser d'aucun côté. Si rassurer et consoler les intérêts et les instincts conservateurs est une partie essentielle de sa tâche, ne pas déserter, ne pas laisser entamer les droits acquis par la Révolution, ses conquêtes morales, est une partie non moins essentielle, plus essentielle encore (s'il était possible) de sa vie.

En un mot, l'Empire a une droite et une gauche ; à gauche est le cœur.

Messieurs, j'ai abusé de votre patience, mais j'ai fini. De toutes les paroles qui m'ont assailli dans une autre circonstance et dont je n'ai gardé aucun amer souvenir, une seule, je vous l'avouerai, m'est restée sur

primée dans un passage de sa Correspondance: « Qu'on soit athée comme Lalande, religieux comme Portalis, philosophe comme Regnaud, on n'en est pas moins fidèle au Gouvernement, bon citoyen. De quel droit donc souffrir ouvertement qu'on vienne dire à ces individus qu'ils sont mauvais citoyens ? » (Lettre à Fouché, du 4 avril 1807.) — Aujourd'hui qu'on n'est plus sous un régime de répression, on ne demande pas qu'il soit interdit d'accuser, mais on demande qu'il soit permis de répondre.

le cœur. Un homme, qu'après cette parole proférée, puis consignée au *Moniteur*, je ne crois point devoir appeler mon collègue, s'est oublié au point de dire en m'apostrophant : « Ce n'est pas pour cela que vous êtes ici. » (Oui, monsieur Lacaze, vous avez dit et vous n'avez pas rétracté cette parole que, par respect pour le lieu où nous sommes, je me contenterai d'appeler peu séante.) (Rumeurs.)

Plusieurs sénateurs. Il a bien fait !

M. le Président. Les personnalités sont interdites par le règlement, veuillez vous en abstenir.

M. Lacaze. Je ne rétracte pas ces paroles du tout... Je trouve que vous les relevez bien tard.

M. Sainte-Beuve. Je n'insiste pas, monsieur le Président. Je croyais qu'il m'était permis de me défendre.

M. le Président. Je vous ai fait remarquer que ce sont des personnalités qui sont contraires au règlement, et qui ne doivent pas trouver place dans cette enceinte. (Approbation.)

M. Sainte-Beuve. Ce n'est pas moi qui suis entré dans la voie des personnalités, je les relève.

Je suivais un raisonnement, je le continue : la question est celle de savoir pourquoi je suis ici.

Eh bien ! en conscience, je crois au contraire, comme je l'ai dit en commençant, messieurs, que c'est précisément pour cela que je suis ici. Je me permets même de penser que l'empereur, qui savait mon insuffisance à tant d'égards pour tous les ordres de services et de savoir qui sont si bien représentés dans cette assemblée, n'a pu songer à moi que pour que je vinsse de temps en temps et rarement apporter au milieu de vos délibérations une note sincère, discordante peut-être, mais personnelle et bien vibrante.

En conséquence, je déclare ne pouvoir m'associer à aucun degré à des conclusions que je considère comme l'erreur d'un homme de bien alarmé. Le Sénat est et ne peut être qu'un corps modéré, il ne peut être un corps réactionnaire.

M. Ferdinand Barrot. Encore moins révolutionnaire.

M. Sainte-Beuve. Il ne doit point passer pour tel. Composé de tant de lumières, qu'il daigne réfléchir, qu'il ose résister à la faute qu'on lui propose.

Je vote pour l'ordre du jour [1].

— Les journaux du lundi 8 juillet 1867 ont publié presque tous, la note suivante :

Depuis quelques jours, M. Sainte-Beuve a eu à soutenir une correspondance qui sera désormais comme une annexe de son discours du 25 juin.

Le samedi 30 juin, M. le baron de Heeckeren, sénateur, lui adressait une lettre qui en contenait une autre de M. Lacaze, sénateur, en lui annonçant qu'il

---

1. Ici finit le discours de M. Sainte-Beuve. Nous continuerons maintenant la reproduction de la brochure où il avait été recueilli.

était chargé par ce dernier, de concert avec M. de Reinach, député, de régler l'affaire indiquée par M. Lacaze dans sa lettre : il demandait à M. Sainte-Beuve de lui faire savoir quels étaient les amis qu'il désignait de son côté à cette même fin.

La lettre de M. Lacaze à M. Sainte-Beuve est ainsi conçue :

« Paris, le 29 juin 1867.

« Monsieur,

« Vous avez voulu être blessant pour moi dans votre discours de mardi. L'intention vaut le fait et me donne les mêmes droits. J'ai prié M. de Heeckeren, sénateur, et M. de Reinach, député, de s'entendre avec les deux personnes que vous désignerez pour les suites naturelles de cet incident. — M. de Heeckeren, qui veut bien se charger de ce billet, recevra aussi votre réponse, c'est-à-dire les noms des deux personnes de votre choix.

« B. LACAZE. »

M. Sainte-Beuve répondit à M. le baron de Heeckeren la lettre suivante :

« Dimanche matin, 30 juin 1867.

« Monsieur le baron,

« J'ai reçu hier soir la lettre que vous me faites l'honneur de m'adresser et qui en renfermait une autre de M. Lacaze m'apportant une provocation en duel. Vous me demandez de désigner deux amis pour *régler* de concert avec vous et une autre personne ce que vous voulez bien appeler « cette pénible affaire. » Permettez que j'y mette, selon mon habitude, un peu de réflexion et de lenteur. Je n'accepte pas aussi couramment qu'on semble le supposer cette jurisprudence sommaire qui consiste à étrangler une question et à supprimer un homme en 48 heures. Je vous avouerai même très-franchement que dans les nombreux amis du dévouement desquels je dispose, je n'en ai pas sous la main ni deux ni un seul qui sache ces choses des armes ; mes amis, en général, savent les choses de la pensée, de la plume et de la parole, ce qui ne veut pas dire qu'ils soient moins fermes ou moins gens d'honneur pour cela ; mais ils ne sont pas docteurs ès armes. J'aurais, en tout état de cause, à consulter surtout ceux qui défendent l'idée et la cause même que je défends, et qui savent les moyens et les armes qui y conviennent. Cette affaire, d'ailleurs, est claire comme le jour, et tous en possèdent les éléments ; elle est de celles qui me paraissent devoir se traiter uniquement par voie de discussion, d'opinion librement contradictoire et de publicité. Je ne la crains pas pour ce que j'écris en ce moment.

« Veuillez agréer, monsieur le baron, l'assurance de ma considération respectueuse,

« SAINTE-BEUVE. »

M. le baron de Heeckeren écrivit de nouveau à M. Sainte-Beuve, à la date du mercredi 3 juillet, qu'il avait espéré que, pendant les quarante-huit heures écoulées, M. Sainte-Beuve lui aurait désigné les deux amis avec lesquels M. de Reinach et lui seraient entrés en rapport, ce qui l'aurait dispensé d'avoir à lui adresser en communication une lettre nouvelle de M. Lacaze sur le même sujet. Cette lettre de M. Lacaze n'étant point adressée directement à M. Sainte-Beuve, mais à M. de Heeckeren, M. Sainte-Beuve laisse à ces messieurs le soin de la publier [1]. M. Sainte-Beuve a répondu alors directement à M. Lacaze par la lettre suivante, qui met fin, de son côté, à cette correspondance :

[1]. Le journal *la France*, du 9 juillet, ayant publié les lettres que lui a communiquées M. de Heeckeren, on croit devoir les joindre ici. Voici donc la seconde lettre de M. de Heeckeren à M. Sainte-Beuve:

« Paris, ce 3 juillet 1867.

« Monsieur le sénateur,

« J'avais espéré que pendant les 48 heures qui se sont écoulées depuis la réponse que vous m'avez fait l'honneur de m'adresser en date du 1ᵉʳ juillet, vous auriez eu le loisir de trouver deux amis avec lesquels M. de Reinach député et moi, nous eussions pu entrer en relation. Je regrette d'autant plus sincèrement que cette formalité première n'ait pas été remplie qu'elle m'aurait dispensé de vous adresser directement en communication cette seconde lettre de notre collègue M. Lacaze.

« Quant à la préoccupation de trouver des docteurs ès armes, permettez-moi de vous dire que vous paraissez vous méprendre sur le rôle réservé à vos témoins, appelés comme nous à exa-

« Ce 4 juillet 1867.

« Monsieur,

« Les faits entre nous sont très-simples, et, depuis déjà bien des jours, le public les a sous les yeux.

« Dans la séance du 29 mars dernier, au moment où j'ai revendiqué le droit de défendre, ne fût-ce que moyennant protestation de ma part, « des opinions philosophiques, honorables et respectables, au nom de la liberté de penser, » vous m'avez adressé cette

miner avant tout avec calme et impartialité la valeur des griefs qui ont donné lieu à cet échange de correspondance.

« Veuillez agréer, monsieur le sénateur, etc.

« Baron de Heeckeren. »

Et voici la lettre de M. Lacaze adressée à M. de Heeckeren, et par lui envoyée en communication à M. Sainte-Beuve :

« Ce 1ᵉʳ juillet 1867.

« Mon cher collègue,

« Il y a dans la réponse de M. Sainte-Beuve, que vous me communiquez, une méprise si étrange que je n'y crois pas encore.

« M. Sainte-Beuve semble croire que je me risque pour supprimer en lui, dans les 48 heures, l'homme nécessaire d'une question ou d'une cause. Je suis à mille lieues de cette combinaison ; ma conduite est des plus simples et toute personnelle. — Entre lui et moi, il n'y a pas dans tout ceci une ombre de *question* ou de *cause*; il n'y a qu'une offense, dont je poursuis la réparation.

« Je n'ai aucun droit à me ranger parmi ceux qui « savent les choses de la pensée, de la plume et de la parole. » Mais je ne suis pas plus que lui un docteur ès armes : je suis tout bonnement un homme de mon temps et de mon pays, qui ne veux pas

parole, imprimée au *Moniteur* : « Vous n'êtes pas
« ici pour cela. »

« Au milieu de tant d'autres paroles, insérées également au *Moniteur*, et qui firent explosion en ce singulier moment, où il m'a été donné d'être désigné devant le pays comme une sorte de paria au sein du Sénat, votre apostrophe offensante me parut la seule qui fût à relever, à réfuter, parce qu'elle atteignait directement mon droit, qu'elle le niait, et que, sous sa forme impérieuse et leste, elle était la plus contraire à ce qu'on doit attendre d'un collègue, c'est-à-dire d'un égal. Un président de cour d'assises faisant asseoir un avocat stagiaire qui s'émanciperait n'aurait point parlé autrement.

« J'ai dû ne pas rester sous le coup d'une semblable apostrophe, qui avait eu du retentissement : j'en ai pris acte dans la séance du 25 juin. J'ai répondu au fond

être insulté. Que M. Sainte-Beuve consulte ses amis, — je suis convaincu qu'il ne s'en trouvera pas un qui ne lui dise : que lorsqu'on a, de propos délibéré, comme il l'a fait, acculé un honnête homme à l'extrémité de demander une réparation par les armes, on ne doit pas la refuser, on ne le peut pas.

« Bien des remerciements, et mille pardons de vous avoir embarqué dans cette galère.

« Votre dévoué collègue,
« Lacaze. »

On met cette lettre en entier telle que M. Sainte-Beuve l'a reçue en communication et qu'il en a retenu copie, parce que tout, jusque dans les termes familiers, y marque la différence du point de départ et du point de vue entre les deux parties adverses.

quant à la prétention doctrinale, et aussi du ton le plus vif et avec l'accent de la dignité blessée.

« Vous répondîtes sur-le-champ, monsieur, un mot qui se lit au *Moniteur* dans le compte rendu de la séance. Mais, avant même que vous l'eussiez prononcé, plusieurs sénateurs, à l'occasion de cette parole de vous, que je réfutais et qui m'avait blessé, prenant hautement votre parti, se sont écriés : *Il a bien fait !* Tant il est vrai que cette réfutation ou cette protestation de ma part était nécessaire.

« Aujourd'hui, vous venez, monsieur, vous présenter comme l'offensé, et moi comme l'agresseur.

« Je n'accepte pas du tout cette situation, et personne parmi les lecteurs des deux séances ne voudra croire à ce renversement de rôles.

« C'est vous qui le premier avez dit la parole offensante qui domine tout le débat. Elle m'a révélé dans le collègue quelqu'un qui ne prenait pas la peine de me considérer comme tel.

« Je n'apporte dans ce débat aucun sentiment étranger ni personnel, en dehors du sujet même.

« Jamais, avant ce moment, nous n'avions eu, monsieur, aucun rapport personnel ; jamais nous n'avions eu l'occasion d'échanger une parole ; jamais même nous ne nous étions rencontrés ni vus.

« Je ne vous connais, monsieur, que par ce droit que vous vous êtes arrogé publiquement et de haut sur la direction et l'expression de ma pensée.

« Je ne ferai rien qui puisse dénaturer le caractère essentiellement public du conflit. Je ne me laisserai pas entraîner sur un autre terrain où la raison n'est plus libre.

« Je n'ai donc point cherché à désigner deux amis chargés de régler cette affaire avec messieurs vos témoins : si honorables que soient quatre personnes choisies à cette fin et dans ces conditions, je ne sens pas là de vrais arbitres.

« Il y a tel arbitrage devant lequel je me fusse incliné, un arbitrage pacifique, né du Sénat même, émané de son honorable Président [1], un tribunal devant lequel on aurait exposé et débattu directement, c'est-à-dire en personne, ses griefs et ses raisons. Dans la situation si particulière que les circonstances m'ont faite vis-à-vis du Sénat, et dans laquelle je me renferme, il ne s'est offert aucune ouverture en ce sens, et, retranché comme je le suis dans mon isolement, il ne m'eût pas convenu de rien provoquer en ce sens-là.

« Je ne vois donc pour juge compétent que le public,

---

1. Si cette sorte d'arbitrage avait eu lieu, il m'eût été bien difficile de ne pas faire sourire l'illustre Président lui-même en m'autorisant auprès de lui d'un texte de droit romain qui semble fait exprès pour le cas en litige. L'empereur Vespasien a, en effet, énoncé ce principe : « *Non oportere maledici Senatoribus, remaledici civile fasque esse.* » (Suétone, Vesp., IX.) — « Il ne faut point dire de parole mal sonnante à un sénateur ; mais s'il en dit une lui-même, il est permis de lui bien répliquer. » Or, c'était à l'occasion du démêlé d'un chevalier avec un sénateur que Vespasien rendait cet arrêt : à plus forte raison est-ce vrai de sénateur à sénateur.

le grand public, tout le monde, ce quelqu'un qui a plus d'esprit que personne et qui a autant d'honneur que qui que ce soit, — un honneur qui n'est pas le point d'honneur et où il entre de la raison.

« Sainte-Beuve. »

« (14 juillet 1867) [1]... Je lis la lettre que vous me communiquez, et qui me paraît celle d'un catholique libéral. Nul plus que moi ne respecte cette nuance d'opinion, dont j'ai connu autrefois, et dont même j'ai eu pour amis de jeunes et bien distingués représentants, alors dans toute la fleur du talent et de l'éloquence [2]. Je comprends très-bien la théorie sociale qui fait d'un peuple sans religion un peuple en décadence. Mais ici la question est autre : on n'est plus libre. Qu'on en gémisse ou non; la foi s'en est allée; la science, quoi qu'on dise, la ruine; il n'y a plus, pour les esprits vigoureux et sensés, nourris de l'histoire, armés de la critique, studieux des sciences naturelles, il n'y a plus moyen de croire aux vieilles histoires et

---

1. La lettre suivante, écrite peu de jours après ces divers incidents, et publiée dans les journaux, eut alors un grand retentissement; elle a été souvent reproduite depuis et est restée comme une page célèbre. C'est à ce titre que nous la recueillons ici, pour la première fois, à sa vraie place et à sa vraie date, sans attendre la publication de la Correspondance. Elle était adressée à M. Albert Collignon, de Metz.

2. Lacordaire, l'abbé Gerbet...

aux vieilles Bibles. Dans cette crise, il n'y a qu'une chose à faire pour ne point languir et croupir en décadence : passer vite et marcher ferme vers un ordre d'idées raisonnables, probables, enchaînées, qui donne des convictions, au défaut de croyances, et qui, tout en laissant aux restes de croyances environnantes toute liberté et sécurité, prépare chez tous les esprits neufs et robustes un point d'appui pour l'avenir. Il se crée lentement une morale et une justice à base nouvelle, non moins solide que par le passé, plus solide même, parce qu'il n'y entrera rien des craintes puériles de l'enfance. Cessons donc le plus tôt possible, hommes et femmes, d'être des enfants : ce sera difficile à bien des femmes, direz-vous, — à bien des hommes aussi. Mais dans l'état de société où nous sommes, le salut et la virilité d'une nation sont là et pas ailleurs. On aura à opter entre le byzantinisme et le vrai progrès. — Vous direz cela, cher monsieur, à votre ami, bien mieux que je ne saurais le dire. A vous de cœur,

« SAINTE-BEUVE. »

15 avril 1868.

SENAC DE MEILHAN

UNE PRÉFACE AUX ANNALES DE TACITE [1].

Senac de Meilhan est plus apprécié de loin et plus connu de nom que lu et que répandu par ses écrits mêmes, qu'on ne réimprime pas. Des plus distingués comme administrateur et comme peintre de mœurs sous le règne de Louis XVI; il eut surtout une réputation de grand monde et de société : la Révolution y coupa court et le jeta dans l'exil. Pendant ce séjour à l'étranger, il acheva de prendre rang comme écrivain par de piquants ouvrages, des portraits, des romans, etc. Cependant tout cela ne pénétrait qu'imparfaitement en France, et lui-même étant mort dans l'émigration, il n'eut jamais les honneurs de son esprit et de son talent. Ce ne sont encore que les curieux qui le recherchent aujourd'hui. Le nombre en est augmenté

[1]. Opuscusle publié par M. Sainte-Beuve dans la collection de l'Académie des Bibliophiles.

depuis quelque temps. On est très-disposé à goûter la finesse de ses aperçus, la justesse et quelquefois la hardiesse de son coup d'œil, ses jugements pénétrants des hommes et des choses. On donne volontiers raison au prince de Ligne, lorsqu'il disait : « Dans les pensées de M. de Meilhan, il y a des traits de feu qui éclairent toujours, et des fusées qui vont plus haut qu'elles ne font de bruit. »

M. de Meilhan s'était exercé, dans la première partie de sa vie, à traduire les *Annales* de Tacite, une double école de politique et de style. Il en publia les deux premiers livres en 1790. C'était à la fois de l'à-propos et du contre-temps : — de l'à-propos, parce que Tacite reprenait tout son sens profond à la clarté des événements nouveaux ; — du contre-temps, parce qu'on jouissait bien peu alors de cette liberté d'esprit qui seule eût permis d'être attentif à un tel essai littéraire et de rendre justice aux efforts méritoires du nouveau traducteur. Cependant M. de Meilhan avait mis en tête de sa traduction une Préface qui est un de ses meilleurs morceaux. Il y appréciait tout naturellement d'abord son auteur, le plus grand peintre d'histoire, et cet examen le conduisait à marquer la différence de la société moderne à l'ancienne, l'amoindrissement qu'il n'hésitait pas à y voir dans les caractères et dans les âmes. Il était amené non moins naturellement à citer le cardinal de Retz et à le mettre en regard de Tacite, en ayant soin toutefois de distinguer entre la valeur morale des deux personnages ; mais le rapprochement politique était des mieux indiqués. Tacite et le cardinal de Retz sont, en effet, un double bréviaire à porter avec soi en des temps de révolution. Cette Préface de M. de Meilhan se termine par une vue que je signale et qui était presque alors, à sa date, une prédiction. M. de Meilhan paraît craindre que l'imprimerie et tout ce qu'elle amène avec elle sous un régime d'entière publicité et de liberté ne serve bien moins à favoriser le génie et les grandes œuvres qu'à exciter le goût de la malignité, de la raillerie, de la chronique satirique, à propager les productions du genre de celles dont il était déjà témoin en 1790, à cette seconde année de la Révolution. J'espère que cette vue, qu'il ne met d'ailleurs en avant que comme un aperçu lointain, ne se trouvera pas vérifiée dans l'avenir des sociétés libres et démocratiques. Il n'est pas moins vrai que cette Préface de M. de Meilhan est un morceau de prix, digne d'être conservé ; et comme ce premier volume des *Annales* de Tacite, traduit par lui, est devenu à peu près introuvable[1], nous avons pensé qu'il n'était pas indigne de l'Académie des Bibliophiles de vouloir bien autoriser et pa-

---

1. J'ai dû l'exemplaire qui m'a servi pour cette réimpression à M. Biston, avocat à Châlons-sur-Marne, et petit-neveu d'Antoine-Joseph Biston qui était secrétaire du cabinet de M. de Meilhan dans l'intendance de Valenciennes, et qui, au départ de son chef et patron, fut présenté et agréé en qualité de subdélégué général (juin 1790 — juin 1791).

tronner la réimpression du Discours préliminaire. Que cette Académie, qui avait bien voulu déjà accueillir de nous un autre opuscule[1], reçoive ici tous nos anciens et nos nouveaux remerciements, aujourd'hui que nous ne sommes qu'éditeur.

1. *Le comte de Clermont et sa cour.* (Les articles, qui composent ce volume, et dont MM. Michel Lévy avaient autorisé la réimpression dans la collection de l'Académie des Bibliophiles, font partie des *Nouveaux Lundis*, t. XI.)

mai 1868.

DE LA LOI SUR LA PRESSE[1]

La délibération sur la loi de la presse au Sénat, commencée le lundi 4 mai 1868, dura quatre jours, et se termina le jeudi 7. Les trois premières journées se passèrent régulièrement, chacun des orateurs inscrits montant à son tour à la tribune et venant y développer ses arguments pour ou contre la loi. Mais, le quatrième jour, le jeudi, M. Le Roy de Saint-Arnaud, qui avait la parole à l'ouverture de la séance, ayant, dans un discours plus vif et plus incisif qu'aucun des précédents, provoqué une réponse directe et presque personnelle de M. le ministre d'État, celui-ci monta immédiatement après lui à la tribune et prononça une de ces improvisations animées et puissantes qui émeuvent et enlèvent les assemblées. C'est à ce moment, et aussitôt après qu'il eut quitté la tribune, que la clôture fut demandée par nombre de sénateurs : combattue par M. le baron Charles Dupin, elle ne fut point mise

1. Discours prononcé au Sénat.

aux voix. M. le président ayant alors accordé la parole aux orateurs inscrits dont le tour était venu, trois de ces orateurs, M. Rouland, M. le vice-amiral Bouët-Willaumez, M. Larabit, y renoncèrent successivement. Je venais après eux sur la liste. — C'est à partir de ce moment que je reproduis le compte rendu de la séance du Sénat, tel qu'il a paru au *Moniteur*. Je ne ferai aucune réflexion sur les incidents qui se sont produits : *le Moniteur* parlera pour moi.

..... M. LE PRÉSIDENT. Il y a encore des orateurs inscrits qui désirent être entendus. M. le vice-amiral Bouët-Willaumez avait demandé la parole ; ce serait à lui à la prendre, d'après la liste des inscriptions.

M. LE VICE-AMIRAL BOUET-WILLAUMEZ. Pour les mêmes motifs que M. Rouland, je renonce à la parole, d'autant plus que je voulais parler dans le même sens que l'éloquent ministre d'État.

M. LE PRÉSIDENT. La parole est à M. Larabit.

M. LARABIT. J'y renonce également.

Plusieurs sénateurs. Alors, votons.

M. LE PRÉSIDENT. M. Sainte-Beuve a la parole.

M. SAINTE-BEUVE, *de sa place.* Je sens que c'est faire un grand acte d'humilité que de venir parler immédiatement après le discours éloquent qui vibre encore ; mais je m'y résigne.

Un grand nombre de sénateurs. Parlez ! parlez ! — A la tribune !

M. SAINTE-BEUVE, *à la tribune.* Messieurs les sénateurs, j'ai, avant tout, à m'excuser d'une irrégularité apparente et qui pourra tout d'abord sauter aux yeux. Je dois voter l'acceptation de la loi, et c'est ainsi que je me trouve en dernier lieu au nombre des inscrits *pour;* mais la vérité est que j'avais d'abord demandé la parole pour parler *sur* la loi : car mes réserves à son sujet sont telles, que je semblerai le plus souvent parler *contre*. En un mot, j'approuve la loi dans son principe, et je la contredis dans presque tous ses détails. Le règlement du Sénat, qui diffère en cela des usages de l'ancienne Chambre des pairs, n'admet point ce genre d'inscription *sur* la loi ; il serait peut-être bon de l'y introduire. Ces explications données comme excuse, et pour qu'on n'essaye pas de me mettre en contradiction avec moi-même, j'entre en matière.

Messieurs, si l'on pouvait faire abstraction des remarquables discours en sens divers qui ont rempli les dernières séances, et si l'on s'en tenait uniquement à l'impression produite par le sage et prudent rapport qui a précédé, on voterait la loi présente sans trop d'observations, comme un progrès relatif, très-modéré, et l'on oublierait trop aisément les circonstances dans lesquelles cette loi a surgi, les incidents qui en ont accompagné la présentation, la discussion première, ce qu'elle promettait, ce qu'elle est devenue.

Sans rentrer dans une discussion rétrospective où tout a été dit (au Corps législatif, puis au Sénat), et dit de part et d'autre on sait avec quelle force et quel talent, j'ai cependant besoin absolument de revenir un peu en arrière pour introduire les observations que je crois utiles et les exprimer à l'état du moins de regrets dans le présent et de vœux pour l'avenir. L'opinion qu'on s'est formée de cette loi et qu'il n'est pas aisé de résumer ne saurait se séparer de son historique, car la loi a été en quelque sorte *successive ;* elle n'a pas été faite d'un seul jet.

Et d'abord, il est parfaitement certain que la promesse qui s'est déclarée dans la lettre du 19 janvier était inespérée à cette date et inattendue. L'honneur de l'inspiration, on l'a dit justement, doit donc se rapporter en entier à son auteur. La question est de savoir si, cette promesse une fois faite, cette intention hautement manifestée au nom de l'initiative souveraine, on a pris les meilleurs moyens de la réaliser. Que si l'on en vient aux questions, on pourrait même se demander si, en se décidant à passer d'un système à l'autre, le meilleur moment et le plus propice a été choisi. Les moments sont pour beaucoup dans la vie des peuples et dans le succès des entreprises. Il y a eu dans les années précédentes, aux époques antérieures de l'Empire, des instants où le changement de système semblait désiré, attendu, espéré de la France presque entière avec une vivacité qu'il est à regretter peut-être qu'on n'ait point satisfaite à temps, du moment que cette satisfaction plus ou moins complète devait venir. Il en est de certains projets comme de la sortie des navires, alors que la navigation se faisait à la voile : il n'est pas indifférent que le ciel soit plus ou moins clément, que les flots soient plus ou moins apaisés, qu'on ait ou qu'on n'ait pas le vent en poupe. Mais enfin, le signal ayant été donné, même quand le moment n'était pas choisi, et que certaines conjonctures pouvaient sembler contrariantes, il y avait sans doute pour tous ceux qui étaient appelés à concourir à l'œuvre et à la rendre exécutoire, il y avait à entrer dans la nouvelle situation soudainement créée, à s'y faire de bon cœur dès qu'on l'acceptait, à y répondre d'une manière plus prompte, moins indécise et avec une largeur de concession qui eût paru de meilleure grâce. Il ne fallait pas qu'on pût dire comme à d'autres époques historiques vouées à l'indécision et à la faiblesse, et qui certes n'ont nul rapport avec les circonstances actuelles ni avec le Gouvernement présent, il ne fallait pas qu'on pût appliquer un mot du sage Malouet, du temps de M. Necker : « On n'a su ni donner ni retenir. » Le fait est que, sans accuser personne, et à n'en juger que par les apparences et les résultats, jamais une pensée généreuse et spontanée, émanée du souverain, n'a paru servie plus à contre-cœur, — et chacun n'y allant qu'à son corps défendant ; — jamais liberté proclamée *proprio motu* n'a paru ensuite plus contrôlée, chicanée, retardée, ballottée à n'en plus finir. Car que d'atermoiements, si l'on s'en souvient ; et, une fois la discussion commencée, que d'amendements, que de correctifs, que de *repentirs*, comme disent les peintres! que d'allées et venues et d'interminables renvois d'un Corps à l'autre ; que de vicissitudes jusqu'à la dernière heure! Ah! s'il en était des lois comme des ouvrages d'esprit au temps de Boileau, celle-ci devrait être bien parfaite, car ce n'est pas vingt fois, c'est trente fois, c'est cent que les faiseurs ont remis sur le métier leur ouvrage; et pourtant la loi n'est pas devenue pour cela meilleure quant au fond ; et, en ce qui est de la forme, le bienveillant rapport que vous avez entendu n'a pu lui-même dissimuler qu'elle laisse à désirer pour la bonne rédaction.

C'est trop évident, et je n'insiste pas. Il n'est pas moins vrai qu'il est profondément à regretter que, pour un acte public destiné à instituer comme un second temps, une seconde époque dans l'Empire, à donner un autre cours, une impulsion vigoureuse à l'opinion publique, et à manifester un renouvellement d'intentions dans le sens libéral, on ait dès l'abord, dans les sphères officielles, attaché par avance à la loi qui était présentée le commentaire extérieur le plus gratuitement illibéral : je veux parler du procès pour les comptes rendus.

Quoique ce puisse sembler déjà de l'histoire ancienne, je demande à exprimer ma pensée à ce sujet; car il est possible que, plus tard, la question revienne de droit au Sénat même, sous forme de sénatus-consulte.

Je dis que l'esprit de cette loi sur la presse a paru bien long et bien lent à se faire comprendre, jusque dans les sphères appartenant ou attenant au Gouvernement même. Quoi ! quand on était à la veille et en voie de passer d'un système à l'autre ; quand, depuis l'annonce qui en avait été faite et le signal donné d'en haut, le ministre de l'intérieur d'alors, M. de la Valette, s'était abstenu de continuer l'application de l'ancien système ; que l'avertissement avait été généralement suspendu, quoi ! le parquet subitement s'avise d'intenter cette action en masse contre les journalistes sous prétexte de compte rendu ! Je ne saurais dire l'impression que j'ai ressentie comme ami du Gouvernement, ce que j'ai pensé et souffert d'une pareille maladresse. A l'heure qu'il est, je ne me l'explique pas encore. Le Prince avait parlé ; le ministère, le conseil d'État étaient occupés à développer et à organiser sa pensée, à lui donner corps dans une loi. Et voilà que, sous prétexte d'indépendance et de scrupule de conscience, une portion de la magistrature agissant tout à fait isolément, et absolument comme si elle eût vécu dans une île déserte en dehors de notre atmosphère morale, ne tenant aucun compte du moment, du courant de l'opinion, de la crise politique, à l'une de ces heures toujours périlleuses où le vent est en train de tourner ; voilà que, saisie d'une superstition judaïque, elle se met à distinguer entre tel ou tel article rétrospectif chez tous les journaux indistinctement; et, après examen, toute réflexion faite, elle en traduit la plupart en police correctionnelle ! J'ai été journaliste, messieurs, et j'ai vécu avec les journalistes. Je puis dire que, pour quelques-uns de ces hommes graves, sérieux, qui ont toujours surveillé leur rédaction dans son opposition même, qui ont mesuré leurs termes, qui se sont fait respecter sous les divers régimes, ce n'est pas une chose indifférente d'être traduit en police correctionnelle. C'est déjà un premier affront. Pour quiconque connaît le cœur humain (et le parquet, ce jour-là, n'a point paru le connaître), ces hommes ne sortent pas du tribunal tout à fait tels qu'ils y sont entrés. Ils ne vous savent pas gré de la légère flétrissure que vous leur avez infligée ou voulu infliger. Je ne vais pas plus loin, et je me borne à remarquer qu'à la veille de la mise en pratique d'une loi relativement libérale, c'est là une étrange manière de se concilier les esprits. J'appelle cela un contre-sens à la loi.

Et qui en a été le plus puni, messieurs ? Qu'est-il arrivé de cette interdiction imposée à nombre de journaux et des plus répandus, des plus recommandables ? Je ne parle pas des spirituelles épigrammes qu'elle a values à qui de droit et qui ne laissent pas cependant de porter, quand elles sont justes et bien méritées. Elles portent surtout à l'étranger, et au delà du Rhin, au delà de la Manche. A ces spectateurs qui ne sont pas obligés d'être bienveillants pour la France, elles donnent une singulière idée de l'état moral de notre pays, de ce qui y est permis et de ce qui y est défendu. Mais il ne s'agit point de cela : c'est surtout le silence obstinément gardé par les journaux intimidés ou mécontents, et qui y mettent, j'en conviens, une certaine malice, c'est leur silence sur ce qui se passe dans les Chambres et sur ce qui méritait le plus d'être signalé à l'attention publique, c'est cela qui est le mal. Je n'en veux pour preuve, messieurs, que ce qui est arrivé pour le Sénat lui-même. Il y a eu depuis cette interdiction et au lendemain, dans votre Assemblée, plusieurs séances des plus intéressantes et même mémorables : je rappellerai seulement la discussion sur la loi militaire, si nourrie, si éloquente. Il y a été prononcé, en sens contraire, des discours pleins d'une haute raison ou d'un ardent patriotisme. Un honorable amiral, notamment, a obtenu dans cette Assemblée un succès tel, je le crois, qu'il n'y en a jamais eu de semblable dans une haute Assemblée, siégeant au Luxembourg, depuis l'ancienne Chambre des pairs. Eh bien, cet éloquent discours a-t-il retenti dans le public, de même qu'il avait ébranlé les voûtes de la salle du Sénat ? a-t-il eu un écho au dehors en rapport avec l'éclat du dedans ? Je puis dire que cette dernière publicité, cette consécration du succès lui a manqué. A qui la faute ? — Et ces autres séances remplies d'un intérêt plus calme, mais non moins sérieux, cette discussion si serrée, si savante, si positive, sur les *acquits-à-caution* où les voix les plus compétentes se sont fait entendre, a-t-elle été appréciée et signalée à l'attention par la presse comme elle aurait dû l'être?. Elle est restée comme étouffée dans les parois de cette Chambre, ou renfermée encore, enterrée dans les longs suppléments du *Moniteur*, sans que les *premiers Paris* des journaux, sans que quelques-uns de ces entrefilets incisifs qu'on parcourt d'un clin d'œil et qui indiquent les points intéressants, y aient frayé la route à de nombreux lecteurs. A qui la faute encore une fois? Les journaux auraient pu en parler sans péril, direz-vous? Peut-être, en effet. Ils se vengent. Que voulez-vous! c'est de bonne guerre. Ah ! laissez-moi vous le dire, vous tous gens de talent, vous avez intérêt à la publicité, à la plus grande publicité. Plus il y en aura, plus vous y trouverez votre compte. Pour le vrai mérite chez un homme public, la publicité à la longue est toujours impartiale et équitable.

Et, pour épuiser cette question qui, bien que subsidiaire et incidente, se rattache si directement à une loi de la presse, j'ai lu depuis, messieurs, les considérants du jugement rendu par la Cour impériale dans le procès de neuf journaux poursuivis et condamnés déjà en police correctionnelle. Si j'ai bien compris ces motifs de l'arrêt qui n'a infirmé que deux des premiers jugements, il s'ensuivrait que, pour être à l'abri de la contravention, il n'y a pas de moyen plus sûr, quand on veut discuter les actes du Corps législatif ou du Sénat, que de faire des articles incomplets, insuffisants. Quant à moi, si j'avais un article à écrire à propos d'une séance pareille, il me semble que les lois les plus simples et les plus naturelles de la rhétorique me diraient de commencer par mettre le lecteur au fait, de lui expliquer brièvement l'état de la question et le rôle des orateurs, de le faire par ordre et avec suite pour en venir après à discuter à fond l'objet du débat et à apprécier, à juger les différentes opinions en présence. Mais prenons garde : si mon article est trop bien composé et conçu, s'il met le lecteur au fait, s'il le dispense de recourir aux comptes rendus officiels, si, en un mot, cet article net et lucide se suffit à lui-même comme il est de règle en bonne littérature politique, en bonne rhétorique du genre, je suis en faute, en contravention, et me voilà condamné *ipso facto*. Car tous ces considérants subtils qui ont partagé et mis à la torture l'esprit des juges eux-mêmes pourraient se résumer dans cet avis bien simple : « Messieurs les écrivains, vous ne ferez pas trop bien votre *premier Paris*, de peur qu'on ne lise que cela. » Je le dis comme je le sens, messieurs, c'est petit, c'est mesquin, et j'ajouterai : c'est inutile. Tout cela n'aboutit qu'à gêner le talent : la satire trouvera toujours moyen de passer à travers les mailles du réseau.

Quel que soit le parti qu'on prenne à l'avenir pour ces comptes rendus, et la question dût-elle être de nouveau soumise au Sénat, il n'est pas moins vrai que ce qui s'est passé précédemment a été le commentaire extérieur le plus intempestif, le plus maladroit, le plus maussade, à la loi sur la presse qui était proposée et qui allait se discuter dans le même temps. Elle a donné tout leur courage aux opposants, en indiquant ou faisant supposer au sein du Gouvernement même une disposition restrictive auxiliaire de la leur.

L'article premier du projet de loi était le plus important [1]. Il le semblait tellement, qu'on pouvait se dire que toute la loi y était renfermée. On sait les craintes, les obstacles qu'on s'exagérait peut-être, les péripéties du débat, l'éclat de l'éloquence qui y fut déployée, la joie qui suivit le succès : il y eut un moment où l'on crut réellement (et dans cette supposition je me place en dehors du Sénat, et je me tiens avec le simple public), — où l'on crut tout de bon qu'on entrait à pleines voiles dans un second bassin politique, dans la seconde période toute libérale de l'Empire. Ce pays est si prompt, si mobile, si tourné à espérer, qu'il se créa pendant quelques jours comme un courant rapide de vues, de projets, d'entreprises pacifiques et politiques. L'éloquence de M. le ministre d'État, en triomphant, avait servi une bonne cause. Pourquoi faut-il que la loi, si bien engagée au point

---

[1] « Tout Français majeur et jouissant de ses droits civils et politiques peut, sans autorisation préalable, publier un journal ou écrit périodique paraissant soit régulièrement et à jour fixe, soit par livraisons et irrégulièrement. »

de départ et à son premier pas, n'ait point continué de marcher dans cette voie largement ouverte? La presse n'est point si ingrate qu'on se le figure : les générations nouvelles nées et grandies depuis ces vingt dernières années sont amies du suffrage universel et ne sont point ennemies du Gouvernement qui en est issu. Vous voyez que j'entre tout à fait dans l'ordre de considérations de M. le ministre d'État. Pourquoi faut-il, encore une fois, qu'on ait reculé presque aussitôt après avoir avancé? Mais les restrictions, les précautions sont tout de suite venues : après cette facilité de naître pour le journal, on semble n'avoir plus été occupé que de lui opposer la difficulté de vivre. On avait commencé par ouvrir la fenêtre, par l'ouvrir toute grande; mais, aussitôt après, on s'est mis à y poser des barreaux et des grilles, et si serrées, si étroites, qu'à peine si on peut respirer l'air à travers.

Certes, la loi a été bien défendue, à plus d'une reprise, par MM. les ministres. Elle l'a été toujours avec talent, et, dès le principe, avec éloquence ; mais, le dirai-je ? il a manqué un je ne sais quoi à la défense ; on n'y a point senti cette inquiétude, cette vigilance de tous les instants, cet ardent amour qui décèle les vrais pères. On s'apercevait trop bien que cette loi n'était qu'une fille adoptive, qui n'était point secourue par ses vrais auteurs. Que vous dirai-je? ses meilleurs avocats n'avaient pas pour elle des entrailles de mère. De là, après cette éclatante conquête du premier article, tout le terrain qu'on a successivement reperdu en détail. Le vigoureux coup de collier d'éloquence qui avait enlevé la première ligne ne s'est pas renouvelé.

— Il vient seulement de se renouveler ici, tout à l'heure.

A cet extrême moment de la discussion, n'étant point d'ailleurs moi-même un jurisconsulte, ne me croyant point une autorité suffisante sur des matières que j'aborde pour la première fois législativement, je me bornerai en quelque sorte au côté moral de la loi, et j'y signalerai la plus grave lacune à mon sens : je veux parler de la juridiction.

M. le président Bonjean m'a déjà prévenu sur cet article et a plaidé devant vous le bon droit à grand renfort d'arguments que lui ont fournis sa science approfondie et son expérience ; M. Boinvilliers l'a fait aussi avec bien de la fermeté ; mais je dois dire que je n'avais pas besoin d'être excité par leur exemple. Jeune homme sous la Restauration, formé à l'éducation politique par l'étude des hommes éminents qui luttèrent depuis 1816 pour l'établissement d'un équitable régime constitutionnel, je ne puis croire que la vraie juridiction pour la presse doive se chercher autre part que dans le jury. Tout a été dit sur ce sujet par les Royer-Collard, les Camille Jordan, les de Serre, — j'entends parler de M. de Serre en son bon temps, avant son repentir et ses défaillances, avant son fameux *Jamais!*

Et permettez-moi de le dire, je suis toujours étonné que les hommes de mon âge ne paraissent point se souvenir mieux de ce qui s'est passé sous la Restauration et des sentiments, selon moi, fort justes, qui nous animaient alors. Il y eut un moment presque unique où la Restauration fut dans le vrai, où elle adopta la seule voie qui aurait pu la sauver et qu'elle abandonna trop tôt. Ce moment (1818-1819) fut celui d'une bonne loi sur la presse ; mais on ne tarda pas à la rétracter à l'heure de la réaction, en 1822, et toutes ces précautions, cette guerre à la pensée, ces poursuites des écrivains ne sauvèrent rien. Les hommes de ma génération qui sont au pouvoir, et qui furent des libéraux de ce temps-là, ont trop oublié, selon moi, les impressions de leur jeunesse. Il n'est pas bon de recourir, comme on le fait trop souvent, à ces armes législatives de ce que j'appelle les mauvais temps de la Restauration et qui lui ont si peu réussi. Je sais très-bien moi-même tout ce qui s'est passé depuis ; je sais surtout que les événements de 1848 ont été pour beaucoup d'esprits un coup de tonnerre qui les a fait se retourner et rebrousser chemin. Je ne suis point de ceux-là ; et, tout en reconnaissant qu'il est bon de ralentir la marche quand il le faut, de la suspendre même, quand les circonstances le commandent, je pense aussi qu'il ne faut jamais changer de but ni se diriger autre part que là où est le vrai progrès de la société moderne, là où est l'avenir plus ou moins prochain, l'avenir inévitable auquel il ne faut jamais dire : Jamais.

Que si la juridiction du jury me paraît nécessaire dans une bonne loi de presse, il me paraîtrait surtout indispensable, dans certains cas où la loi, dans sa rédaction douteuse, laisse place à trop de latitude pour l'accusation, où elle permet trop de confondre ce qui est outrage à la morale publique et aux bonnes mœurs et ce qui n'est qu'une attaque théorique à des croyances religieuses qu'on est libre de ne point partager et même de combattre. Le jury seul, dans ces sortes de cas, comme d'ailleurs en beaucoup d'autres, me paraît offrir toutes les garanties, y compris celle de l'indifférence.

Ah! messieurs, toutes les fois que cette question revient, ma pensée est assaillie d'un souvenir; ce souvenir est bien ancien et n'a rien qui puisse passionner les esprits. Sous la Restauration, le 7 août 1827, sous une juridiction pareille à celle qu'on maintient aujourd'hui, on a vu comparaître devant le tribunal de police correctionnelle un homme vénérable, un homme de bien, un philosophe éminent, M. de Sénancour, auteur d'un *Résumé de l'histoire des traditions morales et religieuses;* on l'a vu, pour quelques phrases qui ne semblaient pas assez respectueuses envers les religions positives, accusé avec véhémence par un avocat du roi qui ne croyait que remplir son devoir ; on l'a vu, comme de juste, condamné par le tribunal : car, d'ordinaire et provisoirement, en pareil cas, la police correctionnelle commence par condamner. Ce n'est qu'en appel, six mois après, le 22 janvier 1828, devant la Cour royale, que le noble, l'intègre écrivain, sur la défense éloquente de M⁰ Berville, fût renvoyé de la plainte. — Mais de quoi vous plaignez-vous vous-même, me dira-t-on, puisque cet accusé a été finalement acquitté ? — Oui, messieurs; mais, moi aussi, j'ai voulu étudier cette question; j'ai lu les réquisitoires du parquet d'alors, je les ai comparés à d'autres réquisitoires plus récents, et j'en ai souffert pour les honnêtes gens qui s'étaient vus obligés de soutenir, en des termes qui se ressemblent fâcheusement à toutes les époques, de semblables accusations contre un homme de bien. Ah ! déchargeons autant que possible la magistrature, — cette magistrature si respectable, si méritante, si indispensable et si vigilante à chaque heure du jour et de la nuit, si digne de reconnaissance dans le cercle étendu de ses justes attributions, — déchargeons-la le plus possible d'une responsabilité de cette nature, sujette à tant d'écarts et dont les actes, à distance, font un étrange effet en présence de l'histoire et de la postérité. Si le jury n'existait pas, c'est pour des cas de ce genre qu'il faudrait l'inventer.

J'avais dessein d'abord, messieurs, de traiter à fond ce point devant vous, d'établir à ce propos le vrai principe de la tolérance en matière d'opinions, telle que je la conçois et que je la crois digne du XIX⁰ siècle;

mais une occasion prochaine devant s'offrir où, si on daigne me le permettre, je me propose de vous exposer mes idées à ce sujet, je passe rapidement, et j'exprime seulement mon regret de trouver dans la loi présente l'absence absolue de la seule juridiction de laquelle la presse me paraît devoir relever ; je déplore que, du moment qu'on prétendait rentrer dans la voie libérale, on ait tenu si peu de compte des grandes traditions que nous avaient léguées nos maîtres en politique : la loi, à ce titre, me paraît profondément défectueuse, et, s'il faut parler franc, profondément viciée dans sa constitution même. — Je passe outre.

(Le bruit des conversations particulières couvre la voix de l'orateur ; quelques sénateurs se groupent alors au pied de la tribune pour mieux l'entendre.)

M. LE COMTE DE NIEUWERKERKE. C'est inconvenant.

M. DE MAUPAS, *à l'orateur*. Interrompez-vous ; attendez que le bruit ait cessé ; nous désirons vous entendre.

M. SAINTE-BEUVE. Je vous remercie, monsieur de Maupas, je vais tâcher de continuer.

(M. le Président réclame le silence et agite plusieurs fois sa sonnette. Le silence se rétablit un peu.)

M. SAINTE-BEUVE, reprenant la lecture de son discours :

Un détail encore m'affecte dans la loi : le rétablissement ou le maintien de l'emprisonnement, qu'on s'était flatté de voir disparaître. J'abonde ici, vous le voyez, dans le sens de M. Boinvilliers. Cette loi, en vérité, a eu bien de la peine à se faire comprendre dans son principe et dans l'esprit qui en avait inspiré le projet. Quoi ! la pensée généreuse du chef de l'État veut supprimer les peines corporelles ; l'empereur l'avait déjà voulu, et avec une intention très-marquée, quand il s'agissait de la prison pour dettes ; il manifeste le vouloir de nouveau en matière de délits de presse ; le Prince qui, sur le trône, se souvient des jours de l'adversité sait ce que lui, homme de cœur et de pensée, a souffert dans une prison :

Non ignara mali, miseris succurrere disco ;

et il veut épargner cette même peine aux hommes de pensée, même à ceux qui se trompent ; et cette délicatesse de sentiment n'est pas comprise ; et à diverses reprises on s'est obstiné à réintroduire dans la loi ces peines corporelles : expulsées d'un côté, elles y rentraient de l'autre. Enfin on a si bien fait en dernier lieu, qu'elles s'y sont maintenues. Eh ! messieurs, je n'ai jamais, pour mon compte, subi la prison. Mais j'ai vu et visité des prisonniers pour délits de presse. J'ai visité Béranger à la Force, M. Dubois (de la Loire-Inférieure) à Sainte-Pélagie. J'aurais pu y visiter Proudhon. La prison avec son étroit espace, son manque d'air et d'exercice, même lorsqu'une administration indulgente y apporte des facilités, même quand une maison de santé est accordée comme je l'ai vu autrefois pour

15.

l'estimable et respectable abbé de Cazalès, une prison, pour peu qu'elle se prolonge, est pour un homme jeune, actif, puissant (je le prends dans les meilleures conditions), une atteinte aux sources de la santé et de la vie, une atteinte quelquefois au tempérament. On n'en sort pas tel physiquement qu'on y est entré. Cette peine corporelle est une petite torture lente, imperceptible, indigne d'être infligée, chez un peuple civilisé, à des hommes qui n'ont eu qu'une erreur intellectuelle (si tant est qu'ils l'aient eue en effet).

Ne punissez point dans la chair celui qui n'a péché, — non, laissons le mot mystique, — celui qui n'a erré que par l'esprit (si tant est qu'il ait erré). C'est un reste du moyen âge, un dernier anneau des chaînes pesantes dont l'homme était alors chargé.

Et ici je sens le besoin de remercier notre bienveillant rapporteur pour les bonnes paroles qu'il a prononcées : « Supprimer une peine, a-t-il dit, c'eût été faire un pas de plus dans la voie que suit depuis longtemps notre législation; » et il a exprimé le vœu que cette peine corporelle, réintroduite au dernier moment dans la loi, ne fût appliquée à l'avenir que le plus rarement possible. Ah! messieurs, qu'elle ne le soit jamais! Que la magistrature entende la parole qui emprunte au caractère élevé de M. le président Devienne une autorité singulière. Avec les écrivains, on n'aura jamais à se repentir d'avoir pratiqué la justice, surtout sous la forme de l'humanité.

Ce n'est pas à dire, messieurs, que j'eusse conseillé, en rejetant les peines corporelles, d'insister d'autant, en revanche, sur le chiffre des amendes et de l'aggraver. Je suis peu apte aux discussions de chiffres ; je ne suis que l'écho des hommes que j'estime les plus compétents : j'espère encore que la pratique de la loi vaudra mieux que son texte, et que l'application atténuera bien des inconvénients qu'on redoute ; mais il est déjà très-fâcheux que ces appréhensions s'élèvent à la veille de la mise en pratique de la loi.

On pouvait espérer qu'un des premiers effets de cette loi qui inaugure un nouveau régime pour la presse, que l'un de ses bienfaits serait de porter des capitaux dans cette direction pour la création de nouveaux et sérieux organes de grande publicité. Et c'est ce qui serait à souhaiter, messieurs, au point de vue politique. Il s'est formé depuis plus de quinze ans, je l'ai déjà fait remarquer, des générations jeunes, animées d'un esprit qui n'est plus celui des régimes antérieurs. Cet esprit, quel est-il ? Vous l'ignorez ; il s'ignore en partie lui-même, tant que l'occasion ne lui a pas été donnée largement de s'exprimer et de s'affirmer. Or il est temps que cet esprit se fasse jour ; rien n'est si fort à désirer, car, dégagé des préoccupations, des passions, des alarmes ou des rancunes de 1848 et de 1851, il n'est, si j'en puis juger, ni enthousiaste ni hostile ; il aspire à perfectionner sans détruire, et il est le plus solide élément avec lequel et sur lequel le Gouvernement devrait compter pour un avenir régulier de la France. De plus, la création de plusieurs grands organes de publicité, portant avec soi d'amples informations et des discussions approfondies, établirait des courants utiles, assainissants, et qui seraient des plus propres à rejeter ou à remettre à leur place les futilités cancanières ou médisantes dont on se plaint. Eh bien, messieurs, il est à craindre qu'il n'en soit rien, car la nouvelle loi, si hérissée, est des moins engageantes ; on trouvera encore et toujours des plumes pour braver la police correctionnelle et la prison ; mais les gros capitaux disposés à suffire à toute une échelle progressive d'amendes, on ne les trouvera plus. Déjà, me dit-on, ceux qui avaient montré des velléités premières se retirent, et, dans cette branche d'industrie et d'entreprises comme dans tant d'autres, les capitaux intimidés ne se mettront pas en mouvement, faute de confiance. Eh quoi donc ? l'incertitude, la stagnation partout et toujours !

Et puisque j'ai touché aux questions de chiffres, je répéterai ce que les représentants des principaux journaux ont dit devant les commissions qui les ont entendus, ce que M. Boinvilliers a développé devant vous avec l'éloquence inflexible de la logique et des chiffres, ce qui n'est que la vérité la plus exacte : c'est que, si l'on a fait quelque chose pour la diminution du droit du timbre, on a fait trop peu ; le dégrèvement est trop faible : on n'a pas tenu compte des dures conditions qui pèsent sur cette entreprise morale appelée journal et qui devrait surtout porter une idée. Les journaux quotidiens existants, sauf deux ou trois, sont atteints d'anémie. Lecteurs, vous les jugez prospères d'après leur rédaction souvent pleine de vie et de talent : ils ont leur plaie au cœur, le déficit. La fiscalité les tue ou les mine. Au prix où l'ont mis les exigences du public et les nécessités de la concurrence, un journal en ce moment se vend moins cher qu'il ne coûte. Ce n'est qu'à force de combinaisons, étrangères le plus souvent à son but, qu'il réussit à vivre, à surnager. Et l'on s'étonne après cela du trafic des annonces, des réclames ! L'honorable M. Nogent Saint-Laurens, dans son *troisième rapport supplémentaire*, a bien voulu laisser une porte entr'ouverte et faire entrevoir que plus tard, — peut-être, — il ne serait pas impossible d'obtenir quelque réduction nouvelle pour les droits de timbre et les droits postaux : ce serait un article à insérer dans une loi future de finance. L'espérance est faible et lointaine, le mal est certain.

Dans un tout autre ordre d'idées, un amendement avait été proposé par l'honorable M. Goerg et d'autres députés, amendement ayant pour objet de supprimer l'article 28 du décret du 17 février 1852 et de faire revivre l'article 20 de la loi du 26 mai 1819, qui, dans les cas d'imputation diffamatoire, autorisait la preuve par témoins contre les dépositaires ou agents de l'autorité en ce qui concernait les actes ou les faits de leur administration. « La vie privée des fonctionnaires, disait à ce sujet le garde des sceaux de 1819, n'appartient, comme celle des autres citoyens, qu'à eux-mêmes; leur vie publique appartient à tous : c'est le droit, c'est souvent le devoir de chacun de leurs concitoyens de leur reprocher publiquement leurs torts ou leurs fautes publiques. L'admission à la preuve est alors indispensable. » Sans quoi, en effet, tout contrôle de la presse à l'égard des fonctionnaires est absolument vain et illusoire. L'amendement qui venait à l'appui de cette doctrine a été repoussé au Corps législatif après avoir été combattu par le rapporteur de la commission, soutenu de MM. les ministres. Mais les arguments allégués ne paraissent point concluants à quelques-uns des hommes les plus versés dans ces matières contentieuses, et de ceux même qui ne sont point partisans, d'ailleurs, de la liberté absolue de la presse. J'ai sous les yeux un mémoire ou une note très-digne de considération, qui m'a été remise à ce sujet et qui, répondant point par point aux arguments allégués, conclut à l'admission et au rétablissement de la preuve contre les fonctionnaires. Mais je crois comprendre que ce n'est pas l'heure de venir demander à la loi des dispositions de cet ordre, plus libérales que celles qu'a admises le vote du Corps législatif.

A chacun son rôle. Littérateur avant tout, laissez-moi, pour abréger et sans plus tarder, en venir à cet article 11 qui s'est introduit comme *in extremis* dans la loi et qui, dans sa forme absolue, a paru porter particulièrement atteinte au libre exercice de la critique et de la littérature :

« Toute publication dans un écrit périodique relative à un fait de la vie privée constitue une contravention punie d'une amende de 500 fr. La poursuite ne pourra être exercée que sur la plainte de la partie intéressée. »

Tel est l'article qui, s'il est vain et non appliqué, est une tache dans la loi ; qui, s'il est appliqué au pied de la lettre, devient d'une gravité excessive.

Il me semble voir d'ici sourire quelques-uns de ceux qui m'écoutent ou qui me liront ; je les entends dire : « C'est affaire à vous de parler contre cet article ; bien vous eût pris qu'il eût déjà été en vigueur, vous en auriez profité vous-même tout le premier, dans un cas récent, pour un fait de votre vie privée qui, divulgué, exagéré, dénaturé [1]... » Il n'est pas besoin que j'achève.

A cette objection tacite, mais qui nécessairement s'élève dans beaucoup d'esprits, je répondrai d'un mot et sincèrement (car je me pique d'être aussi sincère, à ma manière, que M. le comte de Ségur d'Aguesseau). — *Cache-ta vie* est le précepte du sage. Ne la cache pas qui veut. Mais ce qu'il faut dire, en général, c'est que la satire pourtant ne s'adresse jamais — presque jamais — qu'à ceux qui sont en vue ou qui s'y mettent ;

---

1. Allusion au fameux dîner dit *du vendredi saint*.

et ceux-là, s'ils ont la raison pour eux, le bon droit et un peu de patience, n'ont qu'à attendre, à laisser beaucoup dire, à laisser s'épuiser les sots propos, pour voir finalement les gens sensés et même les rieurs se retourner de leur côté, et pour mettre les malveillants dans leur tort.

Et m'autorisant plus que jamais de mon expérience d'homme de la presse et avec qui la presse sait bien qu'elle peut tout se permettre sans aucun risque, je dirai: « O vous tous qui avez du mérite, un mérite social et de nature à être apprécié de vos concitoyens, ne faites pas la guerre à la publicité. Au prix de quelques ennuis, de quelques contrariétés passagères, elle vous apportera des torrents d'air salubre, respirable, favorable au développement des facultés, des avertissements utiles, des surveillances parfois importunes, plus souvent profitables. »

(La voix de l'orateur ne peut dominer le bruit des conversations.)

M. LE DUC DE LA FORCE. Mais, monsieur le Président, si personne n'écoute l'orateur qui est à la tribune, il faudrait prononcer la clôture.

Voix diverses. Aux voix ! aux voix ! — Parlez ! parlez !

M. LE VICOMTE DE LA GUÉRONNIÈRE. On ne peut pas interrompre un orateur au milieu de son discours.

M. LE PRÉSIDENT. J'invite l'Assemblée au silence. On voit que plusieurs membres du Sénat désirent entendre l'orateur.

M. Sainte-Beuve. Permettez-moi. Je continue.

Je parlerai donc de l'article 11 comme j'en ai pensé le jour où il a inopinément surgi et où il a été si subitement accepté :

Cet article (à l'attaquer au fond, et sinon dans l'esprit particulier qui l'a dicté, du moins dans les conséquences qu'il recèle) me paraît une garantie assurée sans doute contre l'indiscrétion des écrits, mais une garantie qui sera tout à l'appui et en faveur du dérèglement des actions.

Aux yeux du moraliste, cet article inscrit dans une loi paraîtra un jour bien digne d'une époque où ceux qui respectent le moins la règle des mœurs, qui sont les plus habitués à manquer aux devoirs de la famille, à préférer constamment la mauvaise compagnie à la bonne, à violer les convenances et à friser le scandale, qui semblent même les plus disposés par moments à s'en faire gloire avec fatuité, sont en même temps les plus jaloux d'être soustraits à la médisance publique et se montrent les plus offensés si la chronique les effleure.

Je dirais volontiers aux partisans de l'article 11 : Vous voulez parer à un scandale ; mais avez-vous songé au scandale contraire ? Prenez garde, l'article, s'il est rigoureusement appliqué, revient à ceci : Quiconque voudra s'afficher le peut désormais impunément.

On ne songe, me direz-vous, qu'à faire la guerre aux petits journaux, à la chronique impertinente qui s'est démesurément développée et qui foisonne. Mais cette chronique, qui donc plus que vous, plus que le régime actuel, a contribué à la favoriser, à la mettre sur le premier plan, à lui dresser son piédestal? Quand on supprime ou qu'on gêne la discussion sérieuse, on donne le libre essor aux distractions futiles. Et maintenant, passant d'un excès à l'autre, vous voulez tout net y couper court, n'en rien laisser subsister et faire table rase. Y réussirez-vous? Est-il même à désirer qu'on y réussisse à tout prix et moyennant une prescription aussi radicale? Est-ce là matière à législation? Par quantité de règlements qui ne sont pas tous mauvais ni inutiles, et qui sont même, quelques-uns, d'une bonne police, la France, la nouvelle France, s'est vue réduite et rangée à un régime quotidien où ne s'était jamais vue la vieille France, celle de nos grands-pères; à bien des égards elle a été mise en classe, et il n'est pas impossible qu'elle s'accoutume à y rester. Aujourd'hui, vous voulez plus encore, vous prétendez interdire et supprimer les simples bruits qui vous importunent. Vous inscrivez cela dans la loi : c'était la loi aussi sous l'ancien régime; mais alors, comme sous l'ancien régime aussi, gare les *nouvelles à la main*, gare les pasquinades comme à Rome ! De temps immémorial en France, l'humeur gauloise, on le sait, s'en est donné à cœur joie sur les moines, les femmes et les maris : témoins les fabliaux qui couraient déjà du temps de saint Louis, les noëls licencieux et les couplets du temps de Louis XIV, et tous les mémoires secrets sous Louis XV. Quand on a parcouru, comme il est permis aux érudits, ces amas d'ordures, on est plus indulgent pour le temps présent. Pour moi, en général, j'aime encore mieux que tous ces petits boutons irritants sortent que de les faire rentrer.

Quand on aura retiré à une nation spirituelle la permission de rire tout haut et de se moquer publiquement, l'honnêteté y gagnera peut-être, mais la sottise aussi, bien certainement. Apparemment on nous jugeait déjà trop Athéniens comme cela; l'article de la loi nouvelle y mettra bon ordre.

Tout fait de la vie privée, mentionné dans un écrit périodique, s'il est dénoncé par la personne intéressée, constitue une contravention ! Ah ! messieurs, on a donc bien peur que l'esprit français soit trop vif, que, tandis que les autres nations se fortifient et s'accroissent dans leurs qualités originales, nous continuions à nous aiguiser dans la nôtre ! Ah ! messieurs, on a bien peur que nous restions par un peu de vivacité, de malice et de gaieté, les petits-fils de Voltaire, de Rivarol, de Chamfort, et je dirai même de Boileau, ce Boileau que M. de Montausier, aussi rébarbatif à sa manière que les majorités législatives d'aujourd'hui, menaçait tout simplement de jeter à la rivière. Avec la loi actuelle, aux termes de l'article 11, l'abbé Cottin ou Chapelain pourraient faire condamner Boileau pour contravention; car, enfin, Boileau a parlé de la perruque de Chapelain, et qu'est-ce qui est plus de la vie privée qu'une perruque ?

(Le bruit incessant des conversations continue à rendre très-difficile, même pour les membres placés au pied de la tribune, l'audition des paroles de l'orateur.)

M. LE BARON DE HEECKEREN. Messieurs, les choses ne peuvent pas se passer de cette façon-là, on n'entend pas un mot. Il faut qu'on entende M. Sainte-Beuve pour savoir ce qu'il dit. On ne peut le laisser parler pendant une heure et mettre dans *le Moniteur* un discours que personne n'a entendu.

M. LE COMTE DE NIEUWERKERKE. C'est votre faute ; pourquoi n'écoutez-vous pas?... Vous perdez beaucoup, c'est parfaitement spirituel.

M. LE PRÉSIDENT. La morale de cette observation, c'est que, pour entendre un discours, il faut écouter. J'invite au silence... (Le bruit continue.) Monsieur Sainte-Beuve, vous voyez que le Sénat n'écoute pas, malgré mes efforts pour protéger votre situation.

M. SAINTE-BEUVE. Je vous remercie, monsieur le Président. (Aux voix ! aux voix !)

(L'orateur s'adresse aux membres placés au pied de la tribune.) Laissez-moi achever, messieurs ; je crois que ce sera de meilleur goût ; je tiens à avoir mon affront jusqu'au bout, de même que j'ai mon public.

Si l'on me retire la parole, on me la retirera.

M. LE COMTE DE NIEUWERKERKE *et quelques autres sénateurs.* Non, non, au contraire, parlez !

M. SAINTE-BEUVE, *poursuivant au milieu du bruit la lecture de son discours.* Je sais qu'on me dira que la loi actuelle ne s'occupe que de la presse périodique, qu'elle n'atteint pas le livre. Le livre, en effet, dans toute cette discussion, est resté en dehors et comme dans le vague. Notre honorable rapporteur même a eu le soin de le réserver tout d'abord et nous l'a montré hors d'atteinte, dans une sphère à part, et comme à l'abri des orages. Si le livre pouvait parler et répondre, je ne sais s'il se trouverait aussi satisfait et se louerait si fort de cette législation qui a permis, il y a peu d'années encore, de l'atteindre et de le frapper dans la personne d'auteurs honnêtes gens et de théoriciens respectables, tels qu'un Vacherot[1] et un Proudhon. Mais admettons que, depuis quelque temps, en effet, et à l'avenir, on soit disposé à le respecter davantage. Ce que je tiens à

---

1. Qu'on nous permette, à ce nom de M. Vacherot, une petite indiscrétion, qui ne nous éloigne point du sujet. La note suivante, insérée moins de deux mois auparavant, dans *le Figaro* du 11 mars 1868, avait été dictée par le critique des *Lundis*, et adressée, sous le voile de l'anonyme, à M. Jules Richard : « L'Académie des sciences morales et politiques a fait samedi un choix qui est un acte, dans ce moment où une Chambre française a songé sérieusement à priver des droits politiques les écrivains condamnés par la police correctionnelle. L'Académie des sciences morales et politiques a choisi pour membre, en remplacement de M. Cousin, M. Vacherot, ancien directeur des études à l'École normale, métaphysicien distingué, et qui n'est pas du tout un *matérialiste*, comme l'a prétendu M. Guizot, mais qui serait plutôt un *idéaliste*. M. Vacherot, esprit sévère, consciencieux, voué à la science pure et rien qu'à la science, est une des intelligences les plus honorables de ces temps-ci. Il avait été condamné en police correction-

faire observer ici, c'est que, dans la pratique, ce point de vue qui sépare le livre du journal est plus apparent que réel; la ligne de démarcation est toute fictive ; le livre est presque forcément impliqué et compris dans la situation qu'on fait à la presse périodique. La littérature, messieurs, sous ses airs riants, est une rude carrière, et plus ingrate qu'on ne le croit pour ceux qui la cultivent, pour ceux-là mêmes qui parviennent à y acquérir de la renommée. Un homme qui la connaît bien et qui dirige avec habileté un des plus importants recueils périodiques (la *Revue des Deux Mondes*) me le disait encore l'autre jour : « La littérature toute seule ne fait pas vivre son homme. » Je ne vois d'exception que pour les grands succès au théâtre. Mais, quand on écrit un livre et qu'on vit de sa plume, on n'a guère qu'une ressource pour en tirer un juste tribut: c'est de le faire passer auparavant et de l'essayer dans quelque journal, dans quelque recueil périodique. Vous voyez donc que le livre n'échappe pas à la loi et qu'il tombera, lui aussi, presque toujours sous son application. Il est indirectement atteint par cet article 11; il en reçoit un plomb dans l'aile.

On se plaint souvent que la littérature actuelle ne soit pas plus forte, plus élevée, plus semblable à celle

---

nelle pour son livre *la Démocratie*, parce qu'il y présentait et proposait l'idéal d'un gouvernement futur et libéral qui devait surgir avant la fin du siècle. On a remarqué que MM. Delangle et Troplong ont voté en définitive pour M. Vacherot. M. Thiers est venu exprès pour lui donner sa voix. »

des siècles précédents, des grandes époques précédentes : je ne sais ce que ces plaintes ont de fondé ; nous sommes trop juge et partie peur avoir voix au chapitre dans la question ; mais, en admettant le fondé du reproche, comment voulez-vous que la littérature, la véritable, celle qui a son inspiration propre, celle qui n'est animée ni du désir du gain ni de l'ambition des honneurs, mais qui a sa verve naturelle, originale, son goût de fantaisie ou de vérité, et d'une vérité piquante et parfois satirique (car ce ne sont pas les sujets qui manquent), comment voulez-vous que cette littérature qui sacrifie tout à elle-même, à sa propre satisfaction, au plaisir de rendre avec art, avec relief, et le plus excellemment possible ce qu'elle pense, ce qu'elle voit et dans le jour sous lequel elle le voit, comment voulez-vous qu'elle ait toute sa vigueur, sa joie, sa fierté et son indépendance, si, à tout moment, l'écrivain qui tient la plume a à se faire cette question : « Aurai-je affaire ou non à messieurs du parquet, à messieurs de la police correctionnelle ? » Savez-vous, messieurs les sénateurs, que cela est fait pour jeter un froid dans les âmes et pour décourager les talents ? J'ai nommé Boileau ; mais un La Bruyère ne serait pas possible aujourd'hui ; et, à chaque édition de son livre, il aurait dix procès de plus. Et plaignez-vous après cela qu'il y ait diminution du feu sacré dans la littérature !

Mais on ne fera pas de procès aux écrivains modérés et honorables? Détrompez-vous.

J'ai eu affaire dans ma vie à bien des familles pour des notices biographiques. Les familles, en général (sauf quelques exceptions bien rares), sont peu amies de la littérature. Le public qui nous lit croit tout naturellement que ce que nous écrivons d'agréable pour elles doit plaire aux familles, et que ces endroits sont même quelquefois assaisonnés, arrangés tout exprès en vue de les flatter. Eh bien, non. La plupart du temps, elles sont mécontentes; elles nous feraient un procès si elles l'osaient. Elles ne seraient satisfaites que si nous ne parlions d'elles et des leurs que dans les termes qu'elles-mêmes dicteraient. Je sais des familles, et des plus hautes, des plus réputées libérales, qui sont ainsi. Et vous allez armer d'un article de loi toutes ces susceptibilités et tous ces amours-propres domestiques qui se couvriront des plus honorables prétextes!

Une des choses qui m'ont le plus affligé pendant la discussion de cette loi, c'est de voir combien elle plaçait la France dans un état d'infériorité vis-à-vis d'autres nations; car toute nation qui ne jouit pas de la pleine liberté de la presse est inférieure virtuellement et censée mineure à cet égard, par comparaison à celles qui en jouissent. Grâce à cet amendement improvisé, qui a passé dans la loi, le Français est considéré et traité comme un petit monsieur de qualité qui n'oserait sortir en plein air de peur de s'enrhumer, tandis que les autres nations, un Américain, un Suisse, un Belge, un Anglais, tous gens à la peau moins douillette, se moquent du chaud et du froid et bravent les intempéries des saisons. Mais maintenant, il est vrai, moyennant le cache-nez et le voile de gaze dont on l'a muni, le Français pourra sortir en tout temps, aller au bois à pied ou en voiture, à cheval ou en panier, seul ou même *en compagnie*, sans avoir peur des piqûres de mouches et de cousins. Le beau résultat! l'heureux moyen de s'aguerrir aux luttes de la démocratie, aux épreuves du suffrage universel! Mais même à ne regarder que le passé, ô France! patrie des chansons, mère du vaudeville, de la *Ménippée*, patrie de Paul-Louis Courier, de Beaumarchais, de Camille Desmoulins, patrie des *Provinciales*, où en es-tu venue de par nos législateurs? Messieurs, cet amendement auquel le nom de son auteur restera attaché n'est peut-être qu'un épouvantail. L'opinion tout d'abord s'en est-elle exagéré la portée ? Intéresse-t-il particulièrement, comme on le craint, atteint-il, en effet, un certain genre de critique littéraire que je m'étais plu moi-même à cultiver et à introduire? Au point où j'en suis de ma carrière, cette considération personnelle n'est pas, croyez-le bien, ce qui me touche le plus; et, pour moi, ce malencontreux article m'est surtout odieux en ce qu'il tend à altérer et à dénaturer le tempérament de la France.

Mais je veux espérer encore qu'on n'y réussira pas, et que la nation française de tout temps si ingénieuse à donner des ridicules à qui en mérite, ne déchoira pas trop; que les mœurs réagiront dès le premier jour contre l'abus de la loi. Il serait trop singulier que le vers de Boileau cessât d'être vrai en France :

> On sera ridicule, et je n'oserai rire !

Il est des travers et des vices qui ne relèvent que du ridicule : c'est un principe du goût, et la loi le méconnaît par cet article 11. Les lois précédentes concernant la diffamation suffisaient amplement ; ce luxe de législation en telle matière, s'il est permis de parler ainsi d'une disposition non encore promulguée, prête lui-même et à bon droit au ridicule.

On a tout dit sur la presse en bien ou en mal ; on peut, dans un sens ou dans un autre, s'étendre là-dessus à l'infini : je ne ferai qu'une simple observation qui a son à-propos. La presse, messieurs, n'est pas de sa nature si ingrate qu'on se le figure et que toute cette loi (sauf le premier article) le suppose. Je demande si elle a jamais manqué de rendre justice à aucun de ceux des hommes constitués en autorité qui, sous ce régime préventif qui va cesser, ont usé envers elle de bons procédés, de douceur, d'urbanité et d'indulgence, et qui ont corrigé l'arbitraire, ne fût-ce que par le sourire. Quelques-uns ont disparu (je pense au regrettable M. de Morny); quelques-autres vivent et sont peut-être ici présents : qu'ils le disent.

Au lieu de cela, la nouvelle loi, en commençant par accorder beaucoup, par reconnaître à chaque citoyen un droit, a aussitôt agi cependant, par une sorte de contradiction subite, comme si elle avait affaire à des ennemis, comme s'il y avait à se défier de tout ce qui tient une plume. Or c'est là méconnaître le tempérament particulier aux écrivains, c'est le provoquer à l'endroit sensible que de le traiter d'avance en suspect. Il y a un beau mot de Royer-Collard : « Ne supposez jamais à un honnête homme des sentiments qu'il n'a pas : vous les lui donnez. »

Messieurs, après l'adoption du premier article, j'étais prêt, moi aussi, à voter la loi *des deux mains*, comme M. le président Bonjean. Il y a eu un moment, — deux ou trois moments, — où à voir les zigzags, les tiraillements en tous sens qu'on lui faisait subir, j'ai cru, en vérité, que je ne pourrais me décider à la voter. Mais, somme toute, comme j'entends dire que le bien l'emporte sur le mal, qu'il y a du mieux, qu'il y est déposé du moins un premier germe ; comme d'ailleurs certains adversaires en disent tant de mal qu'il faut bien qu'elle ait du bon ; comme enfin c'est une loi, et que toute loi vaut mieux qu'un pouvoir discrétionnaire prolongé, je me ferai un devoir d'en voter l'acceptation, non pas sans regret pour l'occasion en partie manquée dans le présent, et avec un vœu formel pour l'avenir.

19 mai 1868.

DE LA LIBERTÉ DE L'ENSEIGNEMENT

DISCOURS SUR LES PÉTITIONS SIGNALANT AU SÉNAT
LES TENDANCES MATÉRIALISTES DE L'ENSEIGNEMENT
DANS CERTAINES FACULTÉS ET DEMANDANT LA
LIBERTÉ DE L'ENSEIGNEMENT SUPÉRIEUR.

Messieurs, le droit de pétition qui est accordé à chaque citoyen auprès du Sénat amène journellement devant lui de bien petites choses et, on peut le dire, bien des inutilités. D'autres fois, il soulève et suscite les plus graves questions. C'est le cas aujourd'hui. La pétition qui a été rapportée devant vous a eu tant de retentissement, les commentaires qu'elle a provoqués au dehors ont pris tant d'extension et d'importance, qu'il n'y a pas à hésiter quand on a sur ce sujet des convictions profondes, et pour mon compte je me sens comme obligé de dire mon mot. J'ai eu l'honneur d'être autrefois un élève de cette Faculté de médecine si attaquée en ce moment dans la personne de ses plus excellents maîtres. C'est à elle que je dois l'esprit de philosophie, l'amour de l'exactitude et de la réalité physiologique, le peu de bonne méthode qui a pu passer dans mes écrits, même littéraires. C'est bien le moins que je vienne rendre témoignage pour elle et la défendre aujourd'hui.

D'éminents prélats ont désiré qu'on remît la discussion à un temps où eux-mêmes en personne pourraient venir, après Pâques, défendre « la foi de leurs diocésains. » Ç'a été l'expression employée.

Il est aussi un grand diocèse, messieurs, celui-là sans circonscription fixe, qui s'étend par toute la France, par tout le monde, qui a ses ramifications et ses enclaves jusque dans les diocèses de messeigneurs les prélats; qui gagne et s'augmente sans cesse, insensiblement et peu à peu, plutôt encore que par violence et avec éclat; qui comprend dans sa largeur et sa latitude des esprits émancipés à divers degrés, mais tous d'accord sur ce point qu'il est besoin avant tout d'être affranchi d'une autorité absolue et d'une soumission aveugle; un diocèse immense (ou, si vous aimez mieux, une province indéterminée, illimitée); qui compte par milliers des déistes, des spiritualistes et disciples de la religion dite naturelle, des panthéistes, des positivistes, des réalistes,... des sceptiques et chercheurs de toute sorte, des adeptes du sens commun et des sectateurs de la science pure : ce diocèse (ce lieu que vous nommerez comme vous le voulez), il est partout, il vient de se déclarer assez manifestement au cœur de l'Autriche elle-même par des actes d'émancipation et de justice, et je conseillerais à tous ceux qui aiment les comparaisons et qui ne fuient pas la lumière, de lire le discours prononcé par le savant médecin et professeur Rokitansky dans la Chambre des seigneurs de Vienne, le 30 mars dernier, sur le sujet même qui nous occupe, la séparation de la science et de l'Église. Messieurs, ce grand diocèse, cette grande province intellectuelle et rationnelle n'a pas de pasteur ni d'évêque, il est vrai, de président de consistoire (peu importe le titre), de chef qualifié qui soit autorisé à parler en son nom ; mais chaque membre, à son tour, a ce devoir lorsque l'occasion s'en présente, et il est tenu par conscience à remettre la vérité, la science, la libre recherche et ses droits sous les yeux de quiconque serait tenté de les oublier et de les méconnaître.

Me plaçant, messieurs, à un point de vue qui n'est peut-être celui d'aucun d'entre vous, pour parler de ces choses qui intéressent à quelque degré les croyances, je voudrais que vous me permissiez d'exposer brièvement mon principe en telle matière : non que j'espère vous le faire accepter, mais au moins pour vous montrer que je ne parle point à la légère devant une aussi grave assemblée, ni sans y avoir mûrement éfléchi.

Que si je développe des considérations qui ne sont point celles qu'admet la grande majorité du Sénat, je prie qu'on veuille bien se dire que, de sa part, en écouter l'exposé et le développement, ce n'est point pour cela y adhérer, ce n'est point du tout s'engager ni s'en rendre à aucun degré responsable : c'est simplement faire preuve de tolérance, d'attention intellectuelle, de patience peut-être, mais d'une patience qui n'est certes pas de nature à faire tort à une grande assemblée.

Je n'ai garde d'ailleurs, moi-même, de venir faire acte de philosophie devant le Sénat. La philosophie est une chose, et la politique en est une autre. C'est uniquement au point de vue politique que je viens aborder la question.

Il y a trois siècles environ (c'est un fait), l'esprit humain, dans notre Occident, la pensée humaine, en se dégageant des débris et de la décadence du moyen âge finissant, en brisant les liens de la scolastique et d'une autorité pédantesque à bout de voie, s'est enhardie, et en même temps que d'un côté on affirmait la figure véritable de la terre et qu'on découvrait un nouveau monde, en même temps que de l'autre on perçait les sphères étoilées et qu'on affirmait le véritable système planétaire, en même temps on regardait, on lisait d'un bout à l'autre les livres dits sacrés, on traduisait les textes, on les discutait, on les jugeait, on commençait à les critiquer ; on choisissait ce qui semblait le plus conforme à la religion qu'on n'avait point perdue, et à la raison qui s'émancipait déjà. Cette application de l'esprit d'examen, toute nouvelle et audacieuse à son heure, qui aurait été écrasée et foudroyée au moyen âge, qui l'avait été en la personne de quelques individus novateurs ou même de sectes en masse (comme celle des Albigeois), cette application, dis-je, trouvant des esprits plus préparés, une autorité romaine moins forte et moins reconnue, très-compromise même moralement par ses vices qui avaient fait scandale, réussit et rallia en divers pays de nombreux adhérents. D'affreuses guerres s'ensuivirent, des persécutions et des luttes; mais les deux causes, la catholique et la réformée, qui embrassaient et armaient l'un contre l'autre le Nord et le Midi, étaient à peu près égales dans leur antagonisme : là même où l'une d'elles l'emportait comme en France, les forces sur bien des points y étaient encore balancées ; et après l'atrocité des guerres de religion, il fallut bien s'entendre, conclure des trêves et se faire à chacun sa part en grondant. Honneur au grand, au bon et habile Henri IV d'avoir su contenir pendant quelques années ces éléments contraires, restés ennemis et insociables, et qui ne demandaient qu'à s'entre-choquer de nouveau! Malheur à Louis XIV, malgré sa grandeur, de n'avoir pas su les maintenir coexistants, quand le temps les pacifiait de jour en jour, et d'avoir rallumé la persécution par faux zèle et ignorance! Mais, à travers les fautes et les erreurs des gouvernants, la raison humaine marchait, et avec elle la tolérance. Elle était imposée au pouvoir lui-même par l'opinion publique. Elle n'avait pas attendu 89 pour s'établir, grâce à Malesherbes et à Louis XVI.

Ce n'est pourtant que depuis 89, depuis cette ère historique, où tout s'est retrempé et d'où nous datons, que le libre examen, l'exercice de la pensée, cet exercice non pas simplement intérieur, mais se produisant au dehors en des termes de discussion convenable et sérieuse, est devenu de droit commun ; il l'est devenu surtout pour les régimes qui se font honneur d'inscrire 89 dans leur acte de naissance et dans leur titre de légitimité. Il a pu y avoir depuis, à de certaines époques et aux heures de réaction, des reprises de fanatisme ou d'hypocrisie. Ces temps ont été courts, bien qu'ils aient pu paraître longs à ceux qui avaient à les traverser. La France, toutes les fois qu'elle a été soumise à de pareilles épreuves, a frémi ; sa fibre vitale, se sentant atteinte, s'est irritée et révoltée ; les hypocrites, les hommes de congrégation et d'intrigue, qui compromettaient les régimes auxquels semblait liée leur existence, ont été tôt ou tard secoués et remis à leur place. (Mouvement.) Cela s'est toujours vu ainsi. Espérons que nous en avons fini de ces usurpations, de ces conspirations sourdes et malignes, de ces menaces intestines à la loyauté, à la franchise héréditaire de notre pays et de notre race, et que, si elles étaient tentées de recommencer sous un Napoléon, elles seraient arrêtées à temps. Voyons les choses, pour le moment, comme étant à l'état normal et régulier, et telles qu'elles se dessinent généralement aujourd'hui, en écartant certains incidents récents, qui feraient trouble et complication à notre regard.

Il y a, selon les uns, une diminution effrayante dans les croyances; selon les autres, une recrudescence consolante. Prenons garde cependant que, dans le langage officiel, tout le monde fait semblant, fait profession extérieure de croire, tandis que la grande majorité du dehors avance pourtant (bien lentement, il est vrai) dans ce qu'on peut appeler le sens commun. (Rumeurs.) Il y a sans doute bien des contre-courants et des remous, mais enfin la marée générale (qu'on s'en félicite ou qu'on le déplore) paraît irrésistiblement monter. Or quelle est, si on me le demande, la définition du sens commun? Je dirai qu'il ne se définit pas; mais, s'il le fallait, je le définirais, dans sa plus grande généralité, une diminution croissante de la croyance au merveilleux, au surnaturel, ou, si vous le voulez, le *minimum* de croyance au surnaturel. Cet état, qui est celui de la plupart des esprits, qui, s'il n'est pas la non-croyance absolue, est un état d'examen plus ou moins libre, plus ou moins raisonné et approfondi, avec tous ses résultats et ses conséquences, cet état, je l'ose dire, est tout à fait légal depuis 1789 : il a droit à être reconnu, à être respecté. Mais il est d'habitude, je dirai même de mode, d'injurier cette disposition d'esprit dans toutes les réunions, les solennités publiques, de la dépeindre comme un malheur, comme une infériorité morale déplorable. Je ne discuterai point ici ce côté de la question. J'ai ouï dire seulement à plus d'un esprit convaincu et ferme, que penser de la sorte et à mesure qu'on s'élevait plus haut dans le monde de la raison, ce n'était pas se sentir inquiet et souffrir, c'était plutôt jouir du calme et de la tranquillité.

Mais encore un coup je ne discute pas et ne viens point faire ici de philosophie. La question est une question politique, c'est une question de fait. Comment les droits modernes se constatent-ils, messieurs? Quand un nombre suffisant d'hommes et d'esprits sont arrivés à penser sur un point donné d'une certaine manière ; quand le groupe est devenu assez nombreux, assez considérable, bon gré, mal gré, on compte avec lui, on le reconnaît, on le respecte, ne pouvant l'exterminer, ni l'écraser, ni le proscrire, comme on faisait autrefois. Cela s'est passé ainsi pour les protestants, pour les juifs.

Et en ce qui est des juifs notamment, qui sont encore persécutés en certaines parties de l'Europe, que ne s'est-il point passé en France dès l'origine? Saint Louis était un saint et bon roi : or on sait par Joinville l'histoire du savant juif, du rabbin, auquel eut affaire un vieux et féal chevalier dans un colloque qui allait se tenir entre clercs et juifs au monastère de Cluny;

aux premières questions du chevalier qui demanda dès le début à intervenir et qui, entrant en lice, le somma d'emblée de dire s'il croyait en la Vierge mère du Sauveur, le juif ayant répondu non, le chevalier s'emporta, le frappa à la tempe de sa canne ou de sa béquille, et le renversa roide étendu par terre, ce qui mit fin naturellement à la conférence. On dut l'emporter tout sanglant. Et saint Louis qui racontait l'histoire, ne blâmait nullement, mais approuvait le chevalier, qui n'avait en cette rencontre agi que comme tout bon laïque devait faire, laissant les clercs disputer à souhait avec les mécréants et ne connaissant, lui, pour les mettre à la raison, que la pointe et le tranchant de l'épée. C'était l'époque qui peut à bon droit s'appeler celle du *minimum* de tolérance, et cela non point parce que le preux chevalier trouve tout simple de tomber à bras raccourci sur le juif et le mécréant, — de tout temps il se rencontre des chevaliers qui seraient disposés à en faire autant (Réclamations, murmures), — mais parce que le plus juste des rois l'approuve et ne le désavoue pas.

S. Ém. le cardinal Donnet. Je veux arrêter ici M. Sainte-Beuve en lui rappelant qu'il y a deux sortes de tolérance : la tolérance civile et la tolérance religieuse. La tolérance civile consiste à aimer ceux même qui ne nous aiment pas et à laisser en paix dans chaque État tous ceux qui se conforment aux lois, s'appliquant à ne point troubler la tranquillité publique.

Cette tolérance n'est point condamnée par l'Église. Fénelon la conseillait à tous les souverains qui avaient des dissidents dans leurs États, et tous les évêques la pratiquent dans leurs diocèses. La tolérance religieuse consisterait à dire que toutes les religions sont bonnes. Mais elles ne sont pas toutes bonnes, si elles ne sont pas toutes vraies. Or, si je suis dans le vrai, quand je proclame que Jésus-Christ est Dieu, pouvez-vous exiger de moi, au nom de la tolérance et dans un intérêt de paix, que je consente à ne voir dans cet adorable Sauveur qu'un sage ou un philosophe? Vous n'avez pas plus le droit d'exiger de moi un pareil sacrilége que de vouloir me forcer à convenir que deux et deux font cinq, quand j'ai la conviction avec vous tous que deux et deux font quatre. Et à ce sujet, je suis tenté de revenir sur des paroles prononcées à cette tribune par le préopinant et qui provoquèrent une indignation dont MM. le comte de Ségur d'Aguesseau et le baron Dupin se rendirent les interprètes.

Plusieurs sénateurs. N'interrompez pas, laissez continuer, vous répondrez.

S. Em. le cardinal Donnet. N'ayant pas été présent à cette séance, j'aurais vivement désiré faire entendre une protestation au nom des catholiques de nos diocèses ; mais, puisque le Sénat paraît d'avis de laisser M. Sainte-Beuve continuer la discussion, je trouverai l'occasion de revenir sur ce sujet.

M. le Président. J'engage Monseigneur de Bordeaux

à laisser parler l'orateur. Ceux de MM. les sénateurs qui désireront répondre auront la parole.

M. ROULAND. Continuez, monsieur Sainte-Beuve, parlez librement, le Sénat vous écoute.

M. SAINTE-BEUVE. Des siècles après, quand l'Assemblée constituante mit fin à cette oppression, à cette iniquité séculaire, et rendit aux juifs le droit de cité, savez-vous ce qu'écrivait le lendemain la petite-fille de saint Louis, la digne et vertueuse Madame Élisabeth? Elle écrivait à son amie, madame de Bombelles, à la date du 29 janvier 1790 :

« Comme cette lettre ne verra pas la poste de France, je puis t'écrire avec un peu plus d'aisance. L'Assemblée a mis hier le comble à toutes ses sottises et ses irréligions en donnant aux juifs la possibilité d'être admis à tous les emplois. La discussion a été fort longue, mais les gens raisonnables ont eu, comme de coutume, le dessous. Il n'y a encore que les juifs qui avaient des priviléges qui sont admis ; mais vous verrez bientôt que toute la nation aura les mêmes avantages. Il était réservé à notre siècle de recevoir comme amie la seule nation que Dieu ait marquée d'un signe de réprobation, d'oublier la mort qu'elle a fait souffrir à Notre-Seigneur et les bienfaits que ce même Seigneur a toujours répandus sur la France, en faisant triompher ses ennemis et leur ouvrant avec joie notre sein. Je ne puis te rendre combien je suis en colère de ce décret. Il faudrait bien mieux se soumettre et attendre avec résignation la punition que le Ciel nous réserve, car il ne permettra pas que cette faute reste sans vengeance... »

Cette noble et vertueuse personne parlait comme une croyante, au nom de sa vérité religieuse; elle en était restée au point de vue le plus opposé à celui où doit se placer l'État moderne et le souverain de cet État. Et ce cas est encore celui de bien des hommes, personnellement respectables, d'entre nos contemporains, lesquels, si on les laissait faire, nous ramèneraient sur certains points à l'âge d'or de saint Louis.

Où en veux-je venir, messieurs? A ceci, que ce n'est nullement la *vérité*, ce qui semble tel à un individu, même le plus respectable, qui doit être la mesure de la loi et du droit dans le régime moderne. La vérité ou ce qu'on appelle de ce nom en matière de foi, chacun se l'attribue à soi exclusivement et la dénie aux autres : à ce compte il n'y aurait jamais lieu qu'à une orthodoxie maîtresse et absolue comme au moyen âge. Ce qui fait que les juifs ont dû être admis comme citoyens, et qu'ils sont aujourd'hui honorés et respectés dans toute réunion et assemblée publique et politique, c'est qu'il a été démontré qu'on peut être de cette religion, de cette opinion, sans être pour cela ni moins honnête homme, ni moins bon citoyen, ni moins fidèle sujet (dans les pays où il y a des sujets), ni moins exact à remplir tous les devoirs de la famille et de la société. Eh bien! c'est là l'unique mesure, messieurs, et cette mesure, il est temps, selon moi, qu'on l'applique indistinctement, non-seulement aux protestants, non-seulement aux juifs, aux mahométans, mais à un autre ordre d'opinions et à tous ceux que, pour un motif ou pour un autre, et à quelque degré que ce soit, on s'est accoutumé à classer et à désigner sous le nom de *libres penseurs*. (Rumeurs. — Exclamations.)

M. LE MARQUIS DE GRICOURT. Auriez-vous la bonté de parler un peu plus lentement ? nous avons de la peine à suivre vos paroles : c'est dans votre intérêt même que je me permets cette interruption.

M. SAINTE-BEUVE. Je n'entre pas, encore une fois, dans la discussion religieuse ou métaphysique : je m'en tiens purement à l'évidence extérieure des faits. N'est-il pas certain qu'on peut avoir telle ou telle opinion, plus ou moins hypothétique ou fondée, sur l'origine et la nature des choses (*de natura rerum*), sur la formation première du monde, sur la naissance ou l'éternité de l'univers, sur l'organisation même du corps humain, sa structure, les lois et les conditions des diverses fonctions (y compris celles du cerveau), sans être pour cela ni moins honnête homme, ni moins bon citoyen, ni moins irréprochable dans la pratique des devoirs civils et sociaux? (Mouvement.) Chacun a présents à l'esprit les noms de contemporains vraiment exemplaires, d'honnêtes gens modèles ; mais, pour nous en tenir au passé, quel plus honnête homme, plus modéré, plus sage, plus sobre, plus bienfaisant dans les tous les jours de la vie que d'Alembert? Quelle plus aimable, plus affectueuse et plus bienveillante nature que Cabanis, celui qu'Andrieux, dans un vers, a pu tout naturellement comparer à Fénelon! Nous avons honoré, pour l'avoir vu de près, un ancien membre des assemblées publiques, cet homme de conscience et qui eut le courage de sa conscience le jour du vote dans le procès de Louis XVI, l'intègre et respectable Daunou. Mais, je le répète, on n'a pas à démontrer l'évidence. Comment donc le moment ne serait-il pas venu de reconnaître enfin et de tolérer, — et j'entends tolérer de cette vraie tolérance qui n'est pas une tolérance de support et de souffrance, mais bien d'une tolérance d'estime et de respect, — cette classe de plus en plus nombreuse d'esprits émancipés qui ne s'en remettent qu'à la raison et à l'examen pour les solutions quelconques des questions qui avaient été précédemment livrées aux religions positives? Est-ce parce que les esprits faisant partie de cette classe ne sont pas associés, affiliés entre eux, unis comme cela a lieu pour les sectes et communions religieuses? Je serais presque tenté de le croire, car du moment qu'il y a un lien d'association comme dans l'Ordre de la franc-maçonnerie par exemple, oh! alors on cesse d'être injurié, répudié, maudit, — je ne dis pas dans les chaires sacrées, c'est leur droit, — mais dans les assemblées publiques et politiques. Si l'on parlait ici dans le Sénat des francs-maçons comme on y parle habituellement des libres penseurs, on trouverait assurément quelqu'un de haut placé pour y répondre[1]. (Sourires. — Les regards se portent sur le général Mellinet, qui prend part lui-même à l'hilarité.) Ce que je voudrais donc, messieurs, ce qui me paraîtrait un progrès de tolérance digne du XIXᵉ siècle, et conforme à l'état vrai de la société, ce serait que dans les assemblées politiques, et du haut des pouvoirs publics qui représentent l'État, il ne tombât plus invariablement des paroles de blâme, de réprobation et de mésestime pour cette classe d'esprits qui prétendent ne relever que du droit d'examen et qu'on appelle libres penseurs. En effet, quelque opinion qu'on ait personnellement sur telle ou telle de leurs doctrines, ils présentent évidemment le double caractère qui rend un ordre de citoyens respectable dans l'État moderne ; le nombre d'abord, le nombre croissant (je l'affirme, et en pourrait-on douter, quoiqu'il n'y ait pas de recensement ni de statistique officielle? mais ce nombre, il crève les yeux), — et avec le nombre ils offrent cet autre caractère qui constitue la respectabilité, je veux dire la pratique de la morale et des devoirs civils et sociaux.

Le moment est donc venu, messieurs, où cette tolérance respectueuse, qui a été successivement et péniblement conquise par la force des choses encore plus

---

[1]. M. le général Mellinet, sénateur, est grand maître de l'Ordre des francs-maçons.

que par la sagesse des hommes, pour les protestants, pour les juifs, pour les diverses sectes religieuses, pour les musulmans eux-mêmes, doit être acquise aujourd'hui, et dorénavant s'étendre de plein droit aux esprits philosophiques et scientifiques et aux doctrines qu'ils professent en toute sincérité. L'heure de la reconnaissance, pour cet ordre considérable d'esprits, a depuis longtemps sonné. Législateurs, croyez-le bien, il n'est pas trop tôt pour cela : il n'est plus sept heures, ni dix heures du matin : il est midi. (Rumeurs et chuchotements.)

M. LE MARQUIS DE GRICOURT. Midi! C'est très-bien!... mais vous ne nous montrez pas la lumière... (On rit.)

M. SAINTE-BEUVE. J'ajouterai, sans grand espoir de voir mon vœu exaucé, avec la conviction toutefois d'être dans le vrai : Rien ne détendrait la situation morale, rien n'apaiserait, ne désarmerait l'animosité et l'hostilité des esprits comme une pareille tolérance publiquement observée et pratiquée par tous et envers tous. Essayez seulement.

Mais j'entends dire qu'il y a telle de ces doctrines qui, si elle était poussée à ses dernières conséquences, entraînerait l'irresponsabilité et par suite l'immoralité. Ah! messieurs, je vous en conjure, que les représentants et les organes de l'État moderne, que les hommes vraiment politiques ne mettent pas le pied sur ce terrain glissant de la discussion métaphysique ; ce terrain-là, pas plus que celui de la théologie, n'est bon et sûr pour qui accepte l'établissement de la société présente et à venir. (Léger mouvement.) Ce n'est pas, messieurs, que je ne conçoive qu'il y ait, pour les politiques eux-mêmes, des doctrines philosophiques plus acceptables, plus désirables que d'autres; mais ces doctrines-là, si vous prétendez les imposer et les exiger, vous les ferez fuir et vous ne réussirez qu'à obtenir leurs contraires. Sans donc aller jusqu'à nier qu'il y ait telle ou telle opinion, conviction ou croyance, qui puisse ajouter quelque chose dans les âmes à la sanction morale des prescriptions légales, je maintiens que le meilleur et le plus sûr principe et fondement de la légitimité des lois qui régissent les sociétés humaines est encore et sera toujours dans leur nécessité, dans leur utilité même.

Ne sortons pas de là, messieurs, ne nous embarquons pas, Gouvernement et corps politique, dans des questions de *libre arbitre* et de liberté métaphysique. Gardons-nous bien d'avoir un avis légal sur ces choses. Milton, dans son *Paradis perdu*, nous représente les anges déchus, dont Satan est le chef, les Esprits rebelles et précipités dans l'abîme, qui se livrent encore dans leurs tristes loisirs à leurs anciens goûts favoris; et quelques-uns d'entre eux et des plus distingués, dit le poëte, « assis à l'écart sur une colline solitaire, s'entretiennent en discours infinis de pensées élevées et subtiles ; ils raisonnent à perte de vue de providence, prescience, volonté et destin : *destin fixé, volonté libre,*

DE LA LIBERTÉ DE L'ENSEIGNEMENT. 297

prescience absolue; et ils ne trouvent point d'issue, ajoute le poëte, perdus qu'ils sont dans ces tortueux dédales. » N'imitons pas ces anges sublimes et déchus. Ayons pied sur terre. Pour moi, les lois sont essentiellement fondées sur l'utile ; la société a droit à tout ce qui la protége efficacement : rien de moins, rien de plus ; c'est la pierre solide. La théorie de Bentham me suffit.

Et Horace, le poëte de la modération et du bon sens, ne dit-il pas :

Atque ipsa utilitas, justi prope mater et æqui?

Pour me résumer, messieurs, le vrai rôle moderne, la disposition qui me paraît le plus désirable pour un Gouvernement, pour un État, dans cet ordre de discussions et de conflits, ce serait, si je m'en rapportais à une parole de Napoléon Ier [1], une sorte d'incrédulité supérieure et bienveillante dans sa protection à l'égard des divers systèmes et opinions théologiques, métaphysiques et autres, même les plus contraires ; — mais j'aime mieux une définition moins hautaine, et je dirai plutôt que la disposition vraie d'un Gouvernement dans ces sortes de questions devrait être une équitable et suprême indifférence, une impartialité supérieure et inclinant plutôt à la bienveillance envers tous, de manière toutefois à maintenir et à réserver les libertés et les droits de chacun.

1. Napoléon, dont la forme d'esprit inclinait à une manière de

17.

Et, par exemple, pour éclairer ma pensée, je me permettrai ici une remarque critique. Dans le rapport d'ailleurs excellent et plein d'esprit (c'est tout simple), et de justesse quant aux conclusions, que vous avez entendu, l'honorable rapporteur, M. Chaix d'Est-Ange, a bien voulu alléguer, en faveur de Broussais, de Bichat et de Cabanis, qui ont pu être téméraires, a-t-il dit, et s'égarer par moments, des excuses et, pour ainsi dire, des circonstances atténuantes; mais je ne crois pas (j'en demande pardon à notre très-spirituel et éloquent collègue), je ne pense pas que ce doive être là le vrai rôle actuel de l'homme politique lui-même et de l'homme d'État en présence de la science. La science n'a pas besoin d'excuses quand elle procède sincèrement et selon son véritable esprit : elle peut sur certains points aller trop vite, avoir ses hypothèses anticipées, hasardées même ; mais qu'on la réfute alors ; qu'on oppose raison à raison, expérience à expérience. Car de quel droit la déclare-t-on téméraire, sur la foi de je ne sais quelle philosophie ou

déisme fataliste, de déisme sémitique, disait : « Nul doute que mon espèce d'incrédulité ne fût, en ma qualité d'empereur, un bienfait pour les peuples ; et comment autrement aurais-je pu exercer une véritable tolérance ? comment aurais-je pu favoriser avec égalité des sectes aussi contraires, si j'avais été dominé par une seule ? comment aurais-je conservé l'indépendance de ma pensée et de mes mouvements sous la suggestion d'un confesseur, qui m'eût gouverné par les craintes de l'enfer ? etc. » (*Mémorial de Sainte-Hélène*, 8 juin 1816.) — Ce que Napoléon disait là du bienfait de l'incrédulité chez un chef d'État dans une monarchie absolue, Frédéric le Grand l'a encore mieux prouvé.

croyance vague et convenue qui pourrait bien elle-même, si on la serrait de près, passer pour une témérité ? Car je le demande à tout homme sensé, et qui ne vit pas sous l'empire d'une révélation religieuse, comment peut-on être sûr et certain de ces points si fort controversés qui ont fait le doute et quelquefois le tourment des plus grands esprits ? Politiquement donc, séparons des ordres aussi divers et aussi distincts ; ne parlons pas à la légère des témérités de la science, car que ne faudrait-il point dire alors de certains articles et dogmes affirmés par les opposants orthodoxes, si l'on s'en remettait au simple témoignage de la raison et du bon sens non éclairés par la foi ? Corps politique, ne nous engageons point dans ces sortes de conflits qui mènent à des représailles.

J'aurais donc mieux aimé dans le cas présent (et je le dis pour tous les cas analogues), j'aurais aimé voir l'État et la Commission du Sénat se placer à un point de vue plus élevé et plus indépendant, plus neutre ; on serait bien plus ferme aujourd'hui pour maintenir et affirmer les conclusions.

M. le rapporteur a déjà fait justice des assertions peu précises sur lesquelles la pétition prétend s'appuyer. Le pétitionnaire n'a voulu, dit-il, dénoncer que les doctrines, non les hommes. Comme pourtant les doctrines ne se posent point toutes seules et qu'elles sont dans la bouche de quelqu'un, il a bien fallu en venir à des noms propres pour pouvoir vérifier le plus ou moins d'exactitude des phrases citées et incriminées. Or, aucune n'a résisté à l'enquête et à l'examen.

Il a été démontré que l'honorable professeur (M. le docteur Broca), mis en cause pour avoir fait l'apologie de la doctrine de Malthus, n'avait point fait l'apologie de Malthus et n'avait pas prononcé la phrase telle qu'on l'a construite et arrangée, en rapprochant arbitrairement deux passages d'un discours qui, d'ailleurs, n'avait point été tenu à l'École de médecine, mais à l'Académie de médecine.

Il a été prouvé que l'allégation portée contre je ne sais quel médecin de la Salpêtrière, qui aurait souri ou plaisanté d'une pauvre femme ayant au cou une médaille bénite, n'avait aucune consistance et s'évanouissait à l'examen. Les docteurs Vulpian et Charcot, médecins à la Salpêtrière, chargés seuls de donner des soins aux femmes âgées de cet hospice, ont déclaré que c'était une pure invention. Depuis le rapport de M. Chaix d'Est-Ange, M. Vulpian, qui est professeur d'anatomie pathologique à l'École, où il a succédé à M. Cruveilhier, M. Vulpian, remontant pour la première fois dans sa chaire, a dit devant une salle comble, en face d'un auditoire qui attendait avidement sa réponse à l'attaque où il était intéressé :

« Messieurs, je n'avais pas l'intention de vous parler d'un incident que je voulais laisser tomber dans le mépris ; mais comme vous me paraissez émus, je tiens à vous en dire quelques mots, et je vais vous renseigner immédiatement sur le degré de moralité des pétitionnaires. Le fait qu'on a reproché aux médecins de la Salpêtrière est un mensonge et une pure invention. Du reste, de tels procédés ne nous étonnent pas de la part de gens dont le mot d'ordre est : « *Calomniez, calomniez, il en restera toujours quelque chose.* »

Et le professeur est alors entré dans ce qui fait l'objet de son enseignement.

MM. Axenfeld et Robin, ne faisant de cours que pendant le semestre d'hiver, n'ont pas eu l'occasion, depuis la pétition et le rapport, de s'expliquer et de protester publiquement en ce qui les concernait.

Mais le plus inculpé des honorables professeurs de l'École était M. Sée, professeur de thérapeutique, qui a succédé au docteur Trousseau, et qui, pour cette nomination, quoiqu'il ne fût point agrégé, était appuyé par ce maître respecté et certes au-dessus de tout soupçon, M. Cruveilhier lui-même. Cette circonstance, pourtant, de n'être point agrégé, avait éveillé la susceptibilité d'une partie des élèves, et une autre partie lui était peu favorable pour d'autres raisons. M. Sée est de religion juive; et en général, messieurs, une fraction exaltée et intolérante en voulait fort (car nous en sommes là) à cette promotion de professeurs faite en décembre 1866. Qu'est-ce en effet? M. Broca, professeur de pathologie externe ou chirurgicale, est protestant; M. Axenfeld, d'Odessa, professeur de pathologie interne ou médicale, est de la religion grecque;

M. Sée, je viens de le dire, est israélite. Quelle terrible invasion d'hérétiques, de schismatiques et de mécréants pour une Faculté de médecine !

Donc M. le professeur Sée, au moment où il monta dans sa chaire le 22 mars 1867, à sa première leçon, vit éclater un grand tumulte. D'un côté les cléricaux (puisque c'est leur nom) le repoussaient à grands cris. D'autre part des élèves peu éclairés sur les conditions mêmes de la nomination au professorat, qui n'implique point la nécessité de l'agrégation, croyaient devoir hautement protester. Dans ce tumulte où deux minorités, sans s'être coalisées, faisaient nombre, où chacun prenait au hasard la parole, M. Sée, ferme et impassible, attendait que le moment de parler fût venu. Il est faux qu'il se soit mis sous le patronage de personne, et encore moins sous celui de tels ou tels élèves. Dans un tumulte tout se passe confusément; on ne dirige rien. Que de pareilles scènes soient infiniment regrettables, comme l'a dit M. le rapporteur, je le sais, — je le sais par expérience et pour y avoir passé moi-même (car j'ai eu aussi, dans mon temps, ma part de ces tempêtes scolaires) [mouvement] : mais le professeur n'a mérité aucun blâme. Il n'y a eu, quoi qu'on en ait dit, aucune atteinte, du moins par sa faute, à la dignité de la chaire. M. Sée a été ferme, patient, impassible, je le répète (et non passif), énergique enfin sur le point essentiel qui était de ne point déserter sa chaire sous le coup de l'orage et de lasser les interrupteurs. La leçon a eu lieu. Dès qu'il trouva jour à parler, M. Sée revendiqua son droit d'être écouté au nom de la liberté de conscience et du libre examen. La fermeté et la persuasion agirent et obtinrent de sa part ce qu'en de semblables tumultes scolaires il est toujours excessif et odieux de demander à la force. Il n'eut, dès les premiers mots, à faire d'autre profession de foi qu'une profession scientifique.

Tout ceci est assez important, messieurs, pour que vous en soyez complétement informés, car nous sommes ici au corps du délit et au nœud de la dénonciation. Or, M. Sée, dès le premier moment où il lui fut donné de se faire entendre, a dit (et je redirai, pour m'en être bien informé, ses paroles mêmes dans leurs propres termes ou très-approchants) :

« La médecine empirique, messieurs, a-t-il dit, a fait son temps. Nous chercherons à la combattre, ainsi que toute la routine, partout où elle se trouvera. Nous voulons instituer une science expérimentale, exacte et rationnelle, basée sur les lois de la physiologie, telle qu'elle a été formulée par les Magendie, les Claude Bernard et les Longet... »

Et savez-vous ce qu'a dit ensuite M. Sée, et ce qui est devenu un des chefs de l'accusation ? Il a dit :

« Et comme exemple, messieurs (c'est lui qui parle), je vais vous donner la définition de la fièvre. Depuis Hippocrate jusqu'à nos jours, dans l'école vitaliste, on considérait volontiers la fièvre comme un bienfait des dieux, comme une réaction providentielle contre le principe morbifique. Cette doctrine a encore des partisans aujourd'hui... Pour nous, la médecine, les maladies et par conséquent la fièvre, ne sont point le fait d'une intervention occulte, elles sont tout simplement le résultat de l'exagération ou de la diminution de l'état physiologique. En effet, la fièvre a son type dans l'état normal, où sans cesse se font des combustions de l'organisme. Les combustions de nos tissus, de nos organes, sont la source de la chaleur et, par conséquent, d'après la grande loi de la transmutation des forces, la chaleur se trouve être indirectement le point de départ de tous les mouvements et de toutes les fonctions, soit du cœur, soit des artères, soit de la respiration. »

(Patience, messieurs, nous allons avoir fini de la citation; mais il est nécessaire de tout entendre :)

« Dans l'état de fièvre, il se trouve simplement que les combustions sont exagérées par suite de l'introduction dans l'organisme d'un miasme ou d'un poison développé au dehors ou dans l'économie même. Or, comme la chaleur est la source du mouvement, il est naturel que le cœur et les artères battent avec plus de force que dans l'état normal. Voilà la fièvre... »

Eh bien, messieurs, c'est cette théorie de la fièvre qui est devenue l'un des points d'attaque contre le professeur. Trois mois environ après cette première leçon, une lettre de M. le ministre de l'intérieur fut adressée à M. le ministre de l'instruction publique pour lui signaler les faits en question. La calomnie, on le voit, avait mis du temps à cheminer et à suivre son détour. Là-dessus le professeur, mandé par-devant le vice-recteur de l'Académie de Paris, eut à se défendre et à se justifier sur deux points : 1° comme accusé de n'avoir pas fait observer la discipline à son cours ; 2° comme ayant donné une définition de la fièvre qui, apparemment, n'était pas orthodoxe (ceci devient d'un haut comique), ni conforme à ce qu'on doit enseigner dans une chaire. Y aurait-il donc une définition catholique ou hérétique de la fièvre? Ah! messieurs, prenons garde de revenir à des siècles en arrière, quand le Parlement rendait des arrêts contre l'antimoine ou contre l'émétique ! (Réclamations.)

Voix diverses. Cela n'est pas sérieux ! C'est une plaisanterie !

M. SAINTE-BEUVE. Je vois, il est vrai, dans une lettre publiée depuis peu par le plus ardent des évêques adversaires [1], je vois que la doctrine de l'école de Montpellier est exceptée de l'anathème lancé contre l'école physiologique ; que dis-je ? cette doctrine (la doctrine ancienne et non actuelle de l'école de Montpellier) est exaltée, préconisée, par contraste avec les *abjectes* théories de la Faculté de Paris. Un évêque a là-dessus un avis formel : c'est son affaire ; mais, Sé-

---

1. Voir *le Messager du Midi* du 4 mai 1868.

nal, gardez-vous de l'imiter et, sous peine de ridicule, n'allons pas décréter la doctrine *vitaliste* en médecine au préjudice de la méthode expérimentale.

Ne vous étonnez pas, messieurs, que la pétition et le rapport dont elle a été l'objet aient produit une sensation profonde. Une grande Faculté s'est sentie atteinte. Les paroles bienveillantes de M. le rapporteur, entremêlées qu'elles étaient d'une nuance de blâme et de regret, n'ont pas suffi à la susceptibilité bien juste de la science, qui se sentait remise en question et comme assise sur la sellette. Vous ne sauriez vous figurer, messieurs, l'inexprimable attente et la faveur équitable que ce réveil et ces symptômes d'intolérance qui éclatent de toutes parts ont values dans l'école à ces mêmes savants professeurs mis en cause devant vous. Et il en sera toujours ainsi; toujours il en arrivera de même à tout nouvel assaut de l'intolérance : elle a pour effet immanquable de créer et d'accroître des popularités qui deviennent des puissances. Vous êtes mal venus ensuite à vous plaindre de ces ovations décernées à vos adversaires, et ne voyez-vous pas que c'est vous-mêmes qui les avez préparées? A la reprise de son cours, M. Sée a débuté en déterminant plus que jamais son programme et sa méthode; à savoir, l'indépendance absolue de la médecine par rapport à aucune secte philosophique, quelle qu'elle soit, et surtout officielle :

« Je ferai en peu de mots, a-t-il dit, l'historique de

la question. Depuis Hippocrate et Galien jusqu'à Broussais, la médecine, quand elle a été sous l'empire d'une idée philosophique, s'est constamment trompée... C'est seulement quand ils se sont livrés à l'observation pure et simple, ou à l'expérimentation, que ces grands hommes du passé ont produit leurs impérissables travaux. Le médecin doit faire de la science exacte, expérimentale, constater des faits, sans se préoccuper aucunement des conséquences qu'ils peuvent avoir. — Je ne demanderai pas à mes adversaires, a dit ici le professeur, en insistant avec un accent particulier, ce qu'ils peuvent conclure et penser au fond de leur conscience, mais je demande qu'ils respectent la mienne : *s'il y a quelque chose qui doive être muré, c'est la conscience.* »

Et puis cette profession faite, M. Sée a repris l'étude d'une substance qui faisait l'objet de son examen, « la modeste fève de Calabar [1]. » .

Ce ne sont point là, messieurs, des détails trop techniques pour être produits devant vous. Je maintiens de toute la force de la conscience scientifique que, dans l'enseignement de la physiologie comme des autres sciences, les faits résultant de l'observation et de l'expérience doivent être acceptés, quels qu'ils soient : les déductions dernières à en tirer appartiennent ensuite à chacun. Il est tel esprit, telle forme d'esprit

---

1. Cette fève de Calabar agit sur les nerfs moteurs comme le curare.

qui, dans les faits les plus précis et les mieux constatés qui tiennent à la physiologie du cerveau, ne verra aucune nécessité de conclure à la non-existence de la pensée pur esprit, de la pensée monade essentielle et indestructible : personne plus que moi n'honore de tels hommes qui procèdent, dans la sincérité de leur conscience, avec toutes les ressources d'une intelligence élevée et déliée, et qui dans un problème aussi complexe s'obstinent à réserver, à maintenir les éléments qui échappent à nos sens, à nos instruments les plus perfectionnés, et qui ne tombent pas sous une prise immédiate : mais si d'autres venaient à conclure plus nettement et plus simplement, je ne verrais pas ce qui peut forcer l'État moderne, et le Gouvernement qui en est l'expression, à les réprouver, à les plaindre ou à les morigéner.

On me dira : L'enseignement donné par l'État ne doit pas être irréligieux. C'est une maxime gouvernementale. — Oui, mais dans des matières aussi indépendantes et aussi distinctes de la religion, l'enseignement, s'il ne doit pas être irréligieux, ne doit pas être religieux non plus (ce qui n'aurait aucun sens) : il doit être strictement scientifique. Un illustre physiologiste, M. Claude Bernard, dont le nom a été invoqué dans cette discussion et qui s'est fait respecter des deux parts, dit un mot qui me paraît la règle la plus sage : « Quand je suis dans mon laboratoire, *je commence par mettre à la porte le spiritualisme et le maté-*

rialisme ; je n'observe que des faits, je n'interroge que des expériences ; je ne cherche que les conditions scientifiques dans lesquelles se produit et se manifeste la vie. » Ce sont là des principes de conduite qui font l'enseignement scientifique irréprochable à tous les points de vue. Mais qu'on n'aille pas, comme aujourd'hui, instituer par prévention contre tels ou tels professeurs des procès de *tendance :* il suffit que, dans la chaire, les limites légitimes de chaque enseignement spécial ne soient point outre-passées ni franchies.

J'en viens au fait peut-être le plus grave du rapport et qui s'y est introduit subsidiairement, bien qu'il soit étranger à la pétition. Il s'agit de la thèse de médecine de M. Grenier et des conséquences qu'elle a eues pour cet élève, hier encore docteur.

J'ai eu cette thèse sous les yeux; je n'en suis pas du tout juge; mais si j'avais eu, littérairement, à donner mon avis, j'aurais dit qu'elle est trop longue. Il y est entré trop de choses. Une première partie toute philosophique, et pour laquelle le jeune auteur lui-même se déclare incompétent, est confuse, peu digérée. La fin aussi semble excéder et entamer une question nouvelle, toute une théorie pénale, sans la traiter et l'embrasser suffisamment. Quant au milieu et au corps même de la thèse, il est curieux et instructif par les faits et les extraits qui y sont rassemblés; s'animant d'un souffle sincère, d'un sentiment d'humanitarisme parfois éloquent (voir notamment certaine page, la page 43), ce corps tout médical de la thèse s'appuie, d'ailleurs, et s'autorise des expériences et des observations les plus complètes et les plus récentes qui ont été faites sur les nerfs et sur le cerveau. Toute cette partie atteste de l'étude. De savants hommes toutefois, et qui ne font pas si bon marché de la métaphysique [1], soutiennent que là même le jeune auteur, à la suite de ses maîtres, abuse dans les conséquences qu'il prétend tirer. Mais n'est-il pas étrange, messieurs, que nous ayons à avoir un avis sur pareille chose, un avis impossible à recueillir et à combiner? Car enfin comment voulez-vous, rien qu'à considérer la composition de cette assemblée, que nous puissions statuer et conclure pertinemment et librement sur de tels sujets? Que mon excellent et ancien ami et collègue d'autrefois durant mon court passage dans l'Université, que M. le ministre de l'instruction publique, si zélé pour le bien, si occupé en ce moment même, avec des ressources restreintes, de doter la science des instruments qui lui sont indispensables, que ce parfait et honnête représentant en haut lieu de la classe moyenne éclairée, me permette de le lui dire : Il a lui-même beaucoup pris sur lui en déclarant que la thèse « contient la négation du principe même de la morale et de l'autorité des lois pénales. » Telle n'est point, à mon sens,

---

1. Voir les articles du docteur Guardia dans la *Gazette médicale* des 2 et 16 mai 1868.

la conclusion obligée de cette thèse, quelque jugement qu'on en porte. L'Université a été trop longtemps habituée à vivre sous la doctrine philosophique de M. Cousin, doctrine spécieuse, œuvre d'éloquence et de talent, mais en grande partie artificielle, abstraite, étrangère à toute recherche scientifique exacte. Cette école essaye aujourd'hui, un peu tard et après coup, par quelques-uns de ses disciples les plus distingués, de réparer le temps perdu et de se mettre tant bien que mal au courant. Quoi qu'il en soit, la doctrine dite éclectique (il est bon de le savoir et de le dire) est des plus compromises au fond, des plus entamées à l'heure qu'il est. Or, c'est sous l'empire de cette philosophie de montre, trop docilement acceptée de l'Université, que semble avoir été conçu et motivé l'arrêté ministériel. Il est rédigé comme si la philosophie néo-platonicienne ou éclectique était unique et universellement reconnue, comme s'il n'y avait pas d'autre théorie qui explique par d'autres raisons et qui assoie sur un principe différent l'autorité des lois pénales [1].

[1]. Il a semblé à l'éditeur que la note inédite suivante, extraite du dossier de M. Sainte-Beuve, et préparée en cas d'interruption, trouvait assez naturellement sa place ici : « Et ne venez pas parler d'immoralité en même temps que de jeunesse. L'immoralité et la jeunesse sont deux mots qui se repoussent. Ce jeune homme que vous appelez incrédule et turbulent, il est turbulent peut-être, mais soyez sûrs qu'il est moins incrédule que vous. Hélas ! et c'est peut-être pour cela qu'il est turbulent. Ce jeune homme, il est un croyant au contraire, soit qu'il s'éprenne pour de nobles fantômes, pour des idées plus grandes que nature, soit que répugnant aux

Prenons bien garde, messieurs, de retomber nous-mêmes dans ce que nous trouvons de blâmable ou de ridicule quand nous lisons l'histoire du passé. Chose singulière! ce qui nous frappe et nous choque sous d'autres noms à distance nous paraît tout simple de notre temps et à nous-mêmes sous des noms différents. Qu'est-ce qui nous paraît plus suranné, plus ridicule que les disputes du jansénisme et du molinisme? Eh bien! quel était le crime du jansénisme aux yeux du molinisme? Son grand crime, disait-on, était de nier et de supprimer le *libre arbitre*, la liberté humaine, la moralité des actions et ce qui s'ensuit. Et là-dessus, quand le molinisme l'emportait, on refusait les sacrements aux jansénistes; on leur refusait même les diplômes, c'est-à-dire d'être bacheliers ou docteurs en théologie. Prenons garde, messieurs, de renouveler ces déplorables conflits éteints depuis un siècle. Quant à moi, M. Grenier ne me paraît guère, sous forme physiologique, qu'un janséniste foudroyé par des molinistes. Il a nié le *libre arbitre!* Voilà son crime. Pour moi, messieurs, qui, sur ce chapitre du libre arbitre, si j'avais à m'expliquer, serais volontiers de l'opinion

croyances proprement dites et ne voulant se fier qu'aux résultats de la science et de l'examen, il y adhère avec ferveur, avec désintéressement et sacrifice ; et que se privant même de tous les motifs extra-humains et surnaturels de récompense, il ne cherche la satisfaction que dans une sorte de stoïcisme un peu âpre et rigide qui est une manière de religion aussi. J'ai connu bien des jeunes gens qui sont ainsi des idolâtres de leur conscience. »

DE LA LIBERTÉ DE L'ENSEIGNEMENT.

de Hobbes, de David Hume et de M. de Tracy, je nie que par cela seul qu'on explique d'une certaine façon cette entité subtile qu'on a étiquetée sous le nom de *libre arbitre,* on ruine pour cela la responsabilité et la culpabilité au point de vue social, le seul qui nous importe ici [1]. Mais quel chemin a-t-on donc fait depuis M. de Tracy, membre honoré de l'ancien Sénat, pour qu'on en soit à discuter dans cette enceinte sur ces questions, comme si nous étions un concile philosophique ou théologique ?

Je dis *quel chemin on a fait;* et sans sortir même de ce cercle spécial des thèses soutenues devant la Faculté de médecine, je citerai un exemple qui peut servir de mesure. Le 25 août 1828, Hippolyte Royer-Collard, fils du médecin aliéniste distingué, — neveu et digne neveu de l'illustre philosophe, — présenta et soutint sa thèse, intitulée : *Essai d'un système général de Zoonomie.* Elle était des plus remarquables à son moment, et sans entrer dans aucun détail ni dans une analyse qui serait ici hors de propos, on peut dire que les inductions et les conclusions en étaient toutes dirigées contre les hypothèses ontologiques, contre les abstractions, contre les théories *vitalistes* et *animistes.* Je ne m'amuserai pas à détacher quelques-uns des passages de cette remarquable thèse ; mais ils vous

---

[1]. Le libre arbitre ! — « Oh! dit Candide, il y a bien de la différence, car le libre arbitre... En raisonnant ainsi, ils arrivèrent à Bordeaux. » (Voltaire, *Candide,* ch. xxi).

paraîtraient formels, à coup sûr. Eh bien! elle n'eut pour effet que de classer fort haut Hippolyte Royer-Collard dans l'estime de ses juges et de ses condisciples. Le président de la thèse, M. Dupuytren, se contenta, en félicitant le jeune docteur, — on me dit même, en le couvrant, en l'accablant presque d'éloges pour sa soutenance, — se contenta de glisser un mot d'exhortation paternelle au sujet des doctrines antispiritualistes qui ressortaient ouvertement de son étude. Ainsi pas un mot de blâme, quoiqu'on vécût sous le Gouvernement religieux de la Restauration; personne alors, personne au monde n'eût conçu l'idée qu'une pareille thèse pût être repoussée, encore moins cassée ministériellement, et elle devint un des titres qui désignèrent à l'avance le jeune et brillant physiologiste pour une des futures chaires de l'École. Tant il est vrai que depuis nous avons beaucoup marché : reste à savoir en quel sens! Et croyez bien, messieurs, que la Chambre des pairs de 1828 eût été bien surprise, si elle s'était trouvée saisie d'un pareil cas!

C'est qu'il y a péril en la demeure, me dira-t-on. J'accepte le mot et la chose. Un de nos honorables collègues, il y a une année environ, M. le comte de Ségur d'Aguesseau, croyait devoir parler au Sénat d'un danger selon lui imminent, et qui menaçait la société, le Gouvernement même, ce Gouvernement auquel nous sommes tous dévoués. Et moi aussi, je signalerai un danger; et j'aurai de l'écho au dehors, j'aurai de l'assentiment de la part de tous ceux qui, amoureux du bien public, de la paix publique, du progrès des idées justes et de l'avancement civil de la société, ne désirent, dans cette large voie, d'autre guide et d'autre appui que le Gouvernement impérial, issu du suffrage universel. Un danger en ce moment nous menace, et une grande partie de la France est inquiète. Elle l'est de l'attitude agressive et envahissante qu'a prise depuis quelque temps et avec un redoublement d'audace le parti clérical. (Réclamations.)

S. ÉM. LE CARDINAL DONNET. Monsieur Sainte-Beuve, permettez que je vous interrompe et vous prie de ne pas vous servir d'expressions qui ne doivent pas se faire entendre dans une assemblée comme la nôtre. En répondant demain à ceux de nos collègues qui marchent sous un autre drapeau que le mien, je ne les traiterai ni de francs-maçons ni d'impies. Pourquoi donc deux fois à cette tribune ce mot de cléricaux, quand vous n'avez ici que des collègues qui n'oublieront jamais ce qui vous est dû?

M. SAINTE-BEUVE. Je ne puis répondre d'avance. Le mot est dans la circulation, et je m'en sers. Permettez-moi de reprendre et d'ajouter... Le parti clérical ! Et en le nommant ainsi je voudrais éviter, quoique cela soit bien difficile, de nommer et d'indiquer l'Église spirituelle; je voudrais séparer tous ces esprits, toutes ces âmes respectables et intérieures, tous ces croyants qui ne vivent que du suc intime du christianisme et dont la vie est soumise à des préceptes de douceur et de charité ; — et ce n'est pas ici un hommage d'apparat que je leur rends : j'ai le bonheur d'en compter plusieurs pour amis, et à travers les dissidences de la pensée, je n'ai jamais cessé de sympathiser avec eux par le cœur ; — mais il faut bien le dire, des circonstances récentes, des déterminations politiques qui étaient peut-être nécessaires, ont donné aux hommes actifs et d'humeur ingérante, aux meneurs politiques qui dirigent le parti, des encouragements et des espérances qui, dans leur exaltation bruyante et leur redoublement fiévreux, sont faits pour inspirer des craintes, — non pas de l'effroi, — et pour inquiéter du moins ceux de mon âge, qui, se souvenant des misérables luttes du passé, voudraient en prévenir le retour.

Une singulière disposition de la haute société française est venue prêter à ce parti un surcroît de puissance ou de hardiesse : je veux parler de la connivence qui s'est établie, au vu et au su de tous, entre les moins croyants, les moins pieux et les moins édifiants des hommes et ceux qui poussent avec une ferveur plus convaincue au triomphe et à la suprématie prédominante de l'intérêt religieux. Ce serait pour un moraliste, pour un nouveau La Bruyère ou pour un nouveau Molière, un bien beau sujet et plus vaste qu'aucun de ceux qu'a pu offrir une cour ou une classe restreinte de la société en ce temps-là, sous l'ancien régime. Oh ! qu'il vienne, qu'il s'élève de quelque part ce libre esprit et peintre à la fois, ce génie dramatique incisif, amer et éloquent ! Il y a eu déjà quelques esquisses, mais la société française actuelle, dans son hypocrisie de forme nouvelle, mériterait un grand tableau.

Le temps du moins est venu, pour qui aime son pays et le Gouvernement de son pays, de représenter le sérieux danger de la situation au Prince lui-même (si bien informé qu'il soit) et de donner un signal d'alarme.

Je sais tout ce que méritent de respect les choses antiques et les institutions séculaires : mais c'est lorsque, ayant conscience elles-mêmes de leur antiquité et, pour tout dire, de leur vieillesse, elles s'abstiennent de violence, d'un rigorisme intempestif et d'une attaque corps à corps contre ce qui est jeune, moderne, et qui grandit. Un moraliste religieux, un ami de Chateaubriand et de Fontanes, un des hommes qui ont le mieux senti et pratiqué selon l'esprit le vrai christianisme, M. Joubert, a dit une belle parole : « Les vieilles religions ressemblent à ces vieux vins généreux qui échauffent le cœur, mais qui n'enflamment plus la tête. » Combien je voudrais que cette parole se vérifiât parmi nous ! Mais les démentis sont trop évidents. Je ne vois depuis quelques années que procédés et démarches qui sont les signes de têtes ardentes et enflammées. Ce ne sont de toutes parts qu'agressions immodérées, dénonciations intempérantes ; elles abondent. Je me fatiguerais et vous fatiguerais à les énumérer. Tantôt, au sein de l'Institut, au seuil de l'Académie française, si un savant modeste, profond, exercé, un honnête homme modèle, déjà membre d'une autre classe de l'Institut, se présente, c'est un pétulant adversaire, un prélat zélé et plus que zélé (je voudrais rendre ma pensée en évitant toute qualification blessante), qui le dénonce aux pères de famille, qui le dénonce aux confrères eux-mêmes déjà prêts à l'élire, et par des considérations tout à fait extra-académiques qui ne laissent pas d'avoir action sur les timides et les tièdes, l'écarte, l'exclut et l'empêche d'arriver. Tantôt ce sont des dénonciations et des émotions d'un autre genre qui ont pour résultat d'éliminer et de bannir de la chaire d'une de nos grandes Écoles (du Collége de France) un savant éloquent qui y avait été régulièrement porté et nommé. Tantôt ce sont des accusations, — et non pas des moins âpres ni des moins envenimées, — émanées du corps même de l'Épiscopat, que dis-je? ratifiées par le Pontife romain dans un bref que tout le monde a pu lire, accusations portées à propos d'une institution utile contre l'un des plus louables ministres de l'Empereur et contre son secrétaire général, qui s'est vu qualifié, à cette occasion, de *sectaire*. Tantôt, comme dans un pamphlet récent, les imputations téméraires et calomnieuses s'étendent, se généralisent, ne se contiennent plus ; les plus dignes institutrices sont nominativement désignées à la méfiance et à la mésestime publiques. Tout ce qui, en matière d'éducation de femmes, n'est pas dans la main du clergé, a son anathème. Tantôt, comme dans le cas présent, c'est une dénonciation encore, dénonciation formelle bien qu'incertaine et vague en ses prétextes, qui vient soulever les plus graves questions de liberté d'enseignement supérieur, et qui s'attaque à une de nos Facultés qui jusqu'à ce jour avait été respectée dans sa liberté de doctrine. — Je sais qu'on établit des distinctions entre doctrine et doctrine, et qu'il s'est élevé, depuis une quarantaine d'années, une sorte de philosophie dont j'ai déjà indiqué le caractère, philosophie à double fin, en quelque sorte bâtarde et amphibie, tantôt dénoncée elle-même par le clergé, tantôt, selon les circonstances, accueillie par lui comme alliée et auxiliaire, laquelle prétend établir un moyen terme entre le symbole religieux et la recherche rigoureusement philosophique et scientifique, avec ses résultats quels qu'ils puissent être.

Cette philosophie, très-sincère chez les uns, est purement officielle et politique chez les autres. On s'en sert comme d'une chose reçue. On est spiritualiste en paroles, en public; on ne croirait pas être un homme comme il faut, si l'on ne se donnait cette teinte, si l'on ne mettait en avant ce genre de croyances dont les mêmes personnes font souvent bon marché ensuite dans le discours et l'entretien familier. Ah! messieurs, prenons garde que notre pays de France n'en vienne à cet état commandé d'hypocrisie sociale où le langage public ne saurait se passer de certaines formules convenues, quand le cœur et l'esprit de chacun n'y adhéreraient pas. Oh! l'hypocrisie sociale, *la grande plaie moderne*, comme l'appelait lord Byron ! C'est là un triste état moral pour une nation et le plus grand symptôme de l'énervement intellectuel. Qu'il n'en soit jamais ainsi dans notre noble pays.

M. Dumas. La sincérité n'appartient pas seulement aux libres penseurs. (Très-bien ! très-bien !) Les spiritualistes, les hommes religieux, ont le droit d'être respectés ici. (Nouvelle et très-vive approbation.)

M. Sainte-Beuve. L'honorable M. Dumas n'a pas entendu la parole que je viens de prononcer ; je reconnais précisément que cette philosophie peut être sincère. Je suis donc allé au-devant de l'objection qui m'est faite.

M. Ferdinand Barrot. L'observation s'appliquait à l'ensemble du discours...

S. G. Mgr Darboy. Vous parlez d'un langage d'apparat dont on s'affranchit quelques instants après dans l'entretien familier. Il faut être sincère ici, même à la tribune. (Très-bien ! très-bien !)

M. Sainte-Beuve. Il nous est donné d'assister à une contradiction étrange et qui, je le pressens avec douleur (et rien qu'à voir les éléments inflammables qui s'amassent), est de nature à faire craindre quelque choc, une collision dans l'avenir. D'un côté, je l'ai dit et j'en ai la ferme conviction, le bon sens humain monte, s'accroît, s'aguerrit, recrute chaque jour de nombreux esprits vigoureux, sains, robustes, positifs et qui ne marchandent pas. Mais si le regard se porte dans une autre sphère, dans la sphère supérieure, ou plutôt à la couche mondaine superficielle, que voyons-nous? La mollesse des mœurs, la lâcheté des opinions, la facilité ou la connivence des gens bien appris, laissent le champ libre plus que jamais en aucun temps à l'activité et au succès d'un parti ardent qui a ses intelligences jusque dans le cœur de la place et qui semble, par instants, près de déborder le pouvoir lui-même.

Parti funeste, parti envahissant, dévorant, insatiable, ingrat de sa nature parce qu'il croit que tout lui est dû! tant plus vous lui accordez, tant plus il prend; tout ce que vous lui avez donné n'est point une satisfaction pour lui, c'est un point de départ pour exiger davantage. Vous le comblez, il ne vous dira jamais *merci!* vous faites l'expédition de Rome; il était à deux doigts de sa perte : vous le sauvez au temporel ; le lendemain vous lui demandez pour cardinal le plus raisonnable, le plus sage ecclésiastique de France; vous son sauveur (après Dieu), vous le lui demandez par vos ministres, par vos ambassadeurs, — par un mot de votre main : il vous le refuse avec délices. Et au même moment, dans une lettre adressée au plus compromettant, au plus brouillon des prélats de France, il trouve moyen d'insulter un de vos ministres : il prétend vous imposer sa destitution : ce qui ne s'était jamais vu de mémoire de roi dans l'ancienne France, durant les siècles de la religion gallicane.

Ce parti convoite aujourd'hui l'enseignement de la jeunesse, tout l'enseignement : là même où il n'est pas et où il n'a pas pied, il prétend en dicter les règles, en circonscrire la portée, en resserrer les limites, les imposer en dehors de lui-même aux hommes qui ne relèvent en rien de sa juridiction, qui ne reconnaissent en rien sa compétence. Si on outre-passe certaines conclusions qui lui conviennent, on est dénoncé aux pères de famille; on est couvert de boue dès qu'on lui déplaît et qu'on ne lui obéit pas.

Sire, Sire, m'écrierai-je, (et je voudrais que ma voix qui n'est que l'écho de milliers de voix eût assez de force pour être entendue), Sire, redoublez de fermeté dans votre sagesse : tenez bon, Sire; tenez toujours en respect et à distance ces périlleux alliés, impérieux et intéressés, qui ont été de tout temps, pour qui les a écoutés, des conseillers de malheur.

Ceci me ramène à la question de la conclusion,—cette demande de la liberté de l'enseignement supérieur, car c'est sous cette humble et spécieuse forme de liberté que le parti aspire à l'ascendant dominant et à la suprématie. Je répondrai simplement et en deux mots : Si nous vivions dans un pays où toutes choses fussent parfaitement égales, socialement et politiquement, pour le clergé catholique et pour toute autre catégorie de citoyens, je pourrais aller sur ce terrain. Mais ici, en France, les conditions ne sont pas égales ; le clergé catholique jouit de quantité de faveurs, avantages et immunités. Il est spécialement et magnifiquement protégé, rémunéré ; il prime tout : il a de droit ses représentants les plus dignes, — les plus élevés en dignité, — les princes français de l'Église, au sein et à la tête de ce Sénat même. Il n'est point dans la situation d'égalité et de balance où on le voit dans un pays voisin, souvent cité en exemple, et dans lequel il possède en effet pour son compte sa propre Université. Je n'examine point si cela est bon ou mauvais pour le résultat, pour le fond des choses, pour la force et l'intégrité des études ; mais enfin, en Belgique, l'ascendant que le clergé catholique possède en certaines provinces est contrebalancé par l'esprit d'autres provinces voisines. Bruxelles, avec son Université libre, fait vis-à-vis à Louvain : Liége y fait contre-poids. Si vous concédiez ici au clergé catholique l'enseignement supérieur et les facultés, laisseriez-vous (par compensation) se former de libres facultés laïques ? laisseriez-vous, à certains jours, se convoquer tout à côté et se tenir d'orageux congrès de Liége ? Évidemment non. Ce qui n'est que liberté en Belgique, envisagé d'ici, vous paraît licence. Vous continueriez, en vertu de certains articles positifs de la loi, de réprimer, de prévenir l'expression ouverte, la profession déclarée et la prédication de doctrines philosophiques que vous considérez comme dangereuses et antisociales. La guerre du clergé et de la science pure, de l'enseignement catholique et de l'enseignement purement philosophique, ne se mènerait donc point, de part et d'autre, à armes égales et enseignes déployées. Dans de telles conditions, il ne saurait être raisonnable de faire au clergé cette concession exorbitante dont il userait aussitôt moins dans le sens de la science même que dans l'intérêt de sa propre influence à lui. Lui accorder cette liberté nouvelle serait lui accorder un privilége de plus : je l'estimerais dangereuse et funeste. Que tout soit pour le mieux dans notre système actuel, qu'il n'y ait pas lieu à modifier tel rouage, à lever tel empêchement, à introduire des améliorations secondaires, je suis bien loin de le soutenir. Mais je frémis pourtant lorsque j'entends dire que cette question de liberté d'enseignement est à l'étude ; car le moment est des moins propices; le quart d'heure est mauvais : on vit sous d'étranges pressions ; je tremblerais pour la science et je me défierais des facilités d'accès qu'on ménagerait désormais aux bien pensants. Il y aurait la science aisée, comme il y a la dévotion aisée. J'aime la liberté invoquée comme principe, mais je ne me paye pas de mots, et j'aime encore mieux la civilisation qui est le but; je désire pour la jeunesse française, dans l'ordre des sciences, en présence des jeunesses étrangères, émules et rivales, le plus ferme, le plus sain et le plus viril enseignement. Je suis trop d'accord sur ce point avec l'honorable rapporteur pour insister davantage.

Je vote pour l'ordre du jour.

———

A peine avais-je prononcé ces mots : « je vote *pour l'ordre du jour* », qu'un sénateur, M. Leverrier, se levant, a ajouté : « et *contre la liberté* » : Ce mot, dit *le Moniteur*, a provoqué des rires d'approbation sur plusieurs bancs. La séance a fini sur cette plaisanterie. Eh! quoi, parce que je vote pour l'ordre du jour ainsi que je venais de le motiver, j'ai voté contre la liberté! — Quoi! je n'aime pas la liberté et c'est vous qui l'aimez! cela me fait rire. La liberté, la voulez-vous sérieuse et tout de bon? Eh bien, je l'admets : mais alors table rase complète. Un clergé non présent de droit au Sénat, un clergé non subventionné, sans un sou des quarante-quatre millions que lui paye le budget; s'arrangeant avec ses croyants et ses fidèles : rien que les croyants d'un côté et, de l'autre, rien que les esprits convaincus et libres, les uns et les autres luttant ouvertement et les bras nus sous le soleil. *Enlève-moi, ou que je t'enlève!* comme disait Ajax à Ulysse. Voilà la vraie lutte, voilà la vraie liberté. Est-ce là ce que vous voulez? Dans ces termes, je l'accepte. — Mais non; vous voulez garder et acquérir; vous voulez privilége sur privilége [1].

1. On a déjà eu occasion de recueillir, dans les *Lettres à la Princesse* (27 mai 1868), les paroles adressées quelques jours après par M. Sainte-Beuve aux étudiants qui étaient venus l'acclamer chez lui. Le programme d'enseignement et le conseil utile qu'elles

contiennent sont le complément obligé du Discours qu'on vient de lire, et nous ne croyons pas faire double emploi en reproduisant ici cette petite allocution improvisée :

« Messieurs, ancien élève, trop faible élève de l'École de médecine, mais fidèle et reconnaissant, rien ne pouvait m'être plus sensible qu'une démarche comme la vôtre. Il y a longtemps que je l'ai pensé : la seule garantie de l'avenir, d'un avenir de progrès, de vigueur et d'honneur pour notre nation, est dans l'étude, — et surtout dans l'étude des sciences naturelles, physiques, chimiques et de la physiologie. C'est par là que bien des idées vagues ou fausses s'éclaircissent ou se rectifient; que dans un temps prochain et futur bien des questions futiles ou dangereuses se trouveront graduellement et insensiblement diminuées, et, qui sait? finalement éliminées. Ce n'est pas seulement l'hygiène physique de l'humanité qui y gagnera, c'est son hygiène morale. A cet égard il y a encore beaucoup à faire. Étudiez, travaillez, messieurs, travaillez à guérir un jour nos malades de corps et d'esprit. — Vous avez des maîtres excellents : évitez surtout de donner à vos ennemis aucune prise sur vous. »

7 septembre 1869.

SUR

LE SÉNATUS-CONSULTE

LETTRE A M. NEFFTZER [1].

Tout a été dit sur le sénatus-consulte, et dans le Sénat, et au dehors dans la presse ; je n'ai certes pas la prétention de rien trouver de nouveau ; mais en présence d'un acte de cette importance, quand on a soi-même à le voter, il est du devoir de se rendre compte des motifs de sa détermination, et aussi d'en rendre compte brièvement au public.

Une chose me frappe avant tout dans cette dernière mesure, à la différence d'autres mesures libérales plus ou moins analogues qui l'avaient précédée : c'est que celle-ci était nécessaire. M. le rapporteur lui-même l'a

---

[1]. Cet article était précédé, dans *le Temps*, de la lettre suivante : « Mon cher Nefftzer, ma santé décidément (je ne m'en aperçois que trop à la dernière heure) m'interdit d'aller prendre part au Sénat à une discussion pour laquelle je m'étais fait inscrire. Vous me demandez ce que j'aurais dit : je vous envoie ce que j'avais préparé, en le réduisant à sa plus simple expression : c'est surtout quand on se sent inutile, qu'il convient d'abréger. »

reconnu. Le message du 12 juillet dernier et le sénatus-consulte ont été inspirés ou dictés par la nécessité. Ce n'est pas une raison pour moins reconnaître la sagesse de l'empereur. Je dirai même qu'il y a peut-être plus de mérite à faire à temps un acte politique nécessaire qu'à en risquer parfois de généreux, mais d'intempestifs, je veux dire qui n'étaient ni attendus, ni préparés, ni concertés, qui étonnaient même ceux-là tous les premiers qu'on chargeait ensuite de l'exécution : il en résultait que ministres et Chambre s'y prêtaient d'assez mauvaise grâce et à contre-cœur. On se comportait exactement des deux parts comme si l'on s'était dit : « L'empereur vient de faire une imprudence ; tâchons qu'elle soit la moins forte possible. » Ici du moins rien d'ambigu ; l'opportunité est claire, manifeste, impérative : la Chambre a donné le signal, l'empereur y a répondu ; tout le monde est préparé et averti ; il importe que rien ne soit éludé d'un grand acte ; qu'il trouve ses exécuteurs convaincus et sincères, et qu'il sorte pleinement tous ses effets. Cette idée de nécessité a aussi cela de bon qu'elle doit couper court à tous les regrets, à tous les gémissements rétrospectifs ; que, quelles qu'aient été à nous tous, amis de l'empire dès la première heure, nos vues d'avenir, nos ambitions pour ce régime d'une dictature éclairée et progressive, nos espérances plus ou moins réalisées, plus ou moins déçues, nous n'avons plus qu'une seule idée à suivre, un seul soin à prendre : — entrer sans arrière-pensée de retour dans la nouvelle voie commandée et imposée.

Mais comment cela a-t-il donc pu se faire, se demande-t-on involontairement? comment des circonstances contraires et sinon menaçantes, du moins très-dignes de préoccupation, se sont-elles soudainement groupées et assemblées de manière à former non plus quelques points noirs épars çà et là à l'horizon, mais un compacte et redoutable nuage, une barre sombre qui recèle de l'inconnu? Cela revient à se demander: Comment l'opinion s'est-elle réveillée? Un des plus grands politiques, et qu'il est bon quelquefois de relire, le cardinal de Retz faisant le récit de la Fronde, ne peut s'empêcher de se demander, lui aussi, comment de l'état de somnolence et de léthargie où l'on était tombé, où l'on était encore « trois mois avant la petite pointe des troubles » qui faillirent bouleverser tout l'État et l'ordre même de la monarchie en France, on passa presque subitement à une commotion violente et universelle. Il a décrit en des termes d'une saisissante vérité ces commencements presque imperceptibles, cette lueur, cette étincelle, ce premier signe de vie, ce pouls qui se remet à battre, ce sang qui afflue tout d'un coup au cœur; et aussitôt que s'entendit le murmure et que le tintement se fit, « tout le monde, s'écrie-t-il, s'éveilla: on chercha en s'éveillant comme à tâtons les lois, on ne les trouva plus, l'on s'effara, l'on cria, l'on se les demanda... » Cet admirable exorde des Mémoires politiques de Retz pourrait s'intituler: *Comment les ré-*

volutions commencent: ayons le présent à la pensée pour apprendre comment elles s'évitent. — Mais ici ce n'est pas au point de vue du public, c'est au point de vue du gouvernement que je me place, et c'est le gouvernement qui a dû s'effarer tout le premier et se tâter pour savoir s'il était bien le même ; c'est lui qui a dû s'étonner de ne plus trouver un matin autour de lui ce qui y était la veille et se demander à son tour : Comment se fait-il que cette opinion qu'il y a quelques mois encore on supposait disciplinée et soumise, et quelque peu sommeillante, se soit tout d'un coup réveillée? — Je ne prétends point expliquer tout le phénomène, mais enfin j'en dirai le peu que j'ai pu observer et que je sais, et cette explication n'est point un hors-d'œuvre, car en montrant comment s'est formée la nécessité de la situation, elle avertit par là même combien il importe pleinement d'y satisfaire. Le temps des présomptions et des imprévoyances est passé.

Je ne suis pas un homme politique proprement dit ; j'envisage volontiers les choses par le côté des lettres et de l'observation morale. Eh bien! moi, ami de l'Empire dès le premier jour, voilà ce que j'ai vu, — et ce que j'ai vu sans avoir eu certes personnellement à me plaindre, car, personnellement, j'ai toujours rencontré bienveillance et, je puis dire, égards exceptionnels. Eh bien, donc, préoccupé dès les premiers temps de l'Empire et à l'époque de ses triomphes (c'est assez dans ma nature d'être préoccupé), me posant dès lors la question du lendemain et de la situation morale des esprits, de ceux surtout de mon ordre, de l'ordre littéraire, qu'ai-je vu? un oubli complet de tout ce qui pouvait les rallier à temps, les concilier, surtout les nouveaux arrivants, leur offrir des cadres naturels d'activité, leur permettre de s'appliquer à d'honorables emplois, de donner cours et carrière à leurs facultés de production et de travail; pas une Revue largement ouverte et solidement fondée; pas un journal vaste, impartial, sans acception de personnes et libéralement hospitalier. Combien de fois n'ai-je point essayé, et sous toutes les formes, d'éveiller, de provoquer à cet égard la sollicitude! Mais de qui? et auprès de qui? et à quel ministre s'adresser? à quel confident du prince? Tous avaient leur spécialité, et ce qui se rapportait à ce souci continu et perpétuel de l'opinion, à cette observation de la température morale, si je puis dire, et à l'action qu'il eût été possible d'y exercer en temps utile, cette partie vague et flottante de la politique, et si essentielle pourtant, ne rentrait dans la sphère ni dans le département de personne. Chacun à l'envi semblait dire: « Cela ne me regarde pas. »

Et alors, si à quelqu'un des ministres bienveillants que l'on connaissait, dans une conversation de rencontre, pendant un rare quart d'heure, dans l'embrasure d'une croisée, si l'on s'échappait à dire: « Mais prenez garde! vous n'avez pas tout le monde pour vous; bien des fractions de l'opinion vous échappent; la jeunesse des Écoles, par exemple, est demeurée récalcitrante et rebelle; à trois cents pas du Louvre, vous ne régnez pas; les hautes Écoles ne sont pas du tout pour vous : et c'est dans ces générations de 20 à 25 ans que se forme en grande partie l'avenir d'un pays, » on répondait (combien de fois ne l'ai-je pas entendu!) : « Ah! les Écoles ont toujours été ainsi : ces mêmes jeunes gens dans quelques années penseront autrement; et puis, ce n'est qu'une infiniment petite partie de la nation : nous avons pour nous la masse, les ouvriers des villes et des campagnes. — Les Écoles, le quartier Latin, *qu'est-ce que cela nous fait?* »

Mais si un autre jour, et cela a dû arriver bien des fois, on disait à quelqu'un de ces hommes d'État qui ne comptaient point dans leur spécialité l'opinion, qui n'en paraissaient pas même soupçonner l'existence et les courants cachés persistants : « Mais prenez garde! vous n'avez rien gagné auprès des hommes considérables du passé : et ces hommes, tout évincés et déchus qu'ils sont, ont encore leur clientèle; ils recrutent de jeunes partisans : vous avez contre vous et d'une façon si déclarée qu'on n'y peut fermer les yeux, vous avez contre vous l'Académie française : — « Ah! bab, s'écriait-on, l'Académie! de beaux esprits, des rhéteurs, des vieillards, des douairières, *qu'est-ce que cela nous fait?* »

Mais un autre jour, on revenait à la charge, on insistait encore, et l'on disait : « Mais prenez garde !

vous avez contre vous, ou du moins vous n'avez pas pour vous une Académie sérieuse, l'Académie des sciences morales et politiques, quoique vous y ayez infusé et fait entrer par décret une dizaine de vos amis ; mais tout cela s'est vite fondu et noyé dans l'ensemble, et l'esprit général n'est point pour vous ! » — « Bah ! des savants, des théoriciens, répondait-on ; qu'est-ce que cela quand nous avons nos 8 millions de suffrage universel ; quelques discours, quelques écrits de plus ou de moins, *qu'est-ce que cela nous fait ?* »

Mais une autre fois (car on ne craignait pas d'être importun), on disait encore : « Prenez garde ! l'Institut presque tout entier tourne et s'aigrit à votre sujet. Vous avez contre vous maintenant une classe de plus, l'Académie même des Beaux-Arts ; vous l'avez indisposée. » Et l'on répondait : « Ah ! oui, des artistes, des sculpteurs, des peintres ; on regagne toujours ces gens-là avec des commandes ; *qu'est-ce que cela nous fait ?* »

Mais on ne s'en tenait pas là, et il devenait trop clair que, pour une raison ou pour une autre, tout ce qui avait une plume et savait s'en servir d'une manière vive, acérée, spirituelle, venait se ranger dans des cadres opposés, et prenait plus ou moins parti contre vous. N'était-ce point là un danger ? un avertissement ? une leçon pour devoir prêter plus d'attention à ce genre de mérite, de talent si cher de tout temps à la France, et pour se soucier davantage de la valeur des hommes ? « Prenez garde ! disait-on, voilà encore une individualité distinguée qui s'annonce et se dessine, et elle se dessine à vos dépens et contre vous. » — « Bah ! répondait-on, des plumes ! nous savons ce que c'est que les plumes ; elles n'en font jamais d'autres ! et puis nous en avons aussi, et de rudes, à notre service. » — Oh ! oui, vous avez des plumes, et sans vouloir faire tort à quelques-uns des écrivains modérés, sages et honnêtes, qui vous défendent (ce n'était point à ceux-là, d'ailleurs, que vous songiez), oui, vous avez des plumes, et celles dont vous vous vantez, nous les connaissons ! Il y a, sous tous les régimes, des plumes qu'il vaut mieux avoir contre soi que pour soi ; vous n'avez jamais paru vous en douter. Et là encore, en présence de tous ces gens d'esprit qui sortaient à chaque instant de terre, dont quelques-uns sortaient même de l'Université, non sans y avoir essuyé auparavant vos hauteurs et vos refus, et qui, armés désormais en guerre, ne vous laissaient paix ni trêve, ne vous épargnaient pas chaque matin les vérités piquantes et parfois les conseils sensés, vous aviez votre grand mot pour toute réponse : « Nous sommes forts ; nous avons pour nous les gros bataillons du suffrage universel ; ces plumes, plus ou moins fines et légères, s'y brisent, et ne les effleurent même pas ; quelques piqûres, quelques escarmouches tout au plus, *qu'est-ce que cela nous fait*[1] *?* »

---

1. Ce que je dis là est si peu une fiction qu'un de mes amis, homme politique et savant, avec qui je cause de la situation sans

Et voilà comment (et je n'ai indiqué qu'une seule branche, — qu'aurait-ce été si je les avais suivies et examinées toutes une à une), voilà comment de dédain en dédain, de négligence en négligence, quand on avait le plus beau jeu qu'ait jamais tenu en main Pouvoir public, on a fini par perdre la partie au premier tour, car on est au second ; voilà comment du mépris de toutes ces fractions de l'opinion, d'abord isolées entre elles, et de leur addition ensuite, de leur union subite qui s'est trouvée faite un jour contre vous, voilà comment il est sorti un total inattendu ; voilà comment l'opinion s'est réveillée, comment, à travers toutes les difficultés et les obstacles d'élections si tiraillées, si travaillées administrativement, elle s'est fait jour jusqu'à pouvoir vous atteindre et s'imposer à vous.

Après cela, il est vrai que l'opinion en France se réveille assez périodiquement tous les quinze ou dix-huit ans. Peut-être se serait-elle réveillée tout de

lui faire part d'ailleurs de ce que je viens d'écrire, me dit tout naturellement (et cet ami n'est pas un littérateur proprement dit, c'est un savant dans l'ordre du droit et plutôt occupé de sciences morales et politiques, M. Charles Giraud) : « Il m'est arrivé bien souvent de donner des avis, et à des ministres de ma connaissance ou de ma familiarité de dire à l'occasion : « mais prenez garde, voilà tel et tel fait, tel indice grave, telle initiative considérable qui, si on la néglige et si l'on n'en tient compte, peut avoir ses inconvénients. » A quoi il m'était invariablement répondu d'un certain air : « *On s'en passera.* » Et à chaque observation de ce genre qu'il m'arrivait de faire, à chaque précaution que je croyais devoir indiquer, on me répondait d'un ton léger et avantageux : « *On s'en passera.* » — C'est une variante du *Qu'est-ce que cela nous fait ?* un autre refrain de la même chanson. »

même, quand vous y auriez apporté plus de soins et de ménagements; mais convenez qu'alors elle se serait réveillée un peu moins indisposée, moins méfiante et de moins mauvaise humeur. De justes et prudentes satisfactions données en détail empêchent les griefs de grossir et de s'irriter jusqu'à l'extrême.

Quoi qu'il en soit, nous y sommes, et il s'agit, bon gré mal gré, d'inaugurer une nouvelle période, une nouvelle méthode de l'Empire : la méthode et la période parlementaires. Mettons les vrais noms aux choses. Il serait bien essentiel ici qu'il n'y eût dans les esprits aucune confusion.

Le nouveau sénatus-consulte n'est qu'un commencement. Il tend à rendre au Corps législatif quelques-unes des attributions vitales qui lui manquaient. C'est un instrument dont le Corps législatif aura incontinent à tirer tout le parti qu'il jugera à propos. Ce n'est pas à nous de lui dicter son rôle.

A le prendre ainsi, et vu l'urgence, vu la prorogation du Corps législatif, qui a pu être nécessaire, mais qui est survenue irrégulièrement et qui a choqué et interloqué ce Corps, vu bien d'autres circonstances que chacun sent assez sans qu'on les dise, il me semblait que le Sénat aurait pu procéder plus vite, motiver son empressement même par la condition fâcheuse qui était faite au Corps législatif, resté en l'air et en suspens, se mettre dès le premier jour avec ce Corps dans des relations d'égards et de bons procédés et, en vérité, quand je vois les modifications apportées au sénatus-consulte après une discussion si laborieuse, je trouve qu'il eût été mieux de l'accepter et de l'acclamer sous sa première forme. Je le préférais dans sa première rédaction.

A une exception près pourtant, je veux parler de ce malencontreux article 2 : « *Les ministres ne dépendent que de l'empereur,* » article qui d'ailleurs a été soigneusement maintenu.

Je ne suis pas jurisconsulte; je suis un peu étonné, tout le premier, d'avoir à discuter un texte de loi; je suis prêt à déférer à toutes les lumières des personnages plus compétents; mais quand j'ai lu le texte du sénatus-consulte, seul, livré à mon seul bon sens et sans le commentaire de personne, j'ai bondi à voir en tête et en vedette d'un acte libéral ces mots désobligeants pour tout le monde, y compris les ministres eux-mêmes (car il n'est pas agréable de s'entendre dire en face qu'on dépend) :

« Les ministres ne dépendent que de l'empereur. »

Eh ! mon Dieu ! on le sait trop bien qu'ils dépendent de l'empereur, et de lui seul. Et la meilleure preuve, c'est que parmi ces hommes distingués et d'un si bon esprit, qui ont assisté à la naissance et participé à la rédaction de ce sénatus-consulte, pas un ne s'est avancé jusqu'à dire à l'empereur : « Sire, je vous supplie de ne pas laisser subsister ces mots malencontreux en eux-mêmes, qui semblent en contradiction ouverte avec ce qui suit, et qui gâtent jusqu'à un certain point votre sénatus-consulte, qui y font tache en commençant. » Car c'était là le langage direct à tenir à l'empereur. (Après tout, il a peut-être été tenu.)

Toutes les discussions qui ont eu lieu sur cet article, et les explications de M. le rapporteur, ne m'ont pas raccommodé avec le peu de convenance de ce début. Je sais bien que c'est un reste de l'ancienne et première Constitution auquel on n'a pas voulu renoncer; mais ce n'est plus qu'un anneau brisé : la chaîne fait défaut, puisque les ministres deviennent, en définitive, responsables devant le Corps législatif. Pourquoi accuser tout exprès une double responsabilité, dont l'une semble exclure l'autre? Ah! si vous tenez tant à mettre des contradictions en présence, je suis homme à vous proposer, moi aussi, mon amendement, et cet amendement, je le formule en ces termes :

« Les ministres ne dépendent que de l'empereur, mais ils gardent en présence de l'empereur leur entière indépendance de jugement, de caractère et de langage. »

Que si, encore une fois, on tient tant à faire antithèse et à mettre des contradictions aux prises, je propose celle-là.

Puisqu'on se donnait le temps de discuter si au long et de remanier sur quelques points le sénatus-consulte, j'aurais aimé qu'on tînt plus compte de l'amendement de M. de Sartiges et de la première partie du plan proposé par M. le président Bonjean, qui, l'un et l'autre, tendaient à ménager et à résoudre les conflits possibles entre le Corps législatif et le Sénat. Je n'aime pas que le Sénat, en eût-il le droit constitutionnellement, affecte de pouvoir s'opposer à la promulgation d'une loi sans même en donner ses motifs. Pourquoi insister sur le droit de résistance à ce degré, droit que, selon toute probabilité, on n'aura jamais lieu d'exercer à la rigueur?

Car figurez-vous bien, vous qui êtes des sages, une mesure commandée par l'opinion, votée par la Chambre élective, arrivant au Sénat, et le Sénat lui disant *non*, y opposant son véto, un véto muet, sans vouloir donner ses raisons.

Mais c'est un cas frisant la révolution que vous posez, et de propos délibéré et de sang-froid.

Je suis bien novice, malgré mon âge, à la rédaction des choses politiques, mais je ne conçois pas qu'on insiste pour écrire dans une Constitution de ces choses-là. On devrait savoir par expérience ce que vaut dans la pratique tout article 14.

Et s'il y a des contradictions (et il y en a, — et comment n'y en aurait-il pas?) entre votre Constitution de 1852, et le nouveau régime dont le sénatus-consulte actuel n'est que le premier pas, laissez-les donc dormir ces contradictions, et ne vous plaisez pas à les entrechoquer dès l'entrée de jeu.

Nous sommes destinés à voir se dérouler les conséquences prochaines du sénatus-consulte ; il n'y a pas à cet égard d'illusions à se faire, et il convient de se résigner à l'avance, sinon de se dévouer à presque toutes les conséquences qui en devront sortir.

Mais, même sans les attendre, j'aimerais qu'au sein du Sénat il fût dit et compris tout d'abord, qu'à un ordre de choses tout nouveau, il convient d'apporter un nouvel esprit. Il faut bien se dire qu'il devra y avoir par tout le corps social, par toute la machine administrative de haut en bas et jusque dans les dernières branches, circulation d'un même esprit, d'une même intention, sans quoi tout ira mal, sans concert, avec décousu et tirage en sens inverse, comme ce qui s'est fait précédemment, comme ce qui se fait encore tous les jours. Il importe que de haut en bas le mot d'ordre soit changé.

Si l'on écrit dans la Constitution que les ministres sont responsables, il faudra peut-être qu'on écrive aussi dans la loi que tous les fonctionnaires le sont depuis le préfet jusqu'au garde champêtre, et dans tous les cas il faudra qu'ils se conduisent comme s'ils l'étaient.

Un homme sage, un bon esprit qui avait traversé honorablement la Révolution, M. Daunou, a fait cette remarque dans son excellent ouvrage *sur les Garanties individuelles*: « Lorsqu'il y a deux principes dans un gouvernement, c'est toujours le mauvais qui dirige et anime la plupart des agents de l'autorité. » Il serait peut-être temps qu'il n'y eût qu'un principe dans notre gouvernement, et que ce qui va faire l'âme nouvelle de la Constitution pénétrât aussi dans l'administration et s'y fît de plus en plus sentir. L'essai mériterait d'être tenté.

Ce n'est pas que je ne pense que le pays, de son côté, n'ait à faire aussi sa petite éducation comme l'administration aura à faire la sienne; car dans ce pays-ci, on demande beaucoup à l'administration; on lui demande trop, on se plaint à elle et d'elle à tout propos. Il ne faut pas tout lui demander, si l'on ne veut pas tout lui passer.

La tentative qui va se faire, et à laquelle tous nous coopérons dans notre mesure, est grande en soi et par les intérêts qu'elle embrasse autant que délicate et difficile. A-t-elle chance de réussir? Un concert, un équilibre durable entre le gouvernement établi et la France si souvent renouvelée et mobile, est-il plus qu'un vœu honorable? Sans être trop optimiste, on peut l'espérer. Le bon effet produit par l'amnistie, — par cette amnistie qui a été le meilleur commentaire du sénatus-consulte, — permet de croire que la grande majorité du public et du peuple français continue d'aspirer à la stabilité et reste disposée à se contenter de ce qui serait bon, raisonnable et clément; et, en politique, je ne distingue point la clémence de la justice.

Mais enfin, qu'il y ait eu un jour un gouvernement qui ait fait à temps et jusqu'au bout sa réforme complète, son acte réfléchi de bon sens, de justice et de liberté, ce sera un bel exemple et qui ne s'est pas encore vu jusqu'ici.

P.-S. Ceci était écrit avant le discours du prince Napoléon au Sénat dans la séance du 1er septembre. Tout le monde a lu ce discours éloquent, rempli de grandes vues et animé d'un beau souffle. On aimerait à marcher sous le drapeau d'une pareille politique, aussi largement déployée. Par malheur je vois qu'elle a été, séance tenante, désavouée en partie par le gouvernement, et voilà pourquoi je maintiens mon mot de *tentative* au sujet de l'application du sénatus-consulte. Les vraies chances de succès n'existent que si la mesure est complète, suivie dans son véritable esprit, prévue et acceptée dans tout son développement. C'est à ce prix seulement que l'évolution obtiendra ses bons et salutaires effets. Elle est compromise, à mon sens, si le gouvernement se remet à céder à reculons, à disputer le terrain pied à pied comme dans une retraite. Que ne prend-il généreusement la tête du mouvement? Ce serait le seul moyen de confondre et de noyer adversaires et ennemis, les irréconciliables et les méfiants, dans le flot de l'approbation universelle. Plus d'un indice peut faire déjà craindre qu'il ne l'entende pas tout à fait ainsi.

En prévision des lacunes toujours inévitables dans une Collection de ce genre, nous nous étions réservé de reporter à la fin des *Premiers Lundis,* en guise de Mélanges, tout ce qui aurait pu nous échapper pendant l'impression de ces trois volumes. Nous avons pu constater avec satisfaction, en touchant au terme de notre travail, que la nouvelle Table de la *Revue des Deux Mondes,* publiée cette année et plus complète que celle de 1857, ne mentionnait, au nom du critique des *Lundis,* qu'un seul article oublié par nous [1]. Mais, lorsque nous nous croyions au bout de la tâche, quelques pages, auxquelles nous ne songions plus, et qui avaient été imprimées du vivant de M. Sainte-Beuve, puis laissées de côté, nous ont mis sur la voie encore de nouveaux travaux dont il se déclare l'auteur. Ces pages, intitulées *Notes et Remarques,* paraîtront dans un volume ultérieur, devant servir de complément aux *Causeries du Lundi.* Nous en détachons la note suivante :

---

1. Nous l'avons fait entrer à sa date, dans la suite de ces Mélanges.

« J'ai, en bien des cas, prêté ma plume à mes amis, en me mettant en leur lieu et place et en faisant ce qu'ils désiraient de moi. Par exemple :

« Il y a tel *prospectus* des Œuvres de Victor Hugo (en 1829, chez Gosselin) signé Amédée Pichot, et où Wordsworth est cité sur Shakespeare, qui est de moi [1].

« Le récit de l'audience accordée par le roi Charles X à Victor Hugo, récit inséré dans la *Revue de Paris*, est de moi.

« La Profession de foi saint-simonienne de Pierre Leroux, qui parut dans *le Globe* au moment de la cession du journal aux Saint-Simoniens, est de moi : Leroux n'a fait qu'y changer deux ou trois mots et y mettre un ou deux pâtés d'encre [2].

« L'article du *National* au lendemain de la blessure de Carrel dans son duel avec Laborie, article qui fut accepté également de *la Tribune*, et qui parut à la fois dans les deux journaux, est de moi.

« J'ai rédigé, comme secrétaire du Comité historique, la circulaire qui donne des instructions aux Correspondants de province sur les recherches littéraires concernant le moyen âge auxquelles ils devront se livrer, circulaire insérée au *Moniteur* le 18 mai 1835, et signée Guizot.

« La lettre d'un *vieux ami de province*, citée dans l'article de George Sand sur *Maurice de Guérin* (*Revue des Deux Mondes*, 15 mai 1840), est de moi.

« J'ai fait au *Moniteur* l'article qui a paru le lendemain des funérailles de Béranger (M. Fould, alors ministre d'État, n'y a effacé que deux mots) [3].

---

1. Nous signalons ce *prospectus* aux amateurs : il nous a été impossible de nous le procurer ; il manque à la Bibliothèque nationale, bien qu'il soit indiqué comme *déposé*, sur le Journal de la Librairie. Mais la Bibliothèque nationale n'a pas non plus l'édition des Œuvres de Victor Hugo, désignée ici.

2. Nous avons suivi, en la réimprimant plus loin, un texte corrigé de la main de M. Sainte-Beuve sur une épreuve du numéro du *Globe*.

3. Cet article est entré depuis dans les *Causeries du Lundi*, tome XV.

« J'ai fait également l'article sur le *Prince Jérôme*, dans *le Moniteur* du 6 juillet 1860 [1].

« A la *Revue des Deux-Mondes*, pendant les quinze années que j'y ai travaillé activement, j'ai eu mainte fois à faire de ces articles collectifs et impersonnels.

« Dans tous ces articles ou morceaux, faits pour d'autres et quelquefois signés par d'autres, il y a eu cependant quelques mots ou ajoutés ou retranchés, qui ne sont pas de mon fait. Une fois écrits et livrés, ces morceaux ne m'appartenaient plus. »

Les pages qui vont suivre n'ont pas besoin d'autre Préface ni d'autre explication.

J. T.

---

1. Nous l'avons recueilli dans ce volume même.

Août 1829.

DE L'AUDIENCE

ACCORDÉE

A M. VICTOR HUGO

PAR S. M. CHARLES X.

« Samedi 8 août 1829. — Le Roi a reçu hier, en audience particulière, M. Victor Hugo. »

Cette simple annonce excite, en ce moment, plus d'intérêt qu'on n'a coutume d'en accorder à ces sortes de nouvelles. Tout le monde, en effet, a deviné le motif qui amenait le poëte devant le roi [1] ; et ce motif n'était pas seulement une affaire privée : c'était aussi, et avant tout, une grave question d'art et de liberté que M. Victor Hugo venait plaider devant le monarque, avec la franchise de son âge, de ses opinions, et un sentiment profondément respectueux de son devoir, comme sujet.

---

1. La première représentation de *Marion de Lorme* avait été interdite par la censure (juillet 1829).

Bien des récits divers circulent déjà sur cette entrevue, qui s'est prolongée, dit-on, près de trois quarts d'heure, et dont les détails, si la rumeur est vraie, ne manqueraient ni de piquant, ni de nouveauté, ni d'importance. Chacun arrange et rêve un entretien à sa manière. Nous essaierons, de notre côté, d'indiquer comment nous le concevons; et sans prétendre tout raconter à la lettre, nous tâcherons de ne pas tout supposer gratuitement.

Et d'abord ce n'est pas un fait indigne de remarque que, pour la première fois peut-être, la génération nouvelle, qui jusqu'ici n'a guère eu accès auprès du prince, dont la voix n'arrive directement au chef suprême de l'État ni dans les Conseils, ni par la tribune, ni par la chaire, ait comparu devant lui, simple et sérieuse, dans la personne d'un de ses représentants. Si, en cette circonstance, le poëte a bien compris son rôle, comme nous pensons qu'il l'a fait, il a dû, dès les premiers mots, et profitant de la faveur d'un auguste accueil, amener la question de ce qu'elle pouvait avoir de trop personnel à des termes plus généraux, plus raisonnés, et dans lesquels il se sentait plus à l'aise pour en appeler à l'esprit éclairé et bienveillant de son royal interlocuteur. Les temps actuels, aurait-il dit, ne sauraient être comparés aux temps de l'ancienne monarchie pour le théâtre non plus que pour tout le reste. Autrefois, les libertés de la nation étaient mal définies, obscures, discrètes, obérées sous des formes minutieuses et confuses; la voix de l'opposition, qui sort des entrailles de tout gouvernement non despotique, n'avait pas de quoi se faire jour. Au théâtre, elle devenait volontiers une clameur; on pouvait en craindre l'éclat faute d'issues naturelles et suffisantes, et l'applaudissement montait assez haut pour sembler une explosion. Ainsi *le Mariage de Figaro* fut un éclair de la Révolution française, quoiqu'après tout, l'éclair n'apparaisse que quand l'orage se forme ou est formé. Mais de nos jours, dans notre France constitutionnelle, sous la Charte de Louis XVIII, et avec la solidité assise et les progrès croissants de nos institutions perfectibles, qu'y aurait-il de pareil à redouter d'un drame historique? Ce que l'histoire consacre, ce qu'elle imprime dans ses livres, professe dans les chaires, et invoque à tous moments dans les discussions de l'une et l'autre Chambre; ce que les journaux répètent et portent à la fois sur tous les points du pays, cela même deviendrait-il dangereux au théâtre, sous un point de vue tout impartial, et à travers le prisme purificateur de l'art? Et d'ailleurs, si le poëte avait rappelé au roi qu'en l'état actuel des esprits, une pièce de théâtre, composée avec conscience et venue d'un certain côté littéraire, ne devait produire, par sa chute ou son succès, qu'un résultat bien étranger assurément à toute passion politique, le roi aurait bien pu, sans doute, à demi-voix et avec un sourire, prononcer ce terrible mot de *romantisme;* mais il eût été facile de démontrer à sa bienveillante attention, que ces débats sont au fond bien moins frivoles, même sous le rapport politique, qu'on ne pourrait le penser. Las des querelles de parti, presque saturés des discussions parlementaires, bien des esprits, jeunes, ardents et généreux, sans déserter leurs devoirs comme citoyens et sujets, ressentent un vif besoin de ces distractions nobles et légitimes, qui se sont liées de tout temps à la gloire de la France et à la splendeur du trône. Ils aspirent aux jouissances de l'art, si puissantes à concilier et à purifier les âmes, que de longs ressentiments ont aigries; et s'ils paraissent commencer en cette voie une sorte de révolution, celle-là du moins se passera tout entière dans la région des idées, dans le domaine de la poésie, et c'est d'ailleurs presque seulement de l'époque de la Restauration qu'elle date, et par des hommes de la Restauration qu'elle est tentée. Puis, quand l'ancienne littérature est partout; qu'elle occupe les places, les Commissions, les Académies; que le gouvernement s'en rapporte à ses décisions en toute matière littéraire où il a besoin de s'éclairer; quand, il y a quelques mois à peine, une pétition, signée de plusieurs auteurs *classiques* les plus influents, et tendant à obtenir pour eux le monopole du Théâtre-Français, est venue mourir au pied du trône; n'y aurait-il pas, de la part du gouvernement du roi, peu de convenance et d'adresse à frapper d'interdiction la première œuvre dramatique composée depuis ce temps par un des hommes de la jeune littérature, une pièce avouée d'elle, réclamée par le public, et sur laquelle on veut bien fonder quelque espoir ?

Le poëte aurait pu dire encore qu'il avait, fort jeune, et en plus d'une circonstance mémorable, donné à la monarchie et au prince d'humbles gages qu'il ne séparait point, dans sa pensée, des autres gages qu'on devait donner aussi aux libertés et aux institutions du pays ; il aurait pu (et le roi l'eût cru sans peine) protester de son aversion contre toute malice détournée, de sa sincérité d'artiste, de sa bonne foi impartiale à l'égard des personnages que lui livrait l'histoire ; et, alors, la conversation tombant sur le caractère de Louis XIII, et sur le plus ou moins de danger ou de convenance qu'il y aurait à le laisser paraître dans la pièce en litige, le poëte eût pu expliquer à loisir à l'auguste Bourbon que le drame n'ajoutait rien là-dessus, retranchait bien plutôt à ce qu'autorisait la franchise sévère de l'histoire, et que l'image de temps si éloignés et si différents des nôtres ne pouvait le moins du monde paraître une indirecte contrefaçon du présent. Il eût fini par déposer respectueusement aux mains du monarque *l'acte redoutable* du drame, et le roi eût daigné lui promettre de prêter intérêt à cette lecture.

Toutefois, au milieu des bruits divers dont nous avons tâché de recueillir ici les plus probables, la discrétion bien concevable du poëte ne nous assure d'autre chose positive que de l'attention constamment bienveillante de son royal interlocuteur.

18 janvier 1831.

PROFESSION DE FOI

Aujourd'hui que *le Globe* est placé plus qu'il ne l'a jamais été depuis la révolution de Juillet sur un terrain solide et nettement dessiné ; aujourd'hui que sa nouvelle position en politique, en économie, en philosophie, en art et en religion, devient de plus en plus appréciable et notoire ; aujourd'hui enfin, pour tout dire, que *le Globe* est le journal reconnu et avoué de la doctrine saint-simonienne ; nous, qui ne l'avons abandonné dans aucune de ses phases, nous qui avons assisté et contribué à sa naissance il y a sept ans, coopéré à ses divers travaux depuis lors, qui avons provoqué et produit plus particulièrement ses transformations récentes ; nous qui avons suivi toujours, et, dans quelques-unes des dernières circonstances, dirigé sa marche ; qui, sciemment et dans la plénitude

1. Voir, sur cette Profession de foi, ce qui est dit dans l'Avertissement en tête de ces Mélanges, page 344.

de notre loyauté, l'avons poussé et mis là où il est présentement, nous croyons bon, utile, honorable de nous expliquer une première et dernière fois par devant le public, sur les variations successives du journal auquel notre nom est demeuré attaché ; de rendre un compte sincère des idées et des sentiments qui nous ont amené où nous sommes ; et de montrer la raison secrète, la logique véritable de ce qui a pu sembler pur hasard et *inconsistance* dans les destinées d'une feuille que le pays a toujours trouvée dans des voies d'honneur et de conviction.

La première idée, la conception du *Globe*, lorsqu'il fut fondé il y a près de sept ans (et celui qui parle ici est plus compétent que personne pour décider ce point), consistait à recueillir et à présenter au public français tous les travaux scientifiques, littéraires et philosophiques de quelque importance dans le grand mouvement pacifique qui commençait à emporter de concert les nations civilisées du monde. Le titre même du journal avait été choisi en rapport avec ce caractère d'investigation encyclopédique. Par des extraits de voyages, par des traductions et des analyses d'ouvrages étrangers, par des études de toute espèce sur le passé, *le Globe* cherchait à mettre sous la main de ses lecteurs les principaux éléments des questions ; à leur représenter les travaux antérieurs et l'état de la science contemporaine sur chaque point de controverse ; à leur apporter et à leur distribuer en ordre les matériaux les plus complets pour les solutions les plus larges et les plus conciliantes. Une telle pensée tendait évidemment à l'association générale des peuples dans le domaine de la science, de la philosophie et de l'art.

Mais cette pensée, toute de curiosité, de patience et d'impartialité, se trouva bientôt ne pas suffire à l'application. Dans ce grand travail de recherche et d'analyse, le besoin de règle et de plan se faisait à chaque instant sentir. Il fallait un centre de doctrine auquel on pût ramener ces investigations : la *liberté* le donna. Le principe de liberté, professé en toute franchise et en toute rigueur, poussé à toutes ses conséquences en économie politique, en philosophie, en art, telle fut la doctrine générale du *Globe* jusqu'à la révolution de Juillet. Si l'on se reporte au temps où il arbora ce principe, si l'on se souvient des inconséquences étroites et puériles des libéraux les plus francs, de leur intolérance hostile contre tout ce qui était catholique en religion, Allemand ou Anglais en poésie, on comprendra que la marche suivie par *le Globe* fût à la fois une nouveauté très-originale et un progrès très-réel. Il aida puissamment à la chute des préjugés, des barrières qui existaient encore sur le terrain du libéralisme. Il était mu dans ce travail de démolition, non plus par haine et par colère, comme les autres feuilles libérales, mais par une sympathie généreuse pour une ère d'avenir qu'il entrevoyait confusément et dont il voulait hâter la venue. Destructeur et pacifique tout ensemble, il combattait le catholicisme avec la liberté et réclamait la liberté pour les jésuites. S'affranchissant des liens étroits d'une nationalité égoïste, il admirait et glorifiait aux yeux de la France les grands poëtes de l'Angleterre et de l'Allemagne; il généralisait les idées d'art, les tirait de l'ornière des derniers siècles, provoquait des œuvres, applaudissait sans flatterie aux essais nationaux et méritait que Goëthe déclarât apercevoir dans cet ensemble de travaux et d'efforts les symptômes d'une *littérature européenne nouvelle*.

L'idée de liberté, ainsi adoptée dans sa plénitude, rejoignait si bien l'autre idée première d'association pacifique et d'unité intellectuelle à établir entre tous les peuples; elle y ramenait si directement en faisant tomber les douanes de diverse nature qui s'opposaient à la communication libre des nations les unes avec les autres; le moyen, en un mot, semblait si bien adapté au but, et le but tellement ressortir du moyen, qu'un homme dont toute la vie avait été consacrée à produire cette association et cette unité, Saint-Simon, frappé vivement de l'aspect du journal et de sa tendance définitive, crut un moment qu'il y avait peu à faire pour élever et consacrer l'idée du *Globe* à sa propre conception. Il désira à cet effet une entrevue avec les deux fondateurs du journal : mais le temps n'était pas mûr; on ne s'entendit pas; l'homme de génie avait vu plus loin et plus vite que les deux rédacteurs dans les conséquences de leur marche et dans la portée de leurs idées.

C'est qu'en effet il y avait quelque vague dans ces idées, quelque nuage étendu devant les conséquences dernières vers lesquelles on se poussait avec plus de foi que de clairvoyance. L'association pacifique des peuples, telle que *le Globe* la poursuivait, n'offrait pas un sens bien précis, bien arrêté. Le principe de liberté et de critique semblait définitif à ceux qui l'appliquaient si délibérément, et ils ne soupçonnaient que dans des cas assez rares une organisation ultérieure à laquelle il faudrait tôt ou tard arriver. Et d'ailleurs les circonstances politiques devenant de jour en jour plus pressantes, le principe, qui n'aurait dû servir que d'instrument à prendre ou à laisser, devenait lui-même une arme de plus en plus chère, un glaive de plus en plus indispensable et infaillible; le but lointain d'association et d'unité s'obscurcissait derrière le nuage de poussière que soulevaient les luttes quotidiennes; car *le Globe* s'y lança sans hésiter dès que les besoins du pays lui parurent réclamer une pratique plus active; mais ses tentatives de science générale y perdirent d'autant; ce sentiment inspirateur, cette tendance générale et ce but d'avenir que nous signalons plus particulièrement ici s'éclipsèrent devant une application directe à la situation politique du moment, et, dans la préoccupation naturelle des rédacteurs comme du public, notre journal parut se réduire au travail du principe de liberté jouant et frappant dans toutes les directions.

Alors pourtant *le Globe* eut son unité, et cette unité, pleine d'accidents, de saillies, de sentiments probes, de pensées utiles, fut, non plus une idée générale un peu vague et confuse dans sa réalité lointaine, mais un homme; un homme de premier mouvement et d'action, d'une intelligence ouverte, d'une parole incisive, écrivain loyal, âpre et intrépide, tous les jours sur la brèche, à l'aise et en plein sur le terrain mouvant de la liberté; répandant sur l'ensemble parfois discordant du journal l'unité passionnée, et sans cesse renaissante, de sa physionomie; liant, non par des liens, mais par des étincelles électriques, en quelque sorte, les portions les plus excentriques du cercle; nature impressive et rapide, embrassant par son impartialité la nuance doctrinaire, et par sa verdeur la nuance républicaine : c'est assez désigner M. Dubois. L'unité pratique du *Globe* parut résider en lui; nul en effet ne porta plus constamment et ne soutint plus haut dans la lutte le drapeau de liberté, en ralliant alentour bien des défenseurs inégaux du principe, et en les maintenant jusqu'au bout dans une sorte d'harmonie, malgré les diversités profondes et croissantes. Mais c'était un tour de force, un équilibre de jour en jour plus instable; l'association qu'un principe purement négatif unissait se relâchait à chaque instant davantage; le chef lui-même se lassait à la peine : aussi dès que le triomphe du principe arriva, dès que le drapeau de liberté, reprenant ses vraies couleurs, flotta par toute la France, le chef actif sentit le besoin du repos, et l'association politique se rompit.

Mais la dissolution du *Globe* n'en résultait pas nécessairement; l'idée première, la conception fondamentale dont le développement avait dévié en se resserrant dans la politique de la Restauration; qui pourtant s'était reproduite plus d'une fois dans des applications partielles, dans des pressentiments organiques; qui, en plus d'une page, à l'occasion de l'*union européenne* et de la *politique de Napoléon*, à l'occasion du *Comité de salut public* et de sa tentative avortée; qui, plus récemment, au sujet du *libéralisme* de Benjamin Constant, jugé par le noble et infortuné Farcy, avait percé au point d'offenser dans le journal le principe dominant, et d'y scandaliser les politiques pratiques; cette idée qui nous en avait inspiré le début; qui, par le choix intérieur des matières et des faits, en alimentait le fond; qui, par des renseignements nombreux, par d'amples informés sur l'instruction primaire aux frais de l'État, sur l'émancipation des artisans, sur les essais divers de système coopératif et sur une foule d'autres sujets, avait sourdement lutté contre les doctrines économiques d'indifférence et de *laisser-faire* professées dans des colonnes plus officielles; cette idée qu'une plume ingénieuse et délicate avait autrefois effleurée, sans l'entamer, dans un article intitulé *la Critique de la critique*, et qui s'était hardiment résumée en Juillet sous ce cri prophétique, bien qu'un peu étrange : *Plus de criticisme impuissant ;* cette féconde et salutaire idée d'association universelle et d'organisation future restait entière à exploiter ; elle demeurait à nu, dégagée de tous les voiles factices, de toutes les subtilités prestigieuses, que la Restauration avait jetées devant. La question sociale et humaine était posée désormais dans une latitude majestueuse et avec une invincible clarté. C'est ce qu'un trop petit nombre des anciens rédacteurs du *Globe* comprirent dans le premier moment. Nous fûmes, grâce à Dieu, mieux inspiré ; nous vîmes, dès l'abord, de quoi il s'agissait ; nos idées antérieures revinrent à l'assaut dans notre esprit ; nos pressentiments s'accumulèrent et s'éclaircirent. L'avenir nous parut avoir avancé d'un demi-siècle ; au lieu d'en gémir ou de nous taire, il nous sembla beau et bon d'en être joyeux et d'y aider. Nous gardâmes donc à tout prix notre tribune, et, dans le vaste retentissement de la crise politique, nous tâchâmes de parler de manière à être entendus.

Ce n'était plus, comme il y a sept ans, par des investigations historiques que l'œuvre d'association des peuples devait être servie ; on en était dorénavant à la pratique et à l'action. Ce n'était plus dans une fermentation lente et obscure qu'on pouvait couver au fond de sa pensée un rêve d'organisation à venir ; on en était déjà à sentir le besoin de préciser les doctrines, et à prévoir le moment de les appliquer. Cependant voici quelle fut notre idée durant les trois mois qui suivirent Juillet. Nous crûmes qu'avec les éléments actuels de la société, avec un peuple et une bourgeoisie qui avaient fraternisé, avec une monarchie républicaine et une représentation nationale purgée d'aristocratie, il y aurait lieu de fonder un ordre de choses, transitoire sans doute, et qui n'était pas encore l'âge d'or de l'humanité, mais du moins un ordre stable et progressif, à l'exemple duquel l'Europe pût se modeler dans son affranchissement, et qui donnât le temps aux idées futures de mûrir. Nous étions loin de regarder les quatre grandes lois, municipale, électorale, de la garde nationale et du jury, comme la conception définitive qui allait désormais régler et clore les destinées de l'humanité; mais nous pensions qu'en s'appuyant là-dessus conformément à l'opinion du grand nombre, un gouvernement intelligent et fort aurait pu noblement vaquer à la double tâche qui lui était imposée, d'émanciper graduellement les classes pauvres et laborieuses, de favoriser et de garantir l'affranchissement des nations européennes. Nous lui indiquâmes avec chaleur ce beau rôle de gouvernement civilisateur au dedans et au dehors. Nous désirions qu'il prît la tête du progrès; qu'il ne laissât pas la société, un instant unie dans une sympathie héroïque, se débander de nouveau et se dissoudre; qu'il gardât, quelque temps du moins, leur prestige à ces idées de liberté qui n'avaient pas encore failli. Nous le voulions actif, généreux, fertile en initiatives de progrès, entretenant la confiance par son mouvement, ayant un cœur, non pas tel qu'un bourgeois peureux, bonhomme égoïste et cupide; mais fidèle à son origine et à sa fin; tout au vrai peuple, en France et ailleurs; sans arrière-pensée, sans système honteux de replâtrage. Ces vœux et ces conseils respirent dans toutes les pages que nous écrivîmes alors. Nous fûmes vifs, parce que chaque minute était précieuse, parce que, la méfiance une fois revenue, la dissolution morale une fois rentrée au cœur de l'État, il nous semblait que les difficultés devenaient presque insurmontables dans les conditions sociales où l'on était encore. Au fond, et sous nos formes de polémique démocratique, nous étions évidemment préoccupés d'une économie politique plus réelle que l'ancienne, d'une constitution plus équitable de la propriété, d'un art nouveau, d'une religion inconnue.

A mesure que l'heure irréparable d'asseoir grandement l'état transitoire que nous concevions s'écoulait dans une inertie impuissante ou dans des tâtonnements rétrogrades, notre goût pour la lutte passionnée et pour l'attaque immédiate diminuait. Le souci croissant qui nous irritait contre l'ordre présent, désormais manqué et mesquin, se convertit en une aspiration confiante vers un état organique que nous avions cru fort éloigné d'abord, mais dont les fautes des gouvernants dans cette crise avaient de beaucoup rapproché l'avénement. Une doctrine jeune et pleine d'ardeur, le Saint-Simonisme, se proclamait de tous côtés autour de nous comme possédant la solution définitive et la clé de l'avenir. Plus d'une fois, auparavant, nous avions approché de cette doctrine; et de ces communications imparfaites il nous était resté, du moins, pour elle et pour ceux qui la cultivaient, un sentiment profond de sympathie et d'estime. Cette fois les promesses de la doctrine perfectionnée étaient plus attrayantes que jamais; l'inspiration religieuse s'y était mêlée à l'industrie et à la science, pour les unir et les féconder. Les derniers événements d'ailleurs nous avaient appris à ne plus désespérer du progrès, quelque lointain qu'il parût, et à croire au règne, tôt ou tard nécessaire, des idées les plus vraies et des sentiments les plus larges. Nous interrogeâmes de plus près la doctrine; et à mesure que nous la connûmes davantage, nos doutes et nos objections sur sa vérité essentielle et sa mise en pratique s'évanouirent successivement. L'émancipation complète de la classe la plus nombreuse et la plus pauvre, le classement selon la capacité et les œuvres, avaient de tout temps été pour nous des croyances d'instinct, des idées confuses et naturelles, pour nous qui sommes du peuple et qui ne prétendons valoir qu'autant que nous sommes capables et que nous faisons. Un tel dogme achevait de nous révéler à nous-mêmes notre pensée, et répondait à la prédisposition de notre intelligence, à tous les désirs de notre cœur. Les moyens pour atteindre au but nous parurent loyaux autant qu'efficaces, pacifiques, persuasifs, tels enfin que le principe dominant de liberté n'avait ni droit ni pouvoir pour les restreindre ou les interdire. Dès lors notre résolution fut prise et nous n'hésitâmes pas à transporter franchement et ouvertement *le Globe* du terrain mouvant de la critique sur la base positive où il se fonde aujourd'hui. Nous crûmes en cela être logique non moins que sincère, aboutir aux conséquences rigoureuses de nos idées, et consommer la réalisation de la pensée première qui présida au journal. Car, nous y insistons, il y a, depuis le premier numéro du *Globe* jusqu'au dernier, dans sa pensée première, dans le but général qu'il poursuivait, dans une portion constante de sa direction et de ses travaux, une raison profonde pour qu'il ait suivi la marche qu'il a suivie, pour qu'il ait passé par ses transformations diverses, et pour qu'il soit aujourd'hui aux mains dans lesquelles il est. Sa gravitation a été invariable, quoique souvent contrariée dans son cours et sujette à des rebroussements. Il a mis six ans à parcourir l'intervalle que le génie de Saint-Simon voulait, il y a six ans, lui faire franchir du jour au lendemain. Voilà ce que dans notre position personnelle il nous a paru convenable d'expliquer au public, et ce que le public lui-même ne trouvera peut-être pas inutile de méditer.

4 février 1833.

ARMAND CARREL

SON DUEL AVEC LABORIE [1].

Nous avons dit combien de témoignages d'intérêt et de douleur avaient accueilli la première nouvelle du danger de M. Carrel. Aujourd'hui tout Paris ayant été informé, par les journaux, du malheureux événement qui avait fait hier, parmi ses amis, à la Chambre et dans quelques lieux publics, une sensation si vive, tout Paris s'en est ému. Pour ceux qui connaissent son caractère de droiture, d'énergie et de franchise, ou qui ont apprécié la haute portée de son talent, c'était un besoin de manifester les sentiments d'estime et d'affection qu'ils lui portent : ceux qui partagent ses principes politiques ont dû lui savoir gré de cette généreuse

---

1. Ce duel, oublié aujourd'hui, eut [pour cause une polémique qui s'éleva entre *le National* et la presse légitimiste, à la suite de l'arrestation de la duchesse de Berri. — Relire, sur le duel d'Armand Carrel avec Laborie, la Chronique littéraire du 15 février 1833 (*Premiers Lundis*, t. II, p. 159).

ardeur toujours prompte à relever les provocations ou à venger les injures qui s'adressent à la cause de Juillet; les hommes de cœur, enfin, qui, sans être attirés vers lui par une communauté d'opinion aussi étroite, ont pris en dégoût les honteuses palinodies qui font le scandale de notre temps, n'ont pu refuser quelque marque de sympathie à un écrivain dont la foi politique, éclairée et persévérante, va jusqu'au sacrifice de la vie.

M. Carrel a prouvé, dans plus d'une occasion, que son dévouement à la liberté était sans calcul et sans mesure. Avant de pouvoir prétendre à aucune célébrité, à aucune importance dans son parti, il n'a pas craint les échafauds de la Restauration. Son opposition de vingt ans n'était pas moins courageuse que celle de trente : les actes venaient dès lors au secours des paroles, et il n'a pas tenu aux gens du roi et aux Conseils de guerre de l'époque d'épargner aux parquets et aux Commissions militaires de la nouvelle monarchie la besogne qu'il leur a donnée. Voilà ce qu'on s'est rappelé quand on l'a vu de nouveau personnellement aux prises avec les légitimistes. On a cherché quels gages avaient donnés, de plus que lui, contre la branche aînée des Bourbons, les modérés qui accusaient lui et ses amis d'un rapprochement monstrueux avec les carlistes, et l'on a trouvé que la plupart de ces intrépides calomniateurs étaient bien soumis, bien plein de zèle, et surtout bien rentés comme à présent tandis qu'il disputait sa tête aux bourreaux royalistes.

Il lui eût été facile de détruire l'effet de ces lâches insinuations, même auprès des intelligences les plus faibles et les plus prévenues, s'il avait poursuivi le parti vaincu de grossières injures ou de sarcasmes cruels; mais il y avait trop de noblesse dans sa nature pour un pareil rôle. Comme tous les écrivains patriotes, il s'est attaqué aux puissants, à ceux qui abusaient de la force contre le droit, et il ne s'est souvenu des carlistes que quand de loin en loin ils relevaient la tête. Conséquent dans ses doctrines, il a réclamé pour tous l'usage et la protection des lois; il entendait que chacun pût librement exprimer son amour ou sa haine, et que la faction même qui avait voulu anéantir la presse s'en servît pour sa défense. Il savait bien que le jour de la lutte renaîtrait entre nous et la faction incorrigible, et pensant qu'il serait temps alors de lui faire bonne guerre, il attendait patiemment le juste milieu à cette épreuve. Ni lui, ni aucun de nous ne se serait imaginé que cette faction qui a tant besoin d'oubli et de tolérance, en viendrait à ce degré de hardiesse de vouloir interdire par la menace et le guet-apens la liberté de discussion, ne le pouvant plus faire par la censure. Dès que cette odieuse prétention a été mise en avant, il s'est présenté pour la combattre. C'est ainsi qu'il avait fait respecter par d'autres adversaires l'indépendance de l'écrivain, en leur portant le défi d'exercer sur lui le prétendu droit d'arrestation préalable. Cette fois encore, au risque de ses jours, il aura réussi; la presse et le pays lui-même (votre deuil et son danger, heureusement diminué, vous autorisent à le dire) lui devront des remercîments. Ce sont ces remercîments pour un service noblement rendu et universellement senti, que lui apportaient aujourd'hui les milliers de citoyens qui sont venus s'enquérir de son état à son domicile et dans vos bureaux. Le talent, si élevé qu'il soit, n'a point le don de remuer ainsi toute une grande capitale; et dans tous les signes d'intérêt et d'approbation qui se manifestent, il faut reconnaître un devoir public courageusement rempli.

18 mai 1835.

INSTRUCTIONS

SUR LES RECHERCHES LITTÉRAIRES

CONCERNANT LE MOYEN AGE [1].

Monsieur, en vous associant à la recherche et à la publication des monuments inédits relatifs à l'Histoire de France, j'ai appelé d'abord votre attention sur ce qui concerne l'histoire politique et civile; mais les monuments qui se rapportent aux divers développements de l'intelligence humaine dans notre patrie, sont nombreux aussi et dignes de notre intérêt; c'est vers les monuments de ce genre, vers les travaux et les manuscrits relatifs aux sciences, à la philosophie, à la littérature et aux arts, que je viens aujourd'hui diriger particulièrement votre zèle. De telles recherches sont le complément naturel des premières; elles importent

---

[1]. Circulaire aux Correspondants historiques du ministère de l'Instruction publique, insérée dans *le Moniteur*, sous la signature du ministre.

essentiellement à la connaissance de notre histoire nationale...

Les instructions que j'aurai l'honneur de vous adresser à ce sujet s'appliqueront, les unes, aux travaux à faire pour la découverte et la publication des manuscrits enfouis dans les Bibliothèques, Archives et Collections; les autres, à un grand ensemble de recherches et d'études d'une nature différente sur les monuments d'arts en France, monuments bâtis ou monuments meubles, monuments religieux, militaires, civils, etc. C'est uniquement des instructions de la première classe que j'ai le dessein de vous entretenir aujourd'hui, et je les diviserai selon les objets auxquels elles s'appliquent.

Sciences exactes et naturelles.

Les sciences dites exactes sont à peu près nulles en France au moyen âge, c'est-à-dire jusqu'au onzième siècle. Il restait à peine quelque chose d'Euclide, que Boëce avait conservé. Il n'y avait un peu de science mathématique que dans les traités destinés à déterminer le jour de Pâques, et à donner une forme plus constante au Calendrier. Ce serait dans ces traités (*de Computo, de Cyclo paschali*) et dans ce qu'on pourrait retrouver d'inédit de Bède, d'Alcuin, d'Abbon, abbé de Fleury, de Gerbert, qu'il y aurait à rechercher quelques vestiges des connaissances mathématiques en cette première période.

Avec l'influence des Arabes, et à la suite des voyages de Gerbert, de Pierre le Vénérable, etc., la science s'introduit; les mathématiques, la physique, sous le nom de *météorologie*, la médecine, sous le nom de *physique*, se propagent dans l'Occident: il serait précieux de découvrir quelques-unes des anciennes traductions faites par des chrétiens ou des juifs, qui allaient en Espagne; on pourrait, parmi ces traductions de l'arabe, retrouver quelques ouvrages inédits que les Arabes eux-mêmes auraient traduits des Grecs.

Parmi les anciens poëtes provençaux, plusieurs s'occupèrent de mathématiques; mais leurs ouvrages ont été perdus. Ce furent les premiers essais de la science française. En tête des anciens romans bretons, dans les généalogies qui figurent au commencement de ces poëmes, on saisit la trace des systèmes astronomiques, de ceux qui sont venus du Nord en particulier.

On noterait dans les plus anciens manuscrits l'emploi des chiffres dits arabes, et l'on indiquerait leur forme.

Rencontrerait-on, avant Gui d'Arezzo et Jean de Murris, des traités ou des indications sur le système de musique moderne?

Au XIII siècle, au siècle d'Albert le Grand, arrivent les grandes encyclopédies, où s'amassent et s'organisent tous les éléments de la science d'alors. Les mathématiques y tiennent moins de place que la physique, et surtout que la dialectique et la théologie. Ces encyclopédies sont presque toutes inédites. Il y en a beaucoup en français, et des étrangers même employaient à dessein cette langue. Brunetto Latini, maître du Dante, écrivait en français son *Trésor*, que Napoléon avait songé à faire imprimer avec des commentaires, et aux frais de l'État [1].

Des passages intéressants sur l'état des sciences mathématiques, physiques, cosmographiques et naturelles se rencontrent dans des ouvrages en vers, qui étaient des espèces de répertoires et de compilations universelles. Ainsi, les *bestiaires* appartiennent à la fois à la science naturelle et à la poésie de ces temps; ainsi, dans la *Bible* de Guyot de Provins, est le passage célèbre sur la boussole. On cite, d'un autre ouvrage en vers, un passage sur les antipodes. D'autres textes semblables peuvent, en se rencontrant, éclaircir l'origine de certaines inventions ou la date de certaines connaissances (verres à lunettes, poudre à canon, feu grégeois, etc.).

La date et l'origine de l'astrologie et de la magie, l'introduction et les progrès en France de l'alchimie et des sciences occultes qui se développèrent principalement au XIVe siècle, sont des points intéressants encore à déterminer, indépendamment même de ce qu'il y a de vain dans ces sortes de sciences.

Tous traités spéciaux qui concerneraient l'art de la peinture sur verre, la fabrication ou l'emploi des couleurs, les teintures sur laine et sur soie, seraient

[1]. Une Commission avait été désignée par lui, à cet effet.

encore d'une valeur inestimable pour la science et l'art modernes.

La médecine de ces siècles, même avant que l'anatomie et la physiologie l'aient éclairée, peut fournir quelques renseignements à la nôtre, tant sur les maladies particulières régnantes alors, et depuis disparues ou modifiées, que sur les divers remèdes empiriques en usage. On ne devrait pas négliger des manuels, des formulaires et *compendium*, servant aux élèves de ces anciennes écoles, s'il s'en rencontrait. On serait attentif aux premières marques de saine observation dans les sciences naturelles : ces siècles possédaient une zoologie, une botanique, qui se reproduisent en partie jusque dans leur architecture.

Les longues et continuelles querelles entre le collège des chirurgiens, fondé au XIII° siècle, et la Faculté de médecine, ont enfanté un grand nombre d'écrits qui peuvent faire connaître l'état et les prétentions de l'art chirurgical depuis Lanfranc jusqu'à Ambroise Paré.

Existe-t-il, en français ou en latin, quelque ouvrage sur l'algèbre, antérieur au XVI° siècle ? Léonard Fibonacci, Italien, qui avait étudié sous les Arabes à Bougie, paraît être le premier introducteur de l'algèbre parmi les chrétiens. Ses ouvrages existaient encore manuscrits dans le siècle dernier; ils ont disparu depuis quatre-vingts ans environ; ne peut-on espérer de les retrouver ?

Les questions se multiplient en avançant vers le XVIe siècle, et je n'énumère pas tout ce qu'on pourrait demander d'utile et de nouveau à cette époque véritablement savante, où la connaissance directe de l'Antiquité et l'essor du génie moderne redoublent d'émulation. Mais on devra arriver, dans la voie des recherches que je sollicite, à fixer avec plus de précision les circonstances et l'origine des inventions mémorables en astronomie, en agriculture, en art militaire, qui ont changé la face de la science et de la société. — L'emploi de la vapeur dans les machines se voit au XVIIe siècle : en sera-t-il fait mention quelque part auparavant ?

Y a-t-il d'anciens voyages inédits appartenant au XVIe siècle, et surtout aux siècles précédents ?

Dans les traductions sans nombre qui se firent alors des auteurs grecs en latin et en français, certaines traductions inédites pourraient être utiles, sinon à mettre au jour, du moins à examiner.

L'imprimerie n'a pas mis au jour, autant qu'il serait naturel de le croire, tous les écrits importants des savants du XVIe siècle et du XVIIe. Des correspondances, des manuscrits scientifiques inédits existent encore ou peuvent se retrouver, bien qu'on les ait supposés perdus. On avait déclaré perdue la correspondance de Peiresc, qui intéresse autant l'histoire de la littérature que celle des sciences; elle a été recouvrée depuis. Les manuscrits de Fermat, qu'on a dit brûlés par son fils après sa mort, ne l'ont pas été, en effet, selon toute vraisemblance. On a publié, il y a quelques années, un ouvrage mathématique de Descartes, qu'on ne s'attendait pas à rencontrer : il peut en être ainsi, à plus forte raison, de ses savants prédécesseurs du XVIe siècle, de Viète, par exemple. On n'a pas tous les écrits mathématiques de Pascal, qui, soumis à l'examen de Leibnitz, ont été mentionnés dans la lettre de ce dernier. Il ne faudrait pas être détourné dans ces sortes de recherches par le caractère anonyme des manuscrits, car des indications intrinsèques ou indirectes peuvent conduire à déterminer sûrement l'auteur. Pascal, Fermat, Roberval, Stevin, etc., de tels noms sont bien propres à rehausser la découverte, possible encore, qu'on ferait de quelqu'un de leurs écrits.

Philosophie.

En ce qui concerne la recherche des manuscrits, traitant de matières philosophiques, on n'aura pas à s'occuper beaucoup de ce qui peut s'être fait avant le XIIe siècle, 1° parce que les œuvres philosophiques antérieures à ce siècle, comme celles de Saint-Anselme, de Scot-Érigène, etc., existent imprimées ; 2° parce que la scolastique, qui est la grande philosophie du moyen âge, n'était pas véritablement fondée ; 3° parce que les auteurs de ces œuvres, antérieures au XIIe siècle, appartiennent rarement à la France.

Ce n'est pas à dire pourtant qu'aucun manuscrit de ce genre, si l'on venait à en rencontrer, dût être négligé. Il ne serait pas impossible de retrouver de nouvelles lettres d'Alcuin.

Mais on s'attachera principalement au xiie siècle : 1° parce que c'est l'ère véritable de la scolastique; 2° parce que c'en est surtout le commencement en France; 3° parce qu'il y a très-peu d'écrits philosophiques de ce temps qui aient été publiés.

On recherchera donc s'il n'existe pas des manuscrits contenant quelque traité d'Abélard. Déjà on vient de retrouver son *Sic et non* et plusieurs traités de dialectique. Il est certain (et il le dit lui-même) qu'il avait fait des leçons sur toutes les parties de la philosophie: ce seraient ces leçons qu'il y aurait un grand intérêt à retrouver, ne fussent-elles rédigées que par quelqu'un de ses élèves. Il en est de même de Guillaume de Champeaux, ce maître si célèbre en son temps, et dont il n'a été imprimé qu'un très-petit écrit, *De origine animæ*. Il doit se retrouver aussi quelque chose de Gilbert de la Porrée, un des élèves les plus distingués d'Abélard. Guillaume de Conches était aussi à cette époque un maître célèbre dont il n'a été publié que peu d'ouvrages.

Enfin, en lisant la description fidèle que Jean de Salisbury nous donne de l'état de l'enseignement à Paris au milieu du xiie siècle, de la multitude des maîtres et de la diversité des opinions, il est impossible de ne pas espérer qu'avec des recherches patientes et bien dirigées, on arriverait à retrouver beaucoup de choses précieuses et nouvelles.

Dans les siècles suivants, les ordres religieux qui se sont successivement établis ont cultivé la renommée de chacun de leurs membres ; de là les éditions, au moins passables, des maîtres célèbres des XIII°, XIV° et XV° siècles. On a donc moins à espérer de retrouver beaucoup d'ouvrages inédits des maîtres de ces époques ; cependant, il y a lieu de rechercher si l'on ne découvrirait pas quelques fragments de professeurs célèbres, tels par exemple qu'Occam, qui a enseigné à Paris, et qui, ayant été mal avec l'autorité ecclésiastique, n'a pas eu le bonheur de la plupart des autres maîtres, dont leurs ordres ont recueilli avec soin les ouvrages.

Nous signalons Occam, bien qu'il n'appartienne pas à la France, mais comme ayant professé à Paris. Il faut dire la même chose de Roger Bacon, qui a étudié et professé longtemps à Paris. On sait qu'il y a deux grands ouvrages de Roger Bacon qui, réunis à l'*Opus majus*, composaient son œuvre générale. L'*Opus majus* a été publié ; les deux autres écrits, l'*Opus minus* et l'*Opus tertium*, ne l'ont pas été. Il serait possible qu'on retrouvât dans une Bibliothèque de France quelque copie qui se comparerait utilement avec les manuscrits conservés en Angleterre.

On demandera particulièrement au XIV° et au XV°

siècles tout ce qui se rapporte à la grande querelle des nominalistes et des réalistes, par laquelle a commencé et par laquelle a fini la scolastique. Pour bien s'assurer de ce qui est réellement inédit, on devra consulter l'*Histoire littéraire de France*, où l'article concernant chaque auteur se termine par une énumération des ouvrages inédits et même des ouvrages réputés perdus. On tirera de là des indications et des directions précieuses. Pour les siècles où l'histoire littéraire des Bénédictins manque, il faudra consulter les divers catalogues, et les indications données par les historiens de la philosophie, par Brucker principalement.

Quand on croira avoir découvert quelque chose d'inédit, on tâchera de vérifier si le morceau ne se trouve pas imprimé déjà dans quelqu'une de ces vastes Collections où tant de pièces diverses sont rassemblées, dans le *Spicilegium* de d'Acheri, dans le *Thesaurus anecdotorum* de Bernard Pez, dans les Collections de Durand, de Martène, et les *Analecta* de Mabillon...

Même avant Descartes, il a pu y avoir des essais de philosophie en langue française, dans le genre des traductions et commentaires que Louis Leroy a donnés de plusieurs ouvrages de Platon et d'Aristote. On se garderait de les négliger, non plus que les écrits appartenant à cette philosophie morale moins systématique et plus libre, qui s'honore des noms de Montaigne et de Charron.

Le XVIIe siècle lui-même nous offre, dans la Bibliothèque du roi, beaucoup de morceaux inédits du père Lami, de l'Oratoire, élève de Malebranche. Des correspondances de philosophes célèbres, discutant entre eux des points intéressants, peuvent se retrouver encore, et ajouter à cet héritage de la philosophie en France.

Littérature.

En ce qui concerne la littérature, monsieur, j'appellerai d'abord particulièrement votre attention sur ce qui pourrait éclairer les origines de notre langue, et la culture qui s'est développée dans les divers genres de composition, à partir du XIe siècle jusqu'au XVIe, durant cette période qui comprend la naissance, le premier emploi et le premier éclat de notre langue vulgaire, jusqu'à l'époque tout à fait moderne. Il importe, pour combler une grande lacune dans notre histoire littéraire, de connaître et de recueillir de plus en plus complétement les monuments de cette période, que les Bénédictins et leurs savants continuateurs n'ont fait qu'entamer.

Vous voudrez donc bien rechercher ce que vos collections manuscrites pourraient contenir en fait de longues compositions épiques et chevaleresques, chansons dites de *geste*, romans en vers ou en prose se rapportant aux cycles de Charlemagne, d'Arthus, d'Alexandre ou de la guerre de Troie, ou à toute autre variété de sujets. Vous en donneriez des indications et extraits qui permissent d'en déterminer l'âge. Il serait précieux de retrouver des romans en prose antérieurs aux XIV° et XV° siècles. Vous noteriez, dans les romans en vers, si les vers sont rimés par tirades monorimes, s'ils sont de douze, de dix ou de huit syllabes. Vous verriez, surtout au commencement ou à la fin de ces romans, quelquefois aussi au milieu et dans l'intervalle d'un livre à l'autre, s'il est fait mention de l'auteur et de la date, et vous transcririez fidèlement ces endroits.

Les chroniques en vers, qu'il faut distinguer des romans, et dans le genre du *Rou* ou du *Brut*, vous offriraient une valeur historique étroitement unie à la curiosité littéraire.

Vous ne rechercherez pas avec moins d'intérêt ce qui se pourrait découvrir en fait de *miracles, mystères, moralités, farces, soties, dialogues et débats, plets*, etc., en un mot tout ce qui se rapporte aux compositions et représentations dramatiques de ces temps.

Vous mettrez une égale importance à tous manuscrits étendus en vers, quel qu'en soit le titre ; aux voyages, aux écrits satiriques désignés sous le nom de *Bibles ;* à ceux qui s'intitulent *Bestiaires, Volucraires, Lapidaires*, ou qui s'offriraient sous des titres latins ; aux espèces de compilations scientifiques, comme *l'Image du monde ;* aux grands ouvrages allégoriques du genre du *Roman de la Rose ;* aux grands apologues, aux branches nouvelles qu'on pourrait retrouver du célèbre *Roman de Renart*, par exemple. Vous remarquerez les traductions des *Écritures*, des *Psautiers*, et en général toute traduction des auteurs anciens ; vous attacheriez un prix tout particulier aux *grammaires, glossaires,* et *traités sur la langue*, composés dans ces siècles, si vous en découvriez.

Dans les genres de moindre étendue, et dont les pièces ne se trouvent souvent point dans les manuscrits à part, mais aux dernières pages seulement ou au milieu de manuscrits qui traitent de matières toutes différentes, vous remarqueriez les chansons, lais, complaintes, rotruenges ; les fabliaux, les fables attribuées aux divers Ysopets ; les estampies, rondeaux, sirventois ; les jeux-partis, les proverbes, dicts et sentences, dicts et contredicts ; les proses farcies, les caroles, noëls, sermons en vers, etc. Pour ces objets de peu d'étendue et qui vous paraîtraient de quelque prix, des copies entières remplaceraient convenablement les indications et descriptions que vous réserveriez aux plus longs ouvrages.

Des écrits, en apparence très-étrangers à l'histoire littéraire, peuvent s'y rattacher par quelque point. Des traités en langue vulgaire sur les divers arts et métiers, sur diverses parties des sciences d'alors, des livres de compte même peuvent devenir précieux pour l'histoire des origines et des progrès de la langue, par leur date, par leur terminologie. La littérature de ces époques revendique très-directement, et à titre même de poëmes didactiques, les traités en vers sur la chasse, sur l'équitation, sur les échecs, etc.

Des chroniques romanesques, sermons ou autres écrits en prose latine ne sont pas du tout étrangers à l'histoire de notre littérature française, et peuvent servir à l'éclaircissement de questions intéressantes relatives au fond ou à la forme de certaines compositions, à la langue dans laquelle elles parurent d'abord, etc. Les anciens livres d'offices en latin peuvent offrir la première forme, encore liturgique, des *miracles* et des *mystères*. On trouve des mots français intercalés dans des sermons latins dès le XIIe siècle, et sans doute auparavant. Presque toutes les liturgies relatives aux événements de la famille, au baptême, au mariage, etc., contiennent des mots ou même des portions de dialogue en langue vulgaire dont il faudrait faire le relevé.

On ne devra pas non plus omettre les poëmes latins de ces âges. En général, la recherche des écrits latins du moyen âge se lie de près, non-seulement à la connaissance du fonds littéraire commun de ces temps, mais aussi à l'étude philologique de notre langue, beaucoup de mots français, d'expressions françaises, plus ou moins altérés de l'ancien latin, ayant contracté cette altération dans leur forme de basse latinité.

Les manuscrits de poëmes ou chroniques en langue romane provençale ne sont nullement exclus de votre recherche. Tout ce qu'on en pourra découvrir et recueillir sera porté à l'information des personnes savantes qui se sont occupées plus particulièrement de cette branche de notre littérature, et qui sont désormais maîtres reconnus en pareille matière.

Les ouvrages en langue *trouvère* qui ont été composés dans un dialecte provincial particulier, méritent attention ; on pourrait en éclairer l'étude par la connaissance du patois moderne correspondant.

Il s'est conservé, en quelques localités de la France, des fêtes, des représentations dramatiques populaires dont l'origine semble remonter à une haute antiquité. Il s'est conservé, en certaines contrées à part, surtout en Bretagne et vers les Pyrénées, d'anciennes traditions poétiques, des récits superstitieux, des chants même en langue du pays, altérés sans doute, mais évidemment transmis. Il ne sera pas indifférent d'examiner et de noter ces restes du passé avant que la civilisation moderne et l'usage de la langue générale les aient fait disparaître.

Mais votre recherche, monsieur, n'est pas du tout limitée à cette époque du moyen âge et aux siècles antérieurs au XVIe, sur lesquels j'ai cru devoir fixer d'abord votre attention. D'intéressants résultats sont à espérer encore pour les époques suivantes, dans lesquelles l'imprimerie semble avoir tout épuisé. Des copies peut-être plus complètes de certains ouvrages célèbres, des correspondances jusqu'ici négligées, des ouvrages même que les circonstances ont empêché d'imprimer en leur temps, peuvent venir ajouter en quelque chose à tout ce que la France possède déjà de richesses littéraires accumulées durant ces trois derniers siècles...

15 février 1840.

M. BULOZ

ET LE MESSAGER DE PARIS

A PROPOS DE L'ÉCOLE DU MONDE[1].

Le dernier numéro de la *Revue* contenait un article, sévère peut-être, mais certainement mesuré, sur la comédie de *l'École du monde;* huit jours après, *le Messager*, qui appartient, dit-on, à l'auteur de cette comédie, ouvrait une série d'attaques directes et même de dénonciations formelles contre M. Buloz, commissaire du roi auprès du Théâtre-Français, et lui reprochait, d'un air méprisant, ses titres mêmes à la fondation do cette *Revue*. Le rapprochement des dates est fâcheux, ou du moins le serait en un temps où l'on ferait encore

---

[1]. Nous regrettons de n'avoir pas eu connaissance plus tôt de cet article, attribué à M. Sainte-Beuve par la nouvelle Table de la *Revue des Deux Mondes*. Sa véritable place, dans les *Premiers Lundis*, aurait été à la suite de celui que nous avons déjà inséré dans le tome II sur la comédie de M. Walewski.

quelque attention à ce qu'on appelle bon goût. Quoi qu'il en soit, la presse a de certaines lois et coutumes qui sont assez généralement observées entre ceux de ses organes qui comptent pour quelque chose, et *le Messager* nous paraît ne pas s'en être douté. Plus le régime de la presse est libre et ouvre un vaste champ à toutes les haines, à toutes les injures, et plus il est du devoir de tous ceux qui veulent s'en servir à bonne et longue fin, d'apporter envers les adversaires, et ne serait-ce que par égard pour soi-même, une certaine modération de ton dont rien ne saurait dispenser. Les vétérans de la presse le savent; les gens du monde qui s'y trouvent jetés à l'improviste courent grand risque de sortir de leur rôle et de se laisser surprendre à tout ce qui ne manque pas de les assiéger.

Nous n'avons pas à discuter ici la question soulevée par *le Messager*, en ce qui concerne l'administration et l'organisation même du Théâtre-Français. Mais l'espèce de dédain affiché pour la capacité personnelle et la compétence de jugement de M. le commissaire royal est vraiment plaisante : faut-il donc avoir écrit de médiocres feuilletons ou de fades comédies, pour obtenir de les juger? On prouve déjà son droit à les rejeter par ce bon sens qui a empêché de les commettre. La *Revue des Deux Mondes*, tant reprochée à M. Buloz, demeure son titre, comme, dans sa lettre au *Journal des Débats* du 10 de ce mois, il l'a très-bien revendiqué Fonder, à une époque de dissolution et de charlatanisme, une entreprise littéraire élevée, consciencieuse, durable; unir la plupart des talents solides ou brillants, résister aux médiocrités conjurées, à leurs insinuations, à leurs menaces, à leurs grosses vengeances, paraître s'en apercevoir le moins possible et redoubler d'efforts vers le mieux, c'est là un rôle que les *entrepreneurs* de la *Revue* (pour parler le langage du *Messager*) doivent s'honorer d'avoir conçu, et où il ne leur reste qu'à s'affermir.

5 mai 1840.

MAURICE DE GUÉRIN

LETTRE D'UN VIEUX AMI DE PROVINCE [1].

Cette ébauche du *Centaure* me frappe surtout comme exprimant le sentiment grec grandiose, primitif, retrouvé et un peu *refait* à distance par une sorte de réflexion poétique et philosophique. Ce sentiment-là, par rapport à la Grèce, ne se retrouve dans la littérature française que depuis l'école moderne. Avant l'*Homère* d'André Chénier, les *Martyrs* de Chateaubriand, l'*Orphée* et l'*Antigone* de Ballanche, quelques pages de

---

1. Selon l'indication donnée par M. Sainte-Beuve dans la note qui sert de Préface à ces Mélanges, nous extrayons cette lettre de la belle Étude de George Sand sur l'auteur du *Centaure* (voir le volume intitulé *Autour de la table*, publié par Michel Lévy). On sait que M. Sainte-Beuve a beaucoup écrit, par la suite, sur les deux Guérin (Maurice et sa sœur Eugénie). La lettre que nous allons reproduire se rattache directement aux travaux qui précèdent, dans ce volume même, sur les Origines de notre langue et de notre littérature, et qui ont pour point de départ, dans l'Œuvre de M. Sainte-Beuve, le *Tableau de la Poésie française au* xvie *siècle*.

Quinet (*Voyage en Grèce* et *Prométhée*), on en chercherait les traces et l'on n'en trouverait qu'à peine dans notre littérature classique.

1° Il n'y a eu de contact direct entre l'ancienne Gaule et la Grèce que par la colonie grecque de Marseille. Ces influences grecques dans le midi de la Gaule n'ont pas été vaines. Il y eut toute une culture, et dans le chapitre v de son *Histoire littéraire*, M. Ampère a très-bien suivi cette veine grecque légère, comme une petite veine d'argent, dans notre littérature. Encore aujourd'hui, il y a quelques mots grecs restés dans le provençal actuel, il y a des tours grammaticaux qui ont pu venir de là; mais ce sont de minces détails. Au moyen âge, toute trace fut interrompue. A la renaissance du xvi° siècle, la langue et la littérature grecques rentrèrent presque violemment et à torrent dans la littérature française : il y eut comme engorgement au confluent. L'école de Ronsard et de Baïf se fit grecque en français par le calque des compositions et même la fabrique des mots; il y eut excès. Pourtant des parties belles, délicates ou grandes, furent senties par eux et reproduites. Henri Estienne, l'un des meilleurs prosateurs du xvi° siècle et des plus grands érudits, a fait un petit traité de la *conformité* de la langue française et de la langue grecque : il a relevé une grande quantité de locutions, de tours de phrase, d'idiotismes communs aux deux langues, et qui semblent indiquer bien moins une communication directe qu'une certaine ressemblance de génie. M. de Maistre, dans les *Soirées de Saint-Pétersbourg*, est de l'avis de Henri Estienne, et croit à la ressemblance du génie des deux langues. Pourtant, il faut le dire, toute cette renaissance grecque du XVIe siècle, en France, fut érudite, pédantesque, pénible; le seul Amyot, par l'élégance facile de sa traduction de Plutarque, semble préluder à La Fontaine et à Fénelon.

2° Avec l'école de Malherbe et de ses successeurs classiques, la littérature française se rapprocha davantage du caractère latin, quelque chose de clair, de précis, de concis, une langue d'affaires, de politique, de prose; Corneille, Malherbe, Boileau n'avaient que très peu ou pas du tout le sentiment *grec*. Corneille adorait Lucain et ce genre latin, Boileau s'attache à Juvénal. Racine sent bien plus les Grecs; mais, en bel esprit tendre, il sent et suit surtout ceux du second et du troisième âge, non pas Eschyle, non pas même Sophocle, mais plutôt Euripide; ses Grecs, à lui, ont monté l'escalier de Versailles et ont fait antichambre à l'Œil-de-Bœuf. On voit dans la querelle des Anciens et des Modernes, où Racine et Boileau défendent Homère contre Perrault, combien il y avait peu, de part et d'autre, de sentiment vrai de l'antique. Mais La Fontaine, sans y songer, était alors bien plus grec que tous de sentiment et de génie: dans *Philémon et Baucis*, par exemple, dans certains passages de *la Mort d'Adonis* ou de *Psyché*. Surtout Fénelon l'est par le goût, le délicat, le fin, le négligent d'un tour simple et divin; il l'est dans son *Télémaque,* dans ses essais de traduction d'Homère, ses *Aventures d'Aristonoüs;* il l'est partout par une sorte de subtilité facile et insinuante qui pénètre et charme : c'est comme une brise de ces belles contrées qui court sur ses pages. Massillon aussi, né à Hyères, a reçu un souffle de l'antique Massilie, et sa phrase abondante et fleurie rappelle Isocrate.

3° Au XVIII° siècle, en France, on est moins près du sentiment grec que jamais. Les littérateurs ne savent plus même le grec pour la plupart. Quelques critiques, comme l'abbé Arnaud, qui semblent se vouer à ce genre d'érudition avec enthousiasme, donnent plutôt une idée fausse. Bernardin de Saint-Pierre, sans tant d'étude, y atteint mieux par simple génie; héritier en partie de Fénelon, il a, dans *Paul et Virginie,* dans bien des pages de ses *Études,* dans cette page (par exemple) où il fait gémir Ariane abandonnée à Naxos et consolée par Bacchus, des retours de l'inspiration grecque et de cette muse heureuse ; mais c'est le doux et le délicat plutôt que le grand qu'il en retrouve et en exprime. L'abbé Barthélemy, dans le *Voyage d'Anacharsis* (si agréable et si utile d'ailleurs), accrédita un sentiment grec un peu maniéré et très-parisien, qui ne remontait pas au grand et ne rendait pas même le simple et le pur. Heureusement André Chénier était né, et par lui la veine grecque est retrouvée.

4° Au moment où l'école de David essaie, un peu en tâtonnant et en se guindant, de revenir à l'art grec,

André Chénier y atteint en poésie. Dans son *Homère*, l'idée du grand et du primitif se retrouve et se découvre même pour la première fois. Dans l'étude de la statuaire grecque, on en resta ainsi longtemps au pur gracieux, à l'art joli et léché des derniers âges : ce n'est que tard qu'on a découvert la majesté reculée des marbres d'Égine, les bas-reliefs de Phidias, la Vénus de Milo.

Peu après André Chénier, et, avant qu'on eût publié ses poëmes, M. de Chateaubriand, dans *les Martyrs*, retrouvait de grands traits de la beauté grecque antique; dans son *Itinéraire*, il a surtout peint admirablement le rivage de l'Attique. Il sent à merveille le Sophocle et le Périclès.

Un homme qui ne sentait pas moins la Grèce dès la fin du xviiie siècle, est M. Joubert... quelques pensées de lui sont ce qu'on a écrit de mieux en fait de critique littéraire des Grecs. Il aurait aimé *le Centaure*.

Vous connaissez l'*Orphée*, et je n'ai point à vous en parler; mais à Ballanche, à Quinet (dans son *Voyage en Grèce*), il manque un peu trop, pour correctif de leur philosophie concevant et refaisant la Grèce, quelque chose de cette qualité grecque fine, simple et subtile, négligée et élégante, railleuse et réelle, de Paul-Louis Courier, ce vrai Grec, dont la figure, la bouche surtout, fendue jusqu'aux oreilles, ressemblait un peu à celle d'un faune.

21 juin 1865.

SUR

UNE PÉTITION DE DIRECTEURS DE THÉATRES

CONTRE LES AUTEURS, COMPOSITEURS ET ÉDITEURS DE MUSIQUE[1].

Messieurs les sénateurs, les n°ˢ 504 et 506 ne forment qu'une seule et même pétition, identique dans les termes.

Un directeur de théâtre de l'Algérie (le sieur de Presles, directeur des théâtres de la province de Constantine), des directeurs de théâtres de province (M. Roubaud, directeur du théâtre de Cherbourg, M. Simon Lévy, directeur du théâtre de Lille), se plaignent d'abus qui se seraient produits à leur pré-

---

[1]. Premier Rapport de M. Sainte-Beuve au Sénat. Le second a été présenté l'année suivante, à l'occasion de la loi sur la *Propriété littéraire*, et a été recueilli par l'auteur dans les *Nouveaux Lundis*, t. IX. Puis, sont venus, en 1867 et 1868, les trois Discours, réimprimés dans ce volume, *A propos des Bibliothèques populaires*, — *De la loi sur la presse*, — *De la liberté de l'enseignement*. — Telles sont, du 28 avril 1865 au 13 octobre 1869, les marques du passage de M. Sainte-Beuve au Sénat.

judice et qui seraient du fait de diverses sociétés représentant les artistes compositeurs de musique.

On sait, messieurs, que les temps sont loin où l'auteur dramatique était aux gages de la troupe et du directeur, et confectionnait une pièce de théâtre pour un écu. Les auteurs en ont appelé depuis : ils se sont émancipés ; ils ont pris leur revanche, depuis Beaumarchais surtout. Pour cela ils n'ont eu qu'à s'entendre, je ne veux pas dire à se coaliser. Ils ont fait leur 89. C'est une loi de 1791 qui régit encore la matière. Un auteur d'une prodigieuse fécondité et en même temps de beaucoup de précision, M. Scribe, a été de nos jours le promoteur et l'âme de la *Société des auteurs et compositeurs dramatiques*, s'entendant pour exercer leurs droits, pour faire valoir leurs intérêts.

Cette société, dans ses rapports avec les directeurs de théâtre, fonctionne et procède de la manière la plus régulière. Une commission composée d'un certain nombre de membres représente les intérêts communs. Les droits sont perçus par deux agents nommés par la société. Un traité particulier fixe le prix proportionnel que chaque directeur de théâtre doit payer pour la représentation d'une œuvre quelconque. (L'Opéra et le Théâtre-Français seuls payent des droits d'auteur fixés par un arrêté ministériel.)

Après celle-ci et à côté de celle-ci, une autre société s'est fondée, la *Société des auteurs, compositeurs et éditeurs de musique*. Les directeurs de théâtre s'entendent avec le représentant de cette dernière société et payent par abonnement un droit fixe pour la musique des morceaux intercalés dans les vaudevilles, mélodrames, etc.

C'est ce dernier mode de perception, moins aisé apparemment à définir, et plus sujet à litige, que paraissent avoir eu en vue, dans leurs plaintes, les directeurs dont nous avons les pétitions sous les yeux.

Il n'est pas mal assurément, messieurs, que dès que quelqu'un se croit victime d'une injustice ou croit apercevoir un abus, il s'écrie : « J'en appellerai au Sénat. » Le Sénat ne saurait décourager un sentiment si honorable de confiance en sa justice. Mais, en accueillant la plainte avec attention, en lui donnant déjà une certaine satisfaction par la publicité de ses rapports, il lui est le plus souvent impossible d'entrer dans les moyens et les expédients qu'on lui propose.

Dans le cas présent, il n'y a pas lieu. Et d'abord les susdits directeurs, dont la plainte est déjà ancienne, excipent de leur privilége pour demander au Gouvernement une protection directe. Or, depuis le décret du 6 janvier 1864, qui a accordé la liberté des théâtres, il n'y a plus de directeur privilégié, si l'on excepte à Paris les directeurs des théâtres impériaux subventionnés par l'État.

Dans aucun cas, d'ailleurs, le Gouvernement n'eût pu intervenir comme le désiraient les directeurs, lesquels demandaient une enquête ayant pour but :

1° La révision de la loi du 13 janvier 1791, qui permet aux sociétés d'auteurs de traduire en police correctionnelle tout directeur qui peut se trouver en désaccord avec elles;

2° La création d'un tarif pour les œuvres des auteurs, quelque minimes que soient ces œuvres, tarif qui, une fois établi et fixé, couperait court à bien des prétentions;

3° Enfin que les contestations entre auteurs et directeurs, contestations qui sont essentiellement commerciales et rentrant dans le droit commun, soient jugées par les tribunaux civils ou de commerce et non par les tribunaux correctionnels.

Sur chacun de ces points, si on avait à les discuter, on aurait à opposer des réponses.

La loi du 13 janvier 1791 défend de jouer sur un théâtre public une pièce dramatique ou lyrique sans le consentement de l'auteur (ou des auteurs).

Si on ne peut jouer sans le consentement de l'auteur, il faut payer ce consentement au prix que l'auteur exige.

Il y a là convention individuelle et libre.

C'est le droit de l'auteur de ne pas permettre de jouer la pièce ou de ne le permettre qu'aux conditions qu'il agrée, après avoir négocié avec l'entrepreneur du théâtre.

L'*abonnement* qui, selon les pétitionnaires, prêterait

l'abus, n'est qu'une forme de payement, un mode de convention.

L'entrepreneur n'est jamais forcé d'y souscrire, et une fois qu'il l'a fait, il en subit les conséquences.

La demande d'un *tarif* à fixer par l'État est contraire aux idées généralement admises aujourd'hui en bonne économie politique. Ces sortes de tarifs, connus sous le nom de *maximum*, sont et doivent être des exceptions très-rares, qui tendent de plus en plus à disparaître.

Il semblerait plus raisonnable d'admettre ce que demandent en troisième lieu les pétitionnaires, qu'un tribunal civil ou commercial soit appelé à juger des contestations entre auteurs et directeurs. Cependant, en y réfléchissant, on voit que le prix étant l'objet d'une convention libre, le juge n'a pas à le fixer; et que si, sans le consentement de l'auteur, l'entrepreneur joue, c'est là un fait matériel simple à constater, un délit analogue à ce que serait pour un livre imprimé ou pour une gravure le délit de contrefaçon, et qui rentre sous la répression correctionnelle.

Par toutes ces considérations, messieurs, la commission conclut à proposer l'ordre du jour.

TABLE GÉNÉRALE

DES

ŒUVRES DE C.-A. SAINTE-BEUVE [1].

A

Académie française, C. L., t. XIV, 1858 ; — N. L., t. I, 1862 et t. XII, 1867.
Adert (M.-J.), voy. *Favre* (Guillaume), C. L., t. XIII.
Aïssé (Mlle), P. L., t. III, 1846.
Albany (Mme d'), N. L., t. V, 1863, 2 art. ; et t. VI, voy. *Sismondi*.
Albert (M. Paul), N. L., t. XII, 1869.
Albin (Sébastien), voy. *Gœthe et Bettina*, C. L., t. II.
Allart (Mme), Pr. L., t. II, 1832.
D'Alton-Shée, N. L., t. VII, 1864 ; et t. XIII, 1869 (appendice).
Ampère (André-Marie), P. L., t. I, 1837.
Ampère (Jean-Jacques), P. C., t. III, 1840 ; — N. L., t. XIII, 1868.
Amyot, C. L., t. IV, 1851 ; — voy. *Daphnis et Chloé*, N. L., t. IV.
Anacréon, Pr. L., t. I, 1827 ; — *Tableau de la Poésie au* XVIe *siècle*, 1842.
Anciens et Modernes, C. L., t. XIII, 1856, 2 art. ; — voy. *Anthologie grecque*, N. L., t. VII.
Andrieux, P. L., t. I, 1833.
Angleterre en 1688, Pr. L., t. I, 1830.
Angoulême (duchesse d'), C. L., t. V, 1851.
Anselme (saint), C. L., t. VI, 1852.
Anthologie grecque, N. L., t. VII, 1864, 2 art.
Antin (duc d'), C. L., t. V, 1852.
Apollonius, P. C., t. V, 1845.

---

[1]. On n'a fait entrer dans cette Table que les noms propres ou les noms génériques, résumant le mieux les titres des articles qui composent les Œuvres de M. Sainte-Beuve. Pour être complet, il aurait fallu faire, à chaque ouvrage, une Table analytique comme il en existe une pour la dernière édition de *Port-Royal*. Telle qu'elle est cependant, la Table générale, souvent demandée, que nous offrons aujourd'hui aux lecteurs, a son utilité, en ce sens qu'elle renvoie immédiatement aux principaux sujets qu'on cherche dans l'œuvre si multiple du critique des *Lundis*. Nous ne nous sommes servi, pour la composer, que des dernières éditions, qui sont définitives. Voici maintenant, pour désigner les ouvrages le plus souvent cités dans cette Table, les abréviations que nous avons adoptées :

C. L. — Causeries du Lundi.
N. L. — Nouveaux Lundis.
P. C. — Portraits contemporains.
P. F. — Portraits de Femmes.
P. L. — Portraits littéraires.
Pr. L. — Premiers Lundis.

Les autres ouvrages sont indiqués en toutes lettres.

J. T.

Apulée, voy. *Hist. du Roman dans l'antiquité*, N. L., t. II, 1862.
Aquin (d'), voy. *Journal de la santé du roi Louis XIV*, N. L., t. II.
Arago (François), voy. *Condorcet*, C. L., t. III; — C. L., t. X, 1854.
Argenson, Pr. L., t. I, 1825 ; — C. L., t. XII, 1855, 3 art., et t. XIV, 1859.
Arlincourt (d'), Pr. L., t. I, 1825.
Armaillé (comtesse d'), voy. *Marie Leckzinska*, N. L., t. VIII.
Arnauld (la mère Agnès), C. L., t. XIV, 1858.
Arnault, C. L., t. VII, 1853.
Arneth (chevalier d'), voy. *Marie-Thérèse et Marie-Antoinette*, N. L., t. IX et X.
Athènes (Ecole française d'), P. L., t. III, 1846.
Aubigné (Agrippa d'), C. L., t. X, 1854, 2 art.
Augier (M. Emile), Pr. L., t. III, 1845. C. L., t. XV, 1858.
D'Ault-Dumesnil (M.), Pr. L., t. II, 1832.
Autobiographie. Un mot sur moi-même, P. L., t. II, appendice, 1861 ; — Ma Biographie, N. L., t. XIII, 1868, et *Souvenirs et Indiscrétions*.
Avenel (M.), voy. *Le cardinal de Richelieu*. C. du L., t. VII.

B

Bachaumont, C. L., t. XI, 1854.
Bacourt (M. Ad. de), voy. *Mirabeau et La Marck*, C. L., t. IV.
Baillon (comte de), voy. *Mémoires de madame Elliott*, C. L., t. XV.
Bailly, C. L., t. X, 1854 (2 art.).
Ballanche, P. C., t. II, 1834.
Balzac (H. de), P. C., t. II, 1834 ; — Pr. L., t. II, 1838 ; — C. L., t. II, 1850 ; — N. L., t. X, errata.
Banville (M. Th. de), C. L., t. XIV, 1857.
Barante, P. C., t. IV, 1843.
Barbey d'Aurevilly (M.), voy. *M. de Bonald*, C. L., t. IV, — et t. XII, *Eugénie de Guérin*.
Barbier (Auguste), P. C., t. II, 1831, 1833.
Bareith (Margrave de), C. L., t. XII, 1856 (2 art.).
Bareste (M. Eugène), voy. *Homère*, P. C., t. V.

Barnave, C. L., t. II, 1850.
Barrière (M.), voy. *madame de Staal-Delaunay*, P. L., t. III.
Barthélemy (abbé), C. L., t. VII, 1852 (2 art.).
Barthélemy (M. Ed. de), voy. *La Rochefoucauld*, N. L., t. V.
Bartholmèss (M. Christian), voy. *Huet, évêque d'Avranches*, C. L., t. II.
Baudelaire, C. L., t. IX, appendice, 1857.
Baudry (M. Frédéric), voy. *Foucault*, N. L., t. III.
Bavoux (M. Evariste), voy. *Voltaire et Jean-Jacques Rousseau*, C. L., t. XV.
Bayle, P. L., t. I, 1835.
Buzin (M.), C. L., t. II, 1850.
Beaumarchais, C. L., t. VI, 1852, 3 art.
Beaumont (Gustave de), voy. *Tocqueville*, C. L., t. XV et N. L., t. X.
Beauverger (M. Edmond de), voy. *Sieyès*, C. L., t. V.
Becq (M.) de Fouquières, voy. *André Chénier*, N. L., t. III.
Belloc (Mᵐᵉ Sw.), Pr. L., t. I, 1826.
Belloy (marquis de), voy. *Térence*, N. L., t. V.
Benoist (M. E.), voy. *Virgile*, N. L., t. XI.
Béranger, P. C., t. I, 1832, 1833 (2 art.) ; — C. L., t. II, 1850 ; t. XV, 1857 ; — N. L., t. I, 1861, 2 art.
Bérenger (M.), (de la Drôme), voy. *Barnave*, C. L., t. II.
Bérenger (marquis de), voy. *Chaulieu*, C. L., t. I.
Berger (M. Eugène), voy. *Volney*, C. L., t. VII.
Bernard (Charles de), Pr. L., t. II, 1838.
Bernard (Joseph), voy. *Charles*, Pr. L., t. I, 1825.
Bernis, C. L., t. VIII, 1853, 2 art. et appendice.
Bersot (M.), voy. *Diderot*, C. L., t. III.
Bertaut (Jean), *Tableau de la poésie française au xvi⁰ siècle*, 1841.
Bertin (Mˡˡᵉ). Pr. L., t. I, 1824.
Bertin (Mˡˡᵉ Louise), P. C., t. III, 1842.
Bertrand (Aloïsius), P. L., t. II, 1842.
Bertrand (M. Joseph), N. L., t. X, 1865.
Besenval, C. L., t. XII, 1857.
Bétolaud (M.), voy. *Apulée*, N. L., t. II.

Bettina, voy. *Goethe*, C. L., t. II, 1850.
Beugnot, N. L., t. XI, 1867.
Bibliothèques populaires, Discours du Sénat, 1867, une broch. in-8° (Michel Lévy frères), et Pr. L., t. III.
Bignon (baron), N. L., t. IX, 1864, 2 art.
Biot, C. L., t. XV, 1857; — N. L., t. II, 1862, 2 art.
Blaize (M.), voy. *La Mennais*, N. L., t. XI.
Blanc (M. Albert), voy. *Joseph de Maistre*, C. L., t. XV.
Blanchecotte (Mme), C. L., t. XV, 1855.
Blanchemain, (M.), voy. *Ronsard*, C. L., t. XII.
Blignières (M. de), voy. *Amyot*, C. L., t. IV.
Bœrne, Pr. L., t. II, 1832.
Boigne (Mme de), N. L., t. X, 1866.
Boileau, P. L., t. I, 1829; — la fontaine de —, id., id., 1843; — C. L., t. VI, 1852.
Boissonade, N. L., t. VI, 1863.
Boiteau (M. Paul), voy. *Béranger*, N. L., t. I.
Bonald, C. L., t. IV, 1851.
Bonaparte, voy. *Mme Sw.-Belloc*, Pr. L., t. I; — *Fiévée*, |C. du L., t. V.
Bonhomme (M. Honoré), voy. *Collé*, N. L., t. VII.
Bonneval, C. L., t. V, 1852.
Bonstetten, Pr. L., t. I, 1825; — C. L., t. XIV, 1860 (3 art.); — voy. *la comtesse d'Albany*, N. L., t. V.
Bossuet, C. L., t. X, 1854, 2 art.; t. XII, 1856, 2 art.; t. XIII, 1857; — N. L., t. II, 1862, 2 art.; voy. *Gandar*, N. L., t. XII.
Boulay-Paty, voy. *la Poésie en* 1865.
Boufflers (comtesse de), N. L., t. IV, 1863, 3 art.; — voy. *Mme de Verdelin*, N. L., t. IX.
Boullée (M.), voy. *Daguesseau*, C. L., t. III.
Bourdaloue, C. L., t. IX, 1853, 2 art.
Bourgogne (duc de), voy. *Louis XIV*, N. L., t, II, 1862.
Bourgogne (d^{sse} de), C. L., t. II, 1850.
Brizeux, P. C., t. II, 1831; — t. III, 1841.
Broglie (M. de), C. L., t. II, 1850.
Brosses, C. L., t. VII, 1852, 2 art.
Brunet (G.), voy. *Madame, mère du Régent*, C. L., t. IX.

Buffon, C. L., t. IV, 1851, t. X, 1854, t. XIV, 1860.
Bulletin littéraire (en tête de quelque) P. C., t. II (*Pensées et Fragments*, p. 524).
Buloz (M.), Pr. L., t. III, 1840.
Bulwer (sir Henry Lytton), voy. *Talleyrand*, N. L., t. XII.
Burnouf, voy. *Tacite*, Pr. L., t. I.
Burthe (Léopold), voy. *Daphnis et Chloé*, N. L., t. IV.
Bussy-Rabutin, C. L., t. III, 1851; t. VIII, notes et errata; t. XIII, 1857.

C

Calemard de Lafayette (M.), N. L., t. II, 1862 (2 art.).
Camoëns, voy. *Ferdinand Denis*, Pr. L., t. I.
Campagnes de la Révolution française dans les Pyrénées orientales, par M. Fervel, N. L., t. II, 1862.
Campaux (M. Antoine), voy. *François Villon*, C. L., t. XIV.
Cap (M.), voy. *Sénecé*, C. L., t. XII.
Carlos (Don) et *Philippe II*, N. L., t. V, 1863.
Carné (M. Louis de), P. C., t. II, 1833.
Carnot, voy. *Revue encyclopédique*, Pr. L., t. II, 1832.
Carrel (Armand), Pr. L., t. III, 1833; — C. L., t. VI, 1852 (3 art.).
Casaubon, C. L., t. XIV, 1860.
Casanova de Seingalt, Pr. L., t. II, 1833; — P. C., t. II (*Pensées et Fragments*, p. 509).
Catherine II, N. L., t. II, 1862, 3 art.
Catinat, N. L., t. VIII, 1864, 4 art.
Causeries du Lundi, 15 vol. gr. in-18, (Garnier frères). — Un dernier volume en préparation chez les mêmes éditeurs contiendra la Table analytique des *Causeries du Lundi*, des *Portraits Littéraires* et des *Portraits de Femmes*.
Caylus (Mme de), C. L., t. III, 1850.
Cayrol (M. de), voy. *Gresset*, P. C., t. V; *Voltaire*, C. du L., t. XIII.
Cavalier (Jean), voy. *Sue*, P. C., t. III.
Cavalier (Stanislas), Pr. L., t. II, 1838.
Certain (M. de), voy. *Mystère du siège d'Orléans*, N. L., t. III.
Cervantès, voy. *Don Quichotte*, N. L., t. VIII.

César, N. L., t. XIII (appendice).
Chamfort, C. L., t. IV, 1851.
Champfleury (M.), voy. *Le Nain*, N. L., t. IV.
Champollion-Figeac (M. Aimé), voy. *François I*er *poëte*, P. L., t. III.
Champollion, voy. *Retz*, C. L., t. V.
Chantelauze (lettre à M. de), voy. *Talleyrand*, N. L., t. XII, appendice.
Chants et poésies populaires, voir l'exposé des Rapports de M. Sainte-Beuve dans le *Bulletin du comité de la langue, de l'histoire et des arts de la France*, t. I, séances des 14 février et 13 juin 1853; — t. II, séances des 13 novembre 1854 et 16 avril 1855; — t. III, séances des 11 décembre 1855 et 14 janvier 1856; — N. L., t. IV, article sur *M. Champfleury*.
Chapelle, C. L., t. XI, 1854.
Charles (M.), voy. *Gœthe et Eckermann*, N. L., t. III.
Charles II, roi d'Espagne, N. L., t. II, 1862.
Charles Quint, N. L., t. III, 1862.
Charles X et M. Victor Hugo, Pr. L., t. III, 1829.
Charrière (Mme de), P. F., 1839; — voy. *Benjamin Constant*, P. L., t. III.
Charron, C. L., t. XI, 1854 (2 art.).
Chartreuse du Val Saint-Pierre, voy. *Merlin de Thionville*, N. L., t. I.
Chasles (M. Emile), voy. *Sénecé*, C. L., t. XII.
Chassang (M.), voy. *Roman dans l'Antiquité*, N. L., t. II.
Chateaubriand —, *et son groupe littéraire sous l'empire* (1860), 2 vol. gr. in-18 (Michel Lévy frères, 1872); — P. C., t. I, 1834, 1844 (2 art.); — t. II, errata; — C. L., t. I, 1850; t. II, 1850, 2 art; t. X, 1854; — N. L., t. III, 1862, 2 art. — Pr. L., t. III, 1865.
Châtelet (Mme du), C. L., t. II, 1850, 2 art.
Chaulieu, C. L., t. I, 1850.
Chênedollé, voy. *Chateaubriand et son groupe sous l'empire*, t. II.
Chénier (André), P. L., t. I, 1829; *id.*, 1839; — voy. *Regnier, Tableau de la poésie française au* XVIe *siècle*; — P. C., t. II (*Pensées et Fragments*, p. 496); t. V, 1844; — C.

L., t. IV, 1851; — N. L., t. III, 1862.
Chennevières (M. de), voy. *Dangeau*, C. L., t. XI.
Cheruel (M.), voy. *Lefèvre d'Ormesson*, C. L., t. XV; et *Saint-Simon*, N. L., t. X.
Chesterfield, C. L., t. II, 1850.
Chevrier (M. Edmond), voy. *le général Joubert*, C. L., t. XV.
Choisy (abbé de), C. L., t. III, 1851.
Christel, P. F., 1839.
Chronique littéraire, Pr. L., t. II, 1833 (2 art.).
Classique (qu'est-ce qu'un), C. L., t. III, 1850.
Clément (Pierre), voy. *Fouquet*, C. L., t. V.
Clermont (comte de), N. L., t. XI, 1867, 3 art.; — un vol. gr. in-18 (Académie des Bibliophiles, 1868).
Clésieux (Achille du), Pr. L., t. II, 1833.
Colincamp (M.), voy. *Boissonade*, N. L., t. VI.
Collé, N. L., t. VII, 1864.
Collin de Plancy, voy. *Rabaut-Saint-Etienne*, Pr. L., t. I.
Collombet (M.), voy. *Guy-Marie Deplace et Joseph de Maistre*, P. L., t. II, appendice.
Colomb (M.), voy. *De Brosses*, C. L., t. VII.
Combes (M. François), voy. *Princesse des Ursins*, C. L., t. XIV.
Commynes (Philippe de), C. L., t. I, 1850.
Condorcet, C. L., t. III, 1851.
Connaissance (de la) *de l'homme au* XVIIe *et au* XVIIIe *siècle*. N. L., t. III, 1862.
Conseil (M.), voy. *Jefferson*, Pr. L., t. II.
Consolations (1830), voy. Poésies, t. II (Michel Lévy frères).
Constant (Benjamin), P. L., t. III, 1844; — P. C., t. V, 1845; — C., L. t. XI (sur *Adolphe*); — N. L., t. I, 1862; — N. L., t. X, errata.
Constantin le Grand, P. L., t. III, 1847.
Cooper (Fenimore), Pr. L., t. I, 1828.
Corneille (Pierre), P. L., t. I, 1829; — N. L., t. VII, 1864, 4 art.
Cosnac, C. L., t. VI, 1852; voy. même volume, *Madame, duchesse d'Orléans*.

Coulmann (M.), N. L, t. IX, 1864.
Courier (Paul-Louis), C. L., t. VI, 1852 (2 art.) ; — voy. *Daphnis et Chloé*, N. L., t. IV.
Cousin (Victor), P. L., t. III, 1847 ; — C. L., t. I, 1849 et t. VI, 1852 ; — N. L., t. X, 1867.
Cousin (M. Jules), voy. *le comte de Clermont*, N. L., t. XI.
Cowper (William), C. L., t. XI, 1854, 3 art.
Crépet, voy. *Poëtes français*, Pr. L., t. III ; — N. L., t. III.
Créqui (Mme de), C. L., t. XII, 1856, 3 art. Voy. *Mme de Verdelin*, N. L., t. IX.
Critiques et portraits littéraires, voy. *Deux préfaces*, Pr. L., t. II, 1836 et 1839 ; — et P. F. Avertissement.

D

Dacier (Mme), C. L., t. IX (2 art.), 1854.
Daguesseau, C. L., t. III, 1851.
Dampmartin, Pr. L., t. I, 1825.
Dandolo, C. L., t. VI, appendice.
Dangeau, C. L., t. XI (3 art.) 1854 et 1855 ; — voir, même volume, *Une réception académique en 1694* ; — N. L., t. VI, voy. *Villars*.
Dante, C. L., t. XI, 1854.
Daphnis et Chloé, N. L., t. IV, 1862.
Daru, C. L., t. IX, 1854 (3 art.).
Dauban (M.), voy. *Mme Roland*, N. L., t. VIII.
Daunou, P. C., t. IV, 1844.
Deffand (Mme du), C. L., t. I, 1850 et t. XIV, 1859.
Delavigne (Casimir), P. C., t. V, 1845 (appendice, 1827 et 1838).
Delécluze, N. L., t. III, 1862, 2 art.
Delerot (M. Emile), voy. *Gœthe et Eckermann*, N. L., t. III.
Delille, P. L., t. II, 1837.
Delord (Taxile), C. L., t. XI, 1864.
Démétrius (les faux), voy. *Mérimée*, C. L., t. VII, 1853.
Denain (victoire de), voy. *Villars*, N. L., t. VI.
Denis (Ferdinand), Pr. L., t. I, 1824.
Denne-Baron, C. L., t. X, 1854.
Deplace (Guy-Marie), voy. *J. de Maistre*, P. L., t. II, appendice.
Desaugiers, P. C., t. V, 1845.
Desbordes-Valmore (Mme); P. C., t. II, 1833, 1839, 1842 ; et errata ; — C. L., t. XIV, 1860 ; — N. L., t. XII, 5 art., 1869 ; — un vol. gr. in-18 (Michel Lévy frères, 1870).
Deschanel (M. Emile), N. L., t. IX, 1864.
Desmarets, voy. *Quinze ans de haute police sous Napoléon*, Pr. L., t. II, 1833.
Desmoulins (Camille), voy. *Révolution française*, Pr. L., t. I, 1825 ; — C. L., t. III, 1850.
Des Portes (Philippe), *Tableau de la Poésie française au seizième siècle*, 1842.
Destailleur (M. Adrien), voy. *La Bruyère*, N. L., t. I.
Diana (la), Pr. L., t. III, 1862.
Diderot, Pr. L., t. I, 1830, (2 art.) ; — P. L., t. I, 1831 ; — C. L., t. III, 1851 ; — voy. *madame de Verdelin*, N. L., t. IX.
Didot (M.), N. L, t. XI, 1868.
Discussion (une) dans les bureaux du *Constitutionnel*, N. L., t. XIII (appendice).
Don Quichotte, N. L., t. VIII, 1864, 3 art.
Doré (Gustave), voy. *Perrault*, N. L., t. I et *Don Quichotte*, N. L., t. VIII.
Droz, C. L., t. III, 1850.
Du Bartas, *Tableau de la Poésie française au seizième siècle*, 1842.
Du Bellay (Joachim), *Tableau de la poésie française au xvie siècle*, 1840 ; — N. L., t. XIII, 1867.
Dübner, N. L., t. XI, 1868.
Dubois (d'Amiens), voy. *Pariset*, C. L., t. I.
Du Camp (M. Maxime), C. L., t. XII, 1855.
Ducis, C. L., t. VI, 1852 ; — N. L., t. IV, 1863, 3 art.
Duclos, C. L., t. IX, 1853 (3 art) ; — voy. *madame de Verdelin*, N. L., t. IX.
Du Deffand (Mme), C. L., t. I, 1850 et t. XIV, 1859.
Du Hausset (Mme), Pr. L., t. I, 1825 ; — voy. *Mme de Pompadour*, C. L., t. II.
Dumas (Alexandre), Pr. L., t. II, 1839.
Dumouriez, Pr. L., t. I, 1826.
Dupin ainé, Pr. L., t. II, 1832.
Duplessis, C. L., t. IX, appendice, 1853 ; — t. XI, voy. *La Rochefoucauld*.

Dupont (Mlle), voy. *Commynes*, C. L., t. I.
Dupont (Pierre), C. L., t. IV, 1851.
Duras (Mme de), P. F., 1834.
Dussieux, voy. *Dangeau*, C. L., t. XI et *Luynes*, C. L., t. XIV; — *Villars*, N. L., t. VI.
Duval (Alexandre), Pr. L., t. I, 1828.
Duval (Amaury), voy. *Daphnis et Chloé*, N. L., t. IV.
Duveyrier (Charles), N. L., t. X, 1865.
Duveyrier (Henri), voy. *les Touareg*, N. L., t. IX.

E

Eckermann, voy. *Entretiens de Gœthe*, N. L., t. III.
Ecole normale, N. L., t. VIII, appendice, 1864.
Elisabeth (Madame), voy. *Marie-Antoinette*, N. L., t. VIII.
Elisabeth (sainte) de Hongrie, voy. *Montalembert*, P. C., t. II.
Elliot (Mme), C. L., t. XV, 1861.
Epinay (Mme d'), C. L., t. II, 1850.
Ernouf (M. le baron), voy. *Bignon*, N. L., t. IX.
Errata du t. XII de la première édition des C. du L., C. L., t. XIII, à la table.
Espoir et vœu du mouvement littéraire et poétique après la révolution de 1830, Pr. L., t. I, 1830.
Esprit de malice au bon vieux temps, Tableau de la poésie française au seizième siècle, 1842.
Etienne, voy. *Alfred de Vigny*, P. L., t. III; — C. L., t. VI, 1852.
Euphorion, P. C., t. V, 1843.
Evangiles, N. L., t. III, 1862.
Eynard (M. Charles), voy. *madame de Krüdner*, P. L., t. III.

F

Fabre (Victorin), P. C., t. V, 1844, 1845 (2 art.).
Fagon, voy. *Journal de la santé de Louis XIV*, N. L., t. II.
Falloux, C. L., t. XV, 1857; — voy. *madame Swetchine*, N. L., t. I.
Farcy, P. L., t. I, 1831.
Faugère (M.), voy. *Pascal*, P. C., t. V; — *la mère Agnès Arnauld*, C. L., t. XIV.
Fauriel, P. C., t. IV, 1845.
Fauris de Saint-Vincens, voy. *Vauvenargues*, C. L., t. XIV.
Favre (Guillaume), C. L., t. XIII, 1857.
Feletz, C. L., t. I, 1850.
Fénelon, C. L., t. II, 1850; — t. X, 1854 (2 art.).
Fervel (M. le commandant), N. L., t. II, 1862, voy. *Campagne de la Révolution dans les Pyrénées orientales*.
Feuillet de Conches (M.), voy. *Léopold Robert*, C. du L., t. X; — *Journal de Dangeau*, t. XI; — N. L., t. VI, voy. *Montaigne*; id., t. VIII, voy. *Marie-Antoinette*.
Feuillet (M. Octave), N. L., t. V. 1863 (2 art.).
Feydeau (M. Ernest), C. L., t. XIV, 1858.
Fezensac, C. L., t. I, 1850.
Fiévée, Pr. L., t. I, 1830; — C. L., t. V, 1851.
Fils (les), Pr. L., t. III, 1862.
Firdousi, C. L., t. I, 1850.
Flammarion (M. Camille), N. L., t. X, 1865.
Flaubert (M. Gustave), C. L., t. XIII, 1857; — N. L., t. IV et appendice, 1862.
Fléchier, P. C., t. V, 1844; — C. L., t. XV, 1856.
Fleurs (les), Apologue, P. F.
Fleury (M. Edouard), voy. C. L., t. III, *Desmoulins* (Camille), et t. V, *Saint-Just*.
Florian, C. L., t. III, 1850.
Flotte (M. Gaston de), voy N. L., t. XI, errata.
Flourens, voy. C. L., t. III, *Fontenelle*, et t. IV et X, *Buffon*.
Foisset (M.), voy. *Brosses*, C. L., t. VII.
Fontanes, P. L., t. II, 1838.
Fontaney, Pr. L., t. II, 1837.
Fontenelle, C. L., t. III, 1851; — voy. *les fondateurs de l'astronomie*, N. L., t. X.
Forgues (M.), voy. *Lamennais*, N. L., t. I.
Fortoul, Pr. L., t. II, 1838; — voy. *Instruction sur le plan d'études*, C. L., t. XI, 1855.
Foucault, N. L., t. III, 1862 (2 art.).
Fouquet, C. L., t. V, 1852.
Fournier (M. Edouard), voy. *madame de Créqui*, C. L., t. XII; — *La Bruyère*, N. L., t. X.

France en 1789 et en 1830, Pr. L., t. I, 2 art., 1830.
Franceschi-Delonne (général), N. L., t. XI, 1868.
François (M. Alphonse), voy. C. L., t. XIII et XV, *Voltaire* et *Jean-Jacques-Rousseau*.
*François I*er *poëte*, P. L., t. III, 1847.
François de Sales (saint), C. L., t VII, 1853.
Franklin, C. L., t. VII (3 art.), 1852.
Frédéric le Grand, C. L., t. III (2 art.), 1850 ; t. VII (2 art.), 1853 ; t. XII, 1856 (2 art.) ; — voy. même vol. *La margrave de Bareith*.
Friant (général). C. L., t. XIV, 1857.
Frochot, N. L., t. XI, 1867.
Froissart, C. L., t. IX (2 art.), 1853.
Fromentin (M. Eugène), N. L., t. VII, 1864 (2 art.).

G

Gabrielle d'Estrées, C. L., t. VIII, 1853.
Gachard (M.), voy. *Charles-Quint*, N. L., t. III ; *Don Carlos et Philippe II*, N. L., t. V.
Galerie de Femmes célèbres, 1 vol. gr. in-8° (Garnier frères).
Galerie (nouvelle) de Femmes célèbres, 1 vol. gr. in-8°. (Garnier frères).
Galiani (abbé), C. L., t. II, 1850 ; — id., t. VIII, notes et errata.
Gandar, voy. *Ronsard*, C. L., t. XII ; — N. L., t. XII, 1868.
Gasparin (Mme de), voy. *Eugénie de Guérin*, N. L., t. IX (2 art.), 1865.
Gautier (Théophile), Pr. L., t. II, 1838 ; — P. C., t. II, 1838 (*Pensées et fragments*, p. 516) et t. V, 1844 ; — N. L., t. VI, 1863 (3 art.), et appendice.
Gavarni, N. L., t. VI, 1863 (3 art.).
Gay (Sophie), C. L., t. VI, 1852.
Geffroy (M.), voy. la *Princesse des Ursins*, C. L., t. XIV.
Génin, voy. *Diderot*, C. L., t. III.
Genlis (Mme de), Pr. L., t. I, 1825 (3 art.) ; — C. L., t. III, 1850 ; — id., t. VIII, notes et errata.
Geoffrin (Mme), C. L., t. II, 1850.
Geoffroy, voy. *Feletz*, C. L., t. I.
Gerbet (l'abbé), C. L., t. VI, 1852.
Gibbon, C. L., t. VIII, 1853 (2 art.).
Gidel (M.), voy. *Saint-Evremond*, N. L., t. XIII.

Gilbert (M.), C. L., t. XIV, voy. *Vauvenargues* ; — N. L., t. XIII, *Saint-Evremond*.
Gindre de Mancy (lettres de M.), voy. *Jouffroy*, C. L., t. IX, appendice.
Girardin (M. Emile de), N. L., t. VII, 1864 (2 art.).
Girardin (Mme Emile de), C. L., t. III, 1851.
Giraud (M. Charles), voy. *Saint-Evremond*, N. L., t. XIII.
Gisors (comte de), N. L., t. XI, 1868.
Gœthe, C. L., t. II, 1850 ; — t. XI, 1855 (*Werther*) ; — N. L., t. III, 1862 (3 art.).
Gogol (Nicolas), Pr. L., t. III, 1845.
Goncourt (MM. de), N. L., t. IV, 1862 ; — t. X, 1866.
Gonod (M.), voy. *Rancé*, P. L., t. III ; — *Fléchier*, P. C., t. V.
Goumy (M. Edouard), voy. *l'abbé de Saint-Pierre*, C. L., t. XV.
Gournay (M. de), voy. *Malherbe*, C. L., t. VIII.
Gourville, C. L., t. V, 1852.
Grafigny (Mme de), C. L., t. II, 1850.
Grèce (La) en 1863, par *M. A. Grenier*, N. L., t. V, 1863 ; — *Histoire de la...*, par. *Grote*, N. L., t. X, 1865.
Grenier (M. A.), voy. *La Grèce en 1863*, N. L., t. V.
Gresset, P. C., t. V, 1845.
Grimaud (M. Émile), voy. *Loyson* N. L., t. XI.
Grimblot (M. Paul), voy. N. L., t. VIII errata.
Grimm, C. L., t. VII, 1853, 2 art. ; — voy. *Mme de Verdelin*, N. L., t. IX.
Grosley, voy. *Esprit de malice dans le Tableau de la poésie au* xvie *siècle*.
Grote, voy. *Histoire de la Grèce*, N. L., t. X.
Gueneau de Mussy, voy. *Chateaubriand et son groupe*, t. II.
Guérin (Eugénie de), C. L., t. XII, 1856 ; — N. L., t. III, 1862 et t. IX, 1865, 2 art.
Guérin (Maurice de), Pr. L., t. III, 1840 ; — C. L., t. XV, 1860, 2 art. ; — N. L., t. III, 1862.
Gueroult (M. Ad.), N. L., t. IV, 1863.
Guessard (M.), voy. *la reine Marguerite*, C. L., t. VI ; — *Mystère du siège d'Orléans*, N. L., t. III.

Guettée (l'abbé), voy. C. L., t. XII et XIII, *l'abbé Le Dieu et Bossuet.*
Guiran, voy. *Bœrne*, Pr. L., t. II.
Guizot (M.), voy. *Recherches littéraires sur le moyen âge*, Pr. L., t. III; — C. L., t. I, 1850; — N. L., t. I, 1861, 2 art. ; — t. IX, 1864.
Guizot (Mme), P. F., 1836.
Guttinguer (Ulric), P. C., t. II, 1836.

H

Halévy, N. L., t. II, 1862.
Hamilton, C. L., t. I, 1849.
Harlay, voy. *Mémoires de l'abbé Legendre*, N. L., t. V, 1863.
Hazlitt (sonnet d'), P. C., t. II (*Pensées et Fragments*, p. 515).
Havet (M. Ernest), voy. *Pascal*, C. L., t. V.
Heine (Henri), Pr. L., t. II, 1833.
Hénault, C. L., t. XI, 1854.
Henri (le prince), voy. C. L., t. XII, *Frédéric le Grand.*
Henri IV, C. L., t. XI, 1855 (2 art) ; t. XIII, 1857.
Herzen (M. A.), voy. *Catherine II*, N. L., t. II.
Hesnault, voy. *une Ruelle poétique*, P. F.
Histoire des Cabinets de l'Europe, voy. *M. Armand Lefebvre*, N. L., t. X.
Histoire littéraire de la France, C. L., t. VIII, 1853.
Hoffman, voy. *Feletz*, C. L., t. I.
Hoffmann, Pr. L., t. I, 1830.
Homère, P. C., t. V, 1843 ; — voy. *Ronsard*, C. du L., t. XII.
Horace, 1855, voir à la fin du vol. intitulé *Étude sur Virgile.*
Houdetot (Mme d'), voy. *Mme de Verdelin*, N. L., t. IX.
Houlières (Mme des), voy. *une Ruelle poétique*, P. F.
Huet (Paul), P. C., t. II, 1830.
Huet (évêque d'Avranches), C. L., t. II, 1850.
Hugo (M. Victor), Pr. L., t. I, 1827; (2 art.) ; — t. II, 1840 et t. III, 1829; P. C., t. I, 1830, 1831, 1832, 1835 ; — t. II, *Mémoires de Mirabeau*, 1834.
Hunolstein (M. d'), voy. *Marie-Antoinette*, N. L., t. VIII.
Hyacinthe (R. P.), voy. *Loyson*, N. L., t. XI.

I

Instruction générale sur l'exécution du plan d'études des lycées, voy. *Fortoul*, C. L., t. XI.
Intrigue (une) académique au XVIIIe siècle, voy. *Voltaire et de Brosses* C. L., t. VII.

J

Janin (Jules), C. L., t. II, 1850 ; — t. V, 1851.
Jannet (P.), voy. *La Rochefoucauld*, C. du L., t. XI; — Sénecé, t. XII.
Jasmin, P. C., t. III, 1837 ; — C. L., t. IV, 1851.
Jay (Étienne), Pr. L., t. II, 1832.
Jean-Bon Saint-André, N. L., t. VIII, 1864, 2 art.
Jeanne d'Arc, C. L., t. II, 1850 ; — voy. *Mystère du siége d'Orléans*, N. L., t. III, 1862.
Jeannin (le Président), C. L., t. X, 1854 (3 art.)
Jefferson (Thomas), Pr. L., t. II, 1833, 2 art.
Jérôme (le roi), Pr. L., t. III, 1860.
Jésus, voy. *Renan*, N. L., t. VI.
Jeune (les) France, N. L., t. VI, appendice.
Joinville, C. L., t. VIII, 1853 (2 art.).
Jomini (général), un vol. gr. in-18, Michel Lévy frères, 1869. — N. L., t. XIII, 1869, 5 art. et appendice.
Jordan (Camille), N. L., t. XII, 1868.
Joubert (Gl), C. L., t. XV, 1861, 3 art.
Joubert, P. L., t. II, 1838 ; — C. L., t. I, 1849.
Jouffroy, Pr. L., t. II, 1830 et 1831 (3 art.) ; — P. L., t. I, 1833 ; — C L., t. IX, appendice.
Joulin (Dr), voy. *Un cas de pédanterie*, N. L., t. VI, appendice.
Journaux chez les Romains, P. C., t. III, 1839.
Jugements sur notre littérature à l'étranger, Pr. L., t. II, 1836.
Jung (M. Eugène), voy. *Henri IV écrivain*, C. L., t. XI.
Justinien, voy. *Pasquier*, C. L., t. III.

K

Karr (Alphonse), Pr. L., t. II, 1839 et 1840, 2 art.
Kestner, voy. Werther, C. L., t. XI.
Krüdner (Mme de), P. F., 1837; — P. L., t. III, 1849.

L

La Beaumelle, voy. Maupertuis, C. L., t. XIV.
Labé (Louise), P. C., t. V, 1845; — N. L., t. IV, 1863.
Labitte (Charles), P. L., t. III, 1846.
La Boëtie, C. L., t. IX, 1853.
Laborde (Léon de), voy. le palais Mazarin, C. L., t II.
Laborie, voy. Carrel, Pr. L., t. III.
Laboulaye (M.), voy. Benjamin Constant, N. L., t. I.
La Bruyère, P. L., t. I, 1836; — N. L., t. I, 1861 et t. X, 1866.
Lachat (M.), voy. Bossuet, N. L., t. II.
Lacordaire, C. L., t. I, 1849; t. XV, 1861; — N. L., t. IV, 1863, 2 art. et appendice.
La Fare, C. L., t. X, 1854.
La Fayette (général), P. L., t. II, 1838.
La Fayette (Mme de), P. F., 1836.
Lafon-Labatut, Pr. L., t. III, 1845.
La Fontaine, P. L., t. I, 1829; id., appendice, 1827; — C. L., t. VII, 1853; — t. X, voy. Maucroix; et t. XIII, M. Taine.
La Harpe, C. L., t. V, 1851 (2 art.).
La Marck, voy. Mirabeau, C. L., t. IV, 1851; — id., t. IV, Marie-Antoinette.
Lamartine, Pr. L., t. I, 1830, (3 art.); — P. C., t. I, 1832, 1836, 1839; — t. II, errata; — C. L., t. I (2 art.), 1849; t. IV, 1851; t. VII, art. sur La Fontaine; — t. IX, 1864, appendice; — t. X, art. Bossuet.
Lambert (Mme de), C. L., t. IV, 1851.
La Mennais, voy. Mickiewicz, Pr. L., t. II; — P. C., t. I, 1832, 1834, 1836; — N. L., t. I, 1861 et t. XI, 1868, 2 art.
La Monnoie, voy. Esprit de malice, dans le Tableau de la poésie au XVIe siècle.
Laprade (M. Victor de), N. L., t. I, 1861.

La Rochefoucauld, P. F., 1840; — C. L., t. XI, 1853; — N. L., t. V, 1863.
La Roque (abbé de), voy. Racine, N. L., t. III.
Lasalle (général), voy. C. L., t. VIII, appendice sur Rœderer.
Lassay (Mis de), C. L., t. IX, 1853 (2 art.).
Latena (M. de), Pr. L., t. III, 1854, et C. L., t. IX, appendice.
Latouche, C. L., t. III, 1851.
La Tour-Franqueville (Mme de), C. L., t. II, 1850.
Laurent (de l'Ardèche), Pr. L., t. I, 1848.
Laurent-Pichat (M.), voy. C. L., t. V (appendice).
Lauzun, C. L., t. IV, 1851.
Lavallée (M. Th.), voy. Saint-Cyr, C. L., t. VIII; — et madame de Maintenon, C. L., t. XI.
La Vallière (Mme de), C. L., t. III, 1851.
Lebrun (Pierre), P. C., t. III, 1841; — N. L., t. VI, 1863.
Le Brun (Pindare), P. L., t. I, 1829; — C. L., t. V, 1851.
Leckzinska (Marie), N. L., t. VIII, 1864 (2 art.).
Le Clerc (Joseph-Victor), voy. Journaux chez les Romains, P. C., t. III.
Leclercq (Théodore), C. L., t. III, 1851.
Le Couteulx de Canteleu (M.), voy. madame de Créqui, C. L., t. XII.
Le Couvreur (Adrienne), C. L., t. I, 1849.
Lectures publiques du soir, C. L., t. I, 1850.
Ledieu, voy. Dumouriez, Pr. L., t. I.
Le Dieu (l'abbé), C. L., t. XII, 1856 (2 art.), et t. XIII, 1857.
Lefebvre (M. Armand), N. L., t. X, 1865 (2 art.).
Lefèvre (Jules), P. C., t. II, 1833.
Lefèvre d'Ormesson, C. L., t. XV, 1860.
Legendre (l'abbé), N. L., t. V, 1863 (2 art.).
Le Maistre de Saci, voy. Evangiles, N. L., t. III.
Lemud (M. de), voy. Homère, P. C., t. V.
Le Nain (les frères), N. L., t. IV, 1863.
Léonard, P. L., t. II, 1843.

Léopardi, P. C., t. IV, 1844, art. et appendice.
Le Play (M.), N. L., t. IX, 1864 (2 art.).
Lerminier, Pr. L., t. II, 1832 et 1833 (2 art.).
Le Roi, voy. Journal de la santé du roi Louis XIV, N. L., t. II.
Leroux (Pierre), voy. Revue encyclopédique, Pr. L., t. II, 1832 ; — id., t. III, Profession de foi, 1831.
Le Roux de Lincy (M.), voy. Marguerite, reine de Navarre, C. L., t. VII.
Le Sage, C. L., t. II, 1850 ; — Jugements et témoignages sur Le Sage et Gil Blas, en tête d'une édit. de Gil Blas, chez MM. Garnier, édit., 1863.
Lescure (M. de), voy. Mathieu Marais, N. L., t. IX.
Lespinasse (Mlle de), C. L., t. II, 1850.
Lettres à la princesse, un vol. gr. in-18 (Michel Lévy, frères, 1873). — La Correspondance générale est en préparation chez les mêmes éditeurs.
Levallois (M. Jules), voy. madame de Verdelin, N. L., t. IX.
Liberté de l'enseignement, Discours du Sénat, 1868, une broch. in-8° (Michel Lévy, frères), et Pr. L., t. III.
Ligne (prince de), C. L., t. VIII, 1853, (2 art.) ; — voir le vol. intitulé Une Préface aux annales de Tacite par Sénac de Meilhan.
Liron (Mlle de), P. F., 1832.
Littérature, voy. Espoir et vœu du mouvement littéraire après 1830, Pr. L., t. I, 1830 ; — id., t. II, Des Jugements à l'étranger, 1836 ; — De la littérature industrielle, P. C., t. II, 1839 ; — id., Dix ans après en littérature, 1840 ; — id. De la littérature de ce temps ci, à propos du Népenthès de M. Loève-Veimars, 1833, (Pensées et Fragments, page 505) ; — Quelques vérités sur la situation en littérature, 1843, P. C., t. III ; — voy. Origines de la langue et de la —, P. L., t. III.
Littré, voy. Pline, C. L., t. II ; — N. L., t. V, 1863.
Livet (M. Ch.-L.), voy. C. du L., t. XII, Saint-Amant ; — Histoire de l'Académie française par Pellisson et d'Olivet, C. du L., t. XIV.

Loève-Veimars, Pr. L., t. II, 1833 ; — P. C., t. II. 1833 (Pensées et Fragments, p. 505).
Longchamp, voy. Voltaire, .T. L., t. I.
Longueville (Mme de), P. F., 1840.
Louis XIV. C. L., t. V, 1852 ; — N. L., t. II, 1862, (4 art.) ; — id., t. VI, voy. Villars, — t. X, voy. Saint-Simon.
Louis XV, voy. d'Argenson, Pr. L., t. I ; — (Relation inédite de la dernière maladie de), P. L., t. III, 1846 ; — (De l'état de la France sous), C. du L., t. VIII, 1853 ; — N. L., t. X, 1865.
Louis XVI, C. L., t. XV, 1858 ; — voy. Marie-Antoinette, N. L., t. VIII.
Louvois, N. L., t. I, 1861, 1862 (2 art.) et t. VII, 1864, (2 art.).
Loy (de), P. C., t. III, 1840.
Loyson (Charles), P. C., t. III, 1840 ; — N. L., t. XI. 1868.
Lucrèce, N. L., t. XII, 1830.
Luxembourg (Maréchale de), voy. Mme de Verdelin, N. L., t. IX.
Luynes (duc de), C. L., t. XIV, 1860.
Luzel (M.), voy. De la Poésie en 1865.

M

Madame (duchesse d'Orléans), C. L., t. VI, 1852.
Madame (mère du Régent), C. L., t. IX, 1853 (2 art.)
Mademoiselle (la Grande), C. L., t. III, 1851.
Magnin (Charles), P. C., t. III, 1843 ; — N. L., t. V, 1863.
Maï (Angelo), voy. C. du L , t. XIII, Guillaume Favre de Genève.
Maine (duchesse du), C. L., t. III, 1850.
Maine de Biran, C. du L., t. XIII, 1857.
Maintenon (Mme de), Pr. L., t. I, 1826, (2 art.) ; — C. L , t. IV. 1851 ; id., t. V, voy. la Princesse des Ursins , — t. XI, 1854.
Maistre (Joseph de), P. L., t. II 1843 ; id , appendice ; — C. L., t. IV, 1851 et t. XV, 1860.
Maistre (Xavier de), P. C., t. III 1839.
Malesherbes, C. L., t. II, 1850.
Malherbe, C. L., t. VIII, 1853 ; — N. L., t. XIII, 1859.

Mallet du Pan, C. L., t. IV, 1851, (2 art.)
M .louet, N. L., t. XI, 1868 (3 art.).
Mantz (M. Paul), voy. *Journal de Dangeau*, C. du L., t. XI.
Marais (Mathieu), N. L., t. IX, 1864 (2 art.)
Marguerite (la reine), C. L., t. VI, 1852.
Marguerite de Navarre, C. L., t. VII, 1853.
Maria, P. F., 1843.
Marie-Antoinette, voy. Mlle Bertin, Pr. L., t. I; — C. L., t. IV, 1851; — N. L., t. VIII, 1864 (3 art.); — id., t. IX et X (*Marie-Thérèse et —*).
Marie Stuart, C. L., t. IV, 1851.
Marie-Thérèse, N. L., t. IX, 1865 (2 art.), et t. X, 1866.
Marivaux, C. L., t. IX (2 art.), 1854.
Marmier, Pr. L., t. II, 1831.
Marmont (maréchal), C. L., t. VI (3 art. et appendice), 1852.
Marmontel, C. L., t. IV, 1851.
Marolles, C. L., t. XIV, 1857 (2 art.).
Martin (Aimé), Pr. L., t. II, 1834.
Marty-Laveaux (M. Ch.), voy. *Joachim du Bellay*, N. L., t. XIII.
Massillon, C. L., t. IX, 1853 (2 art.).
Mathilde (Princesse), C. L., t. XI, 1862.
Maucroix, C. L., t. X, 1854.
Maupertuis, C. L., t. XIV, 1857.
Maurel (M.), voy. *Vaugelas*, N. L., t. VI.
Maury (l'abbé), C. L., t. IV, 1851.
Mazarin (le palais), C. L., t. II, 1850; — (les nièces de), C. L., t. XIII, 1857.
Méda, voy. *Révolution française*, Pr. L., t. I.
Mélanges, Pr. L., t. III.
Méléagre, P. C., t. V, 1845.
Mé é (le chevalier de), P. L., t. III, 1848.
Mérimée, P. C., t. III, 1841; — C. L., t. VII (*les Faux Démétrius*).
Merlin (la comtesse), Pr. L., t. II, 1836.
Merlin de Thionville, N. L., t. I, 1862.
Mesnard (M. Paul), voy. *Hippolyte Rigault*, N. L., t. I. — Même vol., *Madame de Sévigné*.
Mesnard (M.), C. L., t. XI, voy. *Dante*.
Mestscherski (Élim), Pr. L., t. II, 1839.
Mézeray, C. L., t. VIII, 1853 (2 art.)
Michaud, C. L., t. VII, 1852.

Michelet, voy. *Louis XIV et le duc de Bourgogne*, N. L., t. II.
Mickiewicz, Pr. L., t. II, 1833; — P. C., t. II (Pensées et Fragments, p. 512).
Mignet (M.), Pr. L., t. I, 1826; — P. C., t. V, 1846; — voy. *Marie Stuart*, C. L., t. IV; — C. L., t. VIII, 1853; — N. L., t. III, *Charles-Quint*.
Millevoye, P. L., t. I, 1837.
Mirabeau, P. C., t. II, 1834; — C. L., t. IV, 1851 (2 art.).
Mirabeau (marquis de), voy. *Vauvenargues*, C. L., t. XIV; — *Madame de Verdelin*, N. L., t. IX.
Mohl (M. Jules), voy. *Firdousi*, C. du L., t. I.
Moland (M. Louis), voy. *Molière*, N. L., t. V.
Molé (comte), Pr. L., t. II, 1810; — P. C., t. III, 1841.
Molière, P. L., t. II, 1835; — N. L., t. V, 1863.
Molinari, voy. C. L., t. XV, *l'abbé de Saint-Pierre*.
Monarchie (une) *en décadence*, voy. *Charles II (d'Espagne)*.
Monselet (M. Charles), N. L., t. X, 1865.
Montaiglon (M. Anatole de), voy. *Journal de Dangeau*, C. du L., t. XI; — *Port-Royal*.
Montaigne, C. L., t. IV, 1851; — t. IX, art. *La Boétie*; — N. L., t. II, 1862, et t. VI, 1863.
Montalant-Bougleux, voy. *Santeul*, C. du L., t. XII.
Montalembert, voy. *Mickiewicz*, Pr. L., t. II; — P. C., t. II, 1837; — C. L., t. I, 1849.
Montesquieu, C. L., t. VII, 1852 (2 art.).
Montgaillard (abbé de), voy. *Laurent (de l'Ardèche)*, Pr. L., t. I.
Montgolfier (Mlle), voy. *Sismondi*, N. L., t. VI.
Montluc, C. L., t. XI, 1854, 3 art.
Morale (la) *et l'art*, Lettre à M. Turgan, C. L., t. XV, 1860.
Moreau (Hégésippe), C. L., t. IV, 1852; — appendice, t. V.
Mornans, Pr. L., t. II, 1839.
Morvonnais, Pr. L., t. II, 1838.
Mot de prédilection, P. C., t. I, errata.
Motteville (Mme de), C. L., t. V, 1851; — t. VII, errata.
Mouy (M. Charles de), voy. *Dⁿ Carlos et Philippe II*, N. L., t. V.

Moyen âge (recherches littéraires sur le —), Pr. L., t. III, 1835.
Musset (Alfred de), P. C., t. II, 1833, 1836, 1840 ; — C. L., t. I, 1850 et t. XIII, 1857.
Mystère (le) du siége d'Orléans ou Jeanne d'Arc, N. L., t. III, 1862 (3 art.).

N

Nadault de Buffon (M.), voy. *Buffon*, C. L., t. XIV.
Napoléon, voy. *Walter Scott*, Pr. L., t. I, et *Desmarets*, t. II ; — C. L., t. I, 1849.
Naudé (Gabriel), P. L., t. II, 1843 ; — *id.*, appendice.
Naville (M. Ernest), voy. *Maine de Biran*, C. du L., t. XIII.
Necker, C. L., t. VII, 1853 (2 art.).
Necker (Mme), C. L., t. IV, 1851 ; — *id.*, voy. *Mme de Lambert*.
Nefftzer (lettre à M.), voy. *Sénatus-consulte*, Pr. L., t. III.
Nicolas (M. Michel), voy. *Jean-Bon Saint-André*, N. L., t. VIII.
Niel (M.), voy. *Gabrielle d'Estrées*, C. du L., t. VIII.
Ninon de Lenclos, voy. *Saint-Evremond*, C. L., t. IV, 1851.
Nisard (M. Désiré), P. C., t. III, 1836 ; — C. L., t. XV, 1861.
Nivernais (duc de), C. L., t. XIII, 1857 (voy. *Les nièces de Mazarin*).
Noailles (maréchal de), voy. *Louis XV*, N. L., t. X.
Nodier (Charles), P. L., t. I, 1840 et 1844 (2 art.).
Noël (M. Eugène), voy. *Rabelais*, C. L., t. III.
Notes et Pensées, C. L., t. XI.
Notes et Sonnets faisant suite aux *Pensées d'août*, voy. *Poésies complètes*, t. II.
Nouveaux Lundis, 13 vol. gr. in-18, 1862-1872 (Michel Lévy, frères).

O

Olivet (d'), C. L., t. XIV, 1858.
Ordinaire (lettre de M. D.), voy. *École normale*, N. L., t. VIII.
Origines de la langue et de la littérature françaises, Pr. L., t. III, 1858.
Orthographe (lettre sur l'), C. L., t. XI, 1867 ; — voy. *M. Didot*, N. L., t. XI.
Ouvrier (l') *littéraire*, Pr. L., t. III, 1855.

P

Paris (M. Louis), voy. C. L., t. X, art. *Maucroix*.
Paris (M. Paulin), voy. *Berte aus grans piés*, Pr. L., t. II, 1832.
Pariset, C. L., t. I, 1850.
Parny, P. C., t. IV, 1844 ; — C. L., t. XV, 1861.
Pascal, P. C., t. V, 1844 ; — P. L., t. III, 1848 ; — C. L., t. V, 1852.
Pasquier (Etienne), C. L., t. III, 1851.
Passy (M. Louis), voy. *Frochot*, N. L., t. XI.
Patin (M.), voy. *Loyson*, N. L., t. XI.
Patin (Gui), C. L., t. VIII, 1853 (2 art.).
Patru, C. L., t. V, 1852.
Paulin (Dr Armand), voy. *Un cas de pédanterie*, N. L., t. VI, appendice.
Pavie (M. Victor), voy. *Aloïsius Bertrand*, P. L., t. II.
Pavillon, voy. *Une Ruelle poétique*, P. F.
Payen (D^r), voy. *Montaigne*, C. L., t. IV.
Pédanterie (un cas de), N. L., t. VI, 1866 (appendice).
Peintre (le) *des Pyrénées*, voy. *Ramond*, C. du L., t. X.
Pelleport (général), C. L., t. XIII, 1857.
Pellisson, C. L., t. XIV, 1858.
Pensées d'août (1837), voy. *Poésies complètes*, t. II.
Pensées, P. L., t. III ; — *Pensées et Fragments*, P. C., t. II ; — *id.*, t. V.
Péronne (M. P.), voy. *Patru*, C. L., t. V.
Perrault, C. L., t. V, 1851 ; — N. L., t. I, 1861.
Perreyve (l'abbé), voy. *Lacordaire*, N. L., t. IV.
Perrot (M. Georges), voy. *Talleyrand*, N. L., t. XII.
Persigny, voy. *La Diana*, Pr. L., t. III.
Philippe II, voy. *Don Carlos*, N. L., t. V.
Pindare, voy. *Ronsard*, C. L., t. XII.

Piron (Alexis), N. I., t. VII, 1864.
Pline le naturaliste, C. L., t. II, 1850.
Poésie (de la) et des poëtes en 1852, C. L.. t. V, 1852 ; — de la nature, du foyer et de la famille, C. L., t. XI, 1854 ; — en 1865, N. L., t. X (4 art.), 1865 ; — voy. *M. Paul Albert*, N. L., t. XII.
Poésies complètes, 2 vol. in-8° (Michel Lévy frères), 1863.
Poëtes entre eux, voy. *Soirées littéraires*, P. L., t. I.
Poëtes français, Pr. L., t. III, 1861, et N. L., t. III, 1862.
Poirson, voy. *Henri IV*, C. L., t. XIII.
Poley, voy. *Werther*, C. L., t. XI.
Polonius, P. C., t. III, 1840.
Pompadour (Mme de), voy. *Mme du Hausset*, Pr. L., t. I ; — C. L., t. II, 1850 ; — id., t. VIII, notes et errata.
Pongerville, voy. *Lucrèce*, N. L., t. XII, appendice.
Pons (l'abbé de), C. L., t. XIII, 1856, (2 art.).
Pons (M.), ancien secrétaire de M. Sainte-Beuve, voy. *Parny*, C. L., t. XV.
Ponsard, C. L., t. XV, 1856.
Pontivy (Mme de), P. F., 1837.
Pontmartin (M. de), N. L., t. II et t. III, 1862.
Portalis, C. L., t. V, 1852 (2 art.).
Portraits contemporains, 5 vol. gr. in-18 (Michel Lévy frères,1869-1871).
Portraits de femmes, 1 vol. gr. in-18 (Garnier frères, 1870).
Portraits (Derniers), voy. P. L., t. III, avertissement.
Portraits littéraires, 3 vol. gr. in-18 (Garnier frères, 1862-1864).
Port-Royal, 7 vol. gr. in-18 (Hachette, 1866-1871). Le septième volume forme la Table alphabétique et analytique des matières et des noms contenus dans tout l'ouvrage.

par M. Anatole de Montaiglon [1].
Post-scriptum, 1846, P. C., t. IV ; — C. L., t. X (2me édit., 1855).
Poujoulat, voy. *Bossuet*, C. L., t. X.
Premiers Lundis, 3 vol. gr. in-18, Michel Lévy frères, 1875.
Presse (loi sur la), Discours du Sénat, une broch. in-8, 1868 (Michel Lévy frères) ; et Pr. L., t. III.
Prevost (l'abbé), P. L., t. I, 1831 et t. III, 1847 ; — C. L., t. IX, 1853.
Prevost-Paradol, voy. *Bernardin de Saint-Pierre*, C. L., t. VI ; — N. L., t. I, 1861.
Primes à décerner aux ouvrages dramatiques, C. L., t. IX, 1853 (append.) ; t. X, 1854 (append.) ; t. XII, 1856 (append).
Prix proposés par la Société des gens de lettres, C. L., t. XIII, 1856.
Prix de vertu, N. L., t. IX, 1865.
Profession de foi, Pr. L., t. III, 1831.
Propriété littéraire, Rapport au Sénat, N. L., t. IX, 1866.
Proudhon (P.-J.) (1865), 1 vol. gr. in-18 (Michel Lévy frères, 1872).
Pyrénées orientales (campagne des), voy. *M. Fervel*, N. L., t. II.

Q

Quicherat (M. Jules), voy. *Jeanne d'Arc*, C. L., t. II.
Quinet (M. Edgar), P. C., t. II, 1836.
Quintus de Smyrne, 1856, voy. le vol. intitulé *Étude sur Virgile*.

R

Rabaut Saint-Étienne, Pr. L., t. I, 1826.
Rabelais, voir le volume intitulé *Tableau historique et critique de la poésie française et du théâtre fran-*

---

1. Le livre de *Port-Royal* embrasse tant de sujets, qu'il est nécessaire et même indispensable de consulter cette Table de la dernière édition toutes les fois qu'on a une recherche à faire dans l'OEuvre de M. Sainte-Beuve. — Nous conseillerons également, et pour la même raison, de se reporter aux sommaires, formant les Tables des autres ouvrages, dont les titres seuls ou quelques études détachées, et qui y ont été annexées, sont mentionnés ici par nous : *Chateaubriand et son groupe littéraire sous l'Empire*, — *Etude sur Virgile*, — *P.-J. Proudhon*. Mais rien, nous le répétons, ne saurait tenir lieu d'une Table analytique, qui n'existe encore que pour *Port-Royal*. En attendant qu'il y en ait une, complète, pour les *Causeries du Lundi*, on peut

çais au xvi° siècle ; — C. L., t. III, 1850.
Racine (Jean), P. L., t. I, 1830 ; — sur la reprise de Bérénice, id., id., 1844 ; — N. L., t. III, 1862, et t. X, 1866, (2 art.).
Racine (Louis), voy. Jean Racine, N. L., t. III.
Ramond, C. L., t. X, 1854 (3 art.).
Rancé, P. C., t. I, article sur Chateaubriand, 1844. — P. L., t. III, 1846.
Rathery (M.), voy. d'Argenson, C. L., t. XIV.
Ratisbonne (M. Louis), voy. Post-scriptum sur Alfred de Vigny, N. L., t. VI, appendice.
Raynal (M. Paul), voy. Joubert, P. L., t. I.
Raynouard, C. L., t. V, 1851.
Récamier (Mme), C. L., t. I, 1849; t. XI, voy. Adolphe ; — t. XIV, 1859.
Réception académique en 1694, d'après Dangeau, C. L., t. XI, 1855.
Regnard, C. L., t. VII, 1852.
Regnier (M. Ad.), voy. Madame de Sévigné, N. L., t. I.
Regnier (Mathurin) et André Chénier, P. L., t. I, 1829. Cet article se trouve reproduit dans le vol. intitulé Tableau historique et critique de la poésie française et du théâtre français au xvi° siècle.
Regrets (les), C. L., t. VI, 1852.
Rémusat (Mme de), P. F., 1842.
Rémusat (M. de), P. L., t. III, 1847 ; — voy. Saint-Anselme, C. L., t. VI.
Renan (M. Ernest), N. L., t. II, 1862 (2 art.); et t. VI, 1863.
Renart (roman de), C. L., t. VIII, 1853.
Renée (Amédée), voy. Chesterfield, C. L., t. II ; — les nièces de Mazarin, t. XIII ; — Louis XVI, t. XV.
Retz, C. L., t. V, 1851 (2 art.).
Réveillé-Parise (M.), voy. Gui Patin, C. du L., t. VIII.
Revilliod (M. Gustave), voy. madame Desbordes-Valmore, C. du L., t. XIV.
Révolution française, voy. Mme de Genlis, Pr. L., t. I ; — id., Mémoires relatifs à la —, 1825 ; — id., M. Thiers ; — id., M. Mignet ; — id., Dumouriez ; — C. L., t. XV.

Mme Elliot ; — le commandant Fervel, N. L., t. II.
Revue littéraire et philosophique, Pr. L., t. II (3 art.), 1834, 1838 et 1840.
Revue (la) en 1845, P. C., t. V, 1845 ; — voy. M. Buloz, Pr. L., t. III.
Reymond (lettre à M. William), N. L., t. IV, 1863, appendice.
Richelieu, C. L., t. VII, 1852 (2 art.).
Rigault (Hippolyte), C. L., t. XIII (2 art.), 1856, voy. l'abbé de Pons ; — N. L., t. I, 1861.
Rivarol, C. L., t. V, 1851.
Robert (M.), voy. La Fontaine, P. L., t. I, appendice.
Robert (Léopold), C. L., t. X, 1854 (2 art.).
Rœderer, C. L., t. VIII, 1853 (3 art. et appendice).
Rohan (duc de), C. L., t. XII, 1856 (3 art.).
Roland (Mme), P. F., 1835 et 1840 (2 art.); — N. L., t. VIII, 1864 (3 art.).
Rollin, C. L., t. VI, 1852.
Roman (du Roman au xvi° siècle et de Rabelais), voy. Tableau historique et critique de la poésie française et du théâtre français au xvi° siècle ; — Roman (du) intime, voy. Mlle de Liron, P. F.; — dans l'Antiquité, N. L., t. II.
Ronsard (vie de), voy. le vol. intitulé Tableau historique et critique de la poésie française et du théâtre français au xvi° siècle ; — C. L., t. XII, 1855 (2 art.).
Rossignol (M. J.-P.), voy. Virgile et Constantin le Grand, P. L., t. III.
Roucher, C. L., t. XI, 1854.
Rousseau (Jean-Jacques) (Madame de la Tour-Franqueville et), C. L., t. II, 1850 ; — id., t. III, 1850 ; — t. XV, 1861 (2 art.) ; — voy. madame de Verdelin, N. L., t. IX.
Rousseau (Jean-Baptiste), P. L., t. I, 1829.
Rousset (M. Camille), voy. Louvois, N. L., t. I et VII ; — Louis XV et le maréchal de Noailles, N. L., t. X ; — le comte de Gisors, N. L., t. XI.

toujours consulter avec fruit celle que M. Paul Chéron avait composée pour les onze premiers volumes, et pui a été remplacée depuis par des Notes et Pensées, à la fin du tome XI. L'édition même de ce onzième volume, qui la contient, est devenue très-rare.

Roux (M. Charles), voy. *l'abbé Legendre*, N. L., t. V.
Ruelle (une) poétique sous Louis XIV, P. F., 1839.
Rulhière, C. L., t. IV, 1851.
Russell (Jean), voy. *Casaubon*, C. L., t. XIV.

S

Sacy (M. S. de), C. L., t. XIV, 1858.
Saint-Amant, C. L., t. XII, 1855.
Saint-Arnaud, C. L., t. XIII, 1857.
Sainte-Aulaire, voy. *Madame du Deffand*, C. L., t. XIV.
Saint-Cyr (Histoire de la maison royale de), C. du L., t. VIII.
Saint-Évremond, voy. *Krüdner* (Mme de), P. L., t. III ; — C. L., t. IV, 1851 ; — N. L., t. XIII, 1868.
Sainte-Hélène, par M. Thiers, N. L., t. III.
Saint-Joseph (général baron de), voy. *Franceschi-Delonne*, N. L., t. XI.
Saint-Just, C. L., t. V, 1852.
Saint-Lambert, C. L., t. XI, 1854.
Saint-Marc Girardin, C. L., t. I, 1849 ; id., voy. *Voltaire*, t. XIII ; — et *Hippolyte Rigault*, N. L., t. I.
Saint-Martin, C. L., t. X, 1854 (2 art.).
Saint-Pavin, voy. *une Ruelle poétique*, P. F.
Saint-Pierre (abbé de), C. L., t. XV, 1861 (2 art.).
Saint-Pierre (Bernardin de), P. L., t. II, 1836 ; — C. L., t. VI, 1852 (2 art.) et appendice.
Saint-Priest (le comte A. de), P. C., t. IV, 1842.
Saint-Simon, C. L., t. III, 1851 ; t. VII, errata ; voy. *Dangeau*, t. XI ; t. XV, 1856 ; — N. L., t. X, 1865.
Saint-Simon (doctrine de), Pr. L., t. II, 1831.
Saint-Simonisme, voy. *Profession de foi*, Pr. L., t. III ; — P. C., t. II (*Pensées et fragments*, p. 504).
Saint-Victor (M. Paul de), N. L., t. X, 1867.
Sabbatier (M. J.), voy. *Victorin Fabre*, P. C., t. V.
Sadous (M. de), voy. *Grote*, N. L., t. X.
Sand (George), P. C., t. I, 1832, 1833 ; — Pr. L., t. II, 1840 et t. III, voy. *Guérin* ; — C. L., t. I, 1850.
Sandeau (M. Jules), C. L., t. XV, 1859.
Santeul, C. L., t. XII, 1855 (2 art.).

Saxe-Gotha (duchesse de), voy. C. L., t. XV, *Voltaire et Jean-Jacques Rousseau*.
Saxe (Josèphe de), voy. *Maurice de Saxe*, N. L., t. XI.
Saxe (Maurice de), N. L., t. XI, 1867 (3 art.).
Sayous, voy. *Mallet du Pan*, C. L., t. IV ; — *Saint François de Sales*, C. L., t. VII ; — C. L., t. XV, 1861.
Scherer (M. Edmond), C. L., t. XV, 1860.
Schlegel (Auguste-Guillaume de), voy. *Guillaume Favre de Genève*, C. du L., t. XIII.
Scott (Walter), Pr. L., t. I, 1827 (2 art) ; — t. II, 1832.
Scribe (Eugène), Pr. L., t. III, 1845 — P. C., t. III, article et appendice, 1840.
Scudery (Mlle de), C. L., t. IV, 1851.
Second (Jean), voy. *Tissot*, Pr. L., t. I.
Secrétaires (mes), N. L., t. IV, 1865 (appendice).
Ségur, Pr. L., t. I, 1826, 1827 (2 art.) ; — P. L., t. II, 1843.
Senac de Meilhan, C. L., t. X, 1854 (2 art.) ; — voy. *la marquise de Crequi*, C. du L., t. XII ; — *Une préface aux annales de Tacite*, par... 1 vol. in-16 (1868, à l'Académie des Bibliophiles), et Pr. L., t. III.
Sénancour, P. C., t. I, 1832, 1833.
Sénatus-Consulte (sur le), Pr. L., t. III, 1869.
Sénecé, C. L., t. XII, 1856.
Sévigné (Mme de), P. F., 1829 ; — C. L., t. I, 1849 ; — N. L., t. I, 1861.
Sieyès, C. L., t. V, 1851.
Sismondi, N. L., t. VI, 1863 (2 art.) ; voy. *la comtesse d'Albany*, N. L., t. V.
Soirées littéraires ou les Poëtes entre eux, P. L., t. I, 1831.
Sophie et Mirabeau, C. L., t. IV, 2 art., 1851.
Soulié (M. Eudore), voy. *Dangeau*, C. L., t. XI ; — *Luynes*, C. L., t. XIV ; — *Molière*, N. L., t. V ; — *Villars*, N. L., t. VI.
Souvenirs et Indiscrétions. — *Le Dîner du vendredi saint*. — Publiés par le dernier secrétaire de C.-A. Sainte-Beuve, 1 vol. gr. in-18 (Michel Lévy frères), 1872.
Souza (Mme de), P. F., 1834 et note à la table ; — voy. Mme *d'Albany*, N. L., t. V.

Sparks (M. Jared), voy. *Franklin*, C. L., t. VII.
Staal-Delaunay (Mme de), P. L., t. III, 1846.
Staël (Mme de), P. F., 1835; — N. L., t. II, 1862 (2 art.); — voy. N. L., t. V, *la comtesse d'Albany; Camille Jordan et Mme de*..., N. L., t. XII.
Stahl (P.-J.), voy. *Perrault*, N. L., t. I.
Steinlen (M. Aimé), voy. *Bonstetten*, C. du L., t. XIV.
Stendhal, C. L., t. IX, 1854 (2 art.).
Streckeisen-Moultou (M.), voy. *Voltaire*, C. L., t. XV, et *Mme de Verdelin*, N. L., t. IX.
Sue (Eugène), P. C., t. III, 1840.
Sully, C. L., t. VIII, 1853 (3 art.).
Surville (Clotilde de), voy. *Tableau de la Poésie française au XVIe siècle*, 1841.
Swetchine (Mme), N. L., t. I, 1861 (2 art.).

T

Tableau historique et critique de la Poésie française et du Théâtre français au XVIe siècle (1828), 2 vol. in-16 (Alphonse Lemerre, 1876).
Tacite, Pr. L., t. I, 1827; — Voir le vol. intitulé *une Préface aux Annales de Tacite, par Senac de Meilhan, avec un mot d'avertissement, par* M. Sainte-Beuve, 1868, et Pr. L., t. III.
Taillandier (M. Saint-René), voy. *la comtesse d'Albany*, N. L., t. V, et t. VI, *Sismondi*.
Taine, C. L., t. XIII, 1857 (2 art); — N. L., t. VIII, 1864 (3 art. et appendice).
Tallemant, C. L., t. XIII, 1857.
Talleyrand, un vol. gr. in-18, chez Michel Lévy, 1870, N. L., t. XII, 1869 (5 art. et appendice).
Taschereau, voy. *Grimm*, C. L., t. VII.
Tastu (Mme), P. C., t. II, 1835; — *Galerie de Femmes célèbres*, 1869 (édit. Garnier, 1870).
Temps (entrée de M. Sainte-Beuve au journal *Le*), N. L., t. XII, voy. *Dernière année*.
Tenant de Latour (M.), voy. C. du L., t. XI, *Chapelle et Bachaumont*.
Térence, N. L., t. V, 1863 (2 art.).

Théâtre. De la question des théâtres et du Théâtre-Français en particulier, C. L., t. I, 1849; — de l'ancien Théâtre français, voy. *Mystère du siége d'Orléans*, N. L., t. III; — directeurs contre auteurs, rapport au Sénat, 1865, Pr. L., t III.
Théocrite, P. L., t. III, 1546.
Thiers (M.), Pr. L., t. I, 1826 et 1827 (5 art); — P. C., t. IV, 1845; — C. L., t. I, 1849; t. XII, 1855; t. XIV, 1860; t. XV, 1860 et 1861 (2 art.); — N. L., t. III (3 art.).
Tissot, Pr. L., t. I, 1826.
Tite-Live, voy. *M. Taine*, C. L., t. XIII.
Tocqueville, Pr. L., t. II, 1835; — C. L., t. XV (2 art.), 1860 et 1861; — N. L., t. X, 1865 (2 art.), et errata du t. XI.
Töpffer (Rodolphe), P. C., t. III, 1841; — P. L., t. III, 1846; — C. L., t. VIII, 1853.
Touareg du Nord, N. L., t. IX, 1864.
Tracy (Mme de), C. L., t. XIII, 1857.
Tradition (de la) en littérature, C. L. t. XV, 1858.
Trébutien, voy. C. du L., t. XII, *Eugénie de Guérin*, et t. XV, *Maurice de Guérin*; — N. L., t. III, *Maurice et Eugénie de Guérin*; — id., t. IX, *Eugénie de Guérin*.
Troplong, Pr. L., t. III, 1856.
Troubat (M. Jules), voy. *Piron*, N. L., t. VII.
Turgan (lettre à M.), voy. *La morale et l'art*, C. L., t. XV.
Turquety (Edouard), Pr. L., t. II, 1839.

U

Ubicini (M.), voy. *Voiture*, C. du L., t. XII.
Un dernier rêve, voy. *Poésies complètes*, t. II.
Une préface aux Annales de Tacite par Senac de Meilhan publiée avec un mot d'avertissement par M. Sainte-Beuve, et suivie d'une lettre du prince de Ligne à M. de Meilhan, un vol. in-16. Paris, à l'Académie des Bibliophiles, 1868.
Urbanité, voy. *Mme de Caylus*, C. L., t. III; — N. L., t. VII, errata.
Ursins (princesse des), voy. *madame de Maintenon*, Pr. L., t. I; — C. L., t. V (2 art.), 1852 et t. XIV, 1859.

V

Vallot, voy. *Journal de la santé de Louis XIV*, N. L., t. II.
Vaugelas, N. L., t. VI, 1863 (2 art.) et errata du t. VII.
Vauquelin de la Fresnaie (sur un exemplaire de), N. L., t. XIII (appendice).
Vauvenargues, C. L., t. III, 1850 et t. XIV (3 art.), 1857.
Veissier-Descombes, voy. *Anacréon*, Pr. L., t. I.
Verdelin (Mme de), N. L., t. IX, 1865.
Verlaine (lettre à M. Paul) sur *Lamartine*, C. du L., t. IX, appendice.
Vernet (Horace), N. L., t. V, 1863 (4 art.).
Véron (Louis), C. L., t. IX, 1867, append.
Veuillot (M. Louis), N. L., t. I, 1861 (2 art.).
Viardot (M.), voy. *Nicolas Gogol*, Pr. L., t. III et *Don Quichotte*, N. L., t. III.
Vicq d'Azyr, C. L., t. X, 1854 (2 art.).
Vie, poésies et pensées de Joseph Delorme (1829), Pr. L., t. I, 1830; — 1 vol., in-8° (Michel Lévy frères, 1863).
Viel-Castel (M. Louis de), C. L., t. XIV, 1860; — N. L., t. IV, 1863 (2 art.).
Viennet, N. L., t. XII, 1866, appendice.
Vigan (baron de), voy. *Hénault*, C. L., t. XI.
Vigny (Alfred de), P. C., t. II, 1835, et appendice, 1826; — P. L., t. III, 1846; — N. L., t. VI et appendice, 1864.
Viguier, N. L., t. XI, 1867.
Villars (maréchal de), C. L., t. XIII (5 art.), 1856; — N. L., t. VI, 1863.
Villars (marquis de), voy. *Charles II, roi d'Espagne*. N. L., t. II.
Villate, voy. *Révolution française*, Pr. L., t. I.

Villehardouin, C. L., t. IX, 1854 (2 art.) et appendice.
Villemain, P. C., t. II, 1836; — C. L., t. I, 1849; — t. VI, 1852.
Viliemessant (lettre à M. de), voy. *Orthographe*, C. L., t. XI.
Villon, C. L., t. XIV, 1859.
Vinet, P. C., t. III, 1837; — P. L., t. III, 1847; — *id.*, voy. *Pascal*.
Viollet-le-Duc, père, Pr. L., t. III, 1843.
Viollet-le-Duc (M.), N. L., t. VII, 1864, (2 art.).
Virgile (étude sur), suivie d'une Étude sur Quintus de Smyrne (1857), 1 vol. gr. in-18, Michel Lévy frères (1870); — P. L., t. III, 1847; — N. L., t. XI, 1867.
Vitet, P. L., t. III, 1846.
Vitzthum d'Eckstaedt (le comte), voy. *Maurice de Saxe*, N. L., t. XI.
Voiture, C. L., t. XII, 1855 (2 art.).
Volney, C. L., t. VII, 1853 (2 art.).
Voltaire, Pr. L., t. I, 1826; — voy. *Lettres de Mme de Grafigny, ou Voltaire à Cirey*, C. L., t. II; — *id.*, Mme *du Châtelet, suite de Voltaire à Cirey*; — t. VII, *Voltaire et le président de Brosses*; — t. XIII, 1856 (2 art.); — t. XV, 1861 (2 art.).
Volupté (1834), 1 vol. gr. in-18 (Charpentier, 1869).
Wagnière, voy. *Voltaire*, Pr. L., t. I.
Walckenaër, voy. C. L., t. I, *Mme de Sévigné*, et t. V, *Raynouard*; — C. L., t. VI, 1852.
Walewski, Pr. L., t. II 1840, et t. III, voy. *M. Buloz*.
Waterloo, voy. *M. Thiers*, N. L., t. III, (2 art.).
Werther, C. L., t. XI, 1855.
Wood (Robert), N. L., t. VIII, errata.

Z

Zeller (M.), N. L., t. IX, 1865 (3 art.).

FIN DU TOME TROISIÈME ET DERNIER.

TABLE DES MATIÈRES

Viollet-Le-Duc... 1
Eugène Scribe. La tutrice.. 6
Émile Augier. Un homme de bien................................. 13
Lafon-Labatut. Poésies.. 19
Nicolas Gogol. Nouvelles russes, traduites par M. Louis Viardot.. 24
M. de Latena. Étude de l'homme.................................. 39
M. Troplong. De la chute de la République romaine...... 44
L'ouvrier littéraire. (Extrait des papiers et correspondance de la famille impériale.).. 59
Du point de départ et des origines de la langue et de la littérature françaises.. 72
Le roi Jérôme.. 134
Les poètes français.. 142
Les fils... 187
La Diana... 189
Chateaubriand. Atala, René, Le dernier Abencerage........ 197
A propos des bibliothèques populaires. Discours prononcé au Sénat le 25 juin 1867.. 205
Senac de Meilhan. Une préface aux Annales de Tacite... 239
De la loi sur la presse. Discours prononcé au Sénat le 7 mai 1868... 243
De la liberté de l'enseignement. Discours prononcé au Sénat le 19 mai 1868.. 280
Sur le sénatus-consulte. Lettre à M. Nefftzer.............. 327
Mélanges... 343
De l'audience accordée à M. Victor Hugo par S. M. Charles X. 347

Profession de foi.. 352
ARMAND CARREL. Son duel avec LABORIE...................... 364
Instructions sur les recherches littéraires concernant le moyen âge.. 368
M. BULOZ et *le Messager de Paris*, à propos de l'École du monde.. 384
MAURICE DE GUÉRIN. Lettre d'un vieux ami de province..... 387
Sur une pétition de directeurs de théâtres contre les auteurs, compositeurs et éditeurs de musique. Rapport présenté au Sénat le 21 juin 1865............................ 392
Table générale des Œuvres de C.-A. SAINTE-BEUVE..... 397

www.ingramcontent.com/pod-product-compliance
Lightning Source LLC
Chambersburg PA
CBHW052122230426
43671CB00009B/1086